雅理译丛

无地可依
后工业时代芝加哥的家庭与阶级

Exit Zero
Family and Class
in Postindustrial Chicago

〔美〕克里斯蒂娜·J.沃利 著
张伊铭 译

生活·讀書·新知 三联书店

Simplified Chinese Copyright © 2024 by SDX Joint Publishing Company.
All Rights Reserved.
本作品简体中文版权由生活·读书·新知三联书店所有。
未经许可，不得翻印。

图书在版编目（CIP）数据

无地可依：后工业时代芝加哥的家庭与阶级 /（美）克里斯蒂娜·J. 沃利著；张伊铭译 . -- 北京：生活·读书·新知三联书店 , 2024.1
（雅理译丛）
ISBN 978-7-108-07663-2

Ⅰ . ①无… Ⅱ . ①克… ②张… Ⅲ . ①市民－城市社会学－研究－芝加哥 Ⅳ . ① C912.81

中国国家版本馆 CIP 数据核字 (2023) 第 116098 号

EXIT ZERO: Family and Class in Postindustrial Chicago
Licensed by The University of Chicago Press, Chicago, Illinois, U.S.A.
© 2013 by The University of Chicago. All rights reserved.

责任编辑	王晨晨
责任校对	曹秋月
责任印制	宋　家
出版发行	生活·讀書·新知 三联书店
	（北京市东城区美术馆东街 22 号 100010）
网　　址	www.sdxjpc.com
经　　销	新华书店
印　　刷	河北鹏润印刷有限公司
版　　次	2024 年 1 月北京第 1 版
	2024 年 1 月北京第 1 次印刷
开　　本	880 毫米 × 1092 毫米　1/32　印张 10.25
字　　数	205 千字
印　　数	0,001－8,000 册
定　　价	68.00 元

（印装查询：01064002715；邮购查询：01084010542）

献给我的家人

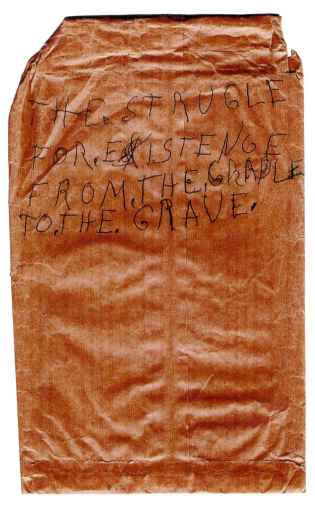

装满我曾外祖父约翰·马特森（John Mattson）回忆录的袋子。袋上文字大意为"至死方休的生存挣扎"

目 录

前　言　　　　　　　　　　　　　1
致　谢　　　　　　　　　　　　　5
芝加哥东南部地图　　　　　　　　15

引　言　　　　　　　　　　　　　1
第一章　钢铁世界：家族相簿里的故事　　24
第二章　轰然倒塌：我的父亲与芝加哥
　　　　钢铁业的衰落　　　　　　75
第三章　上　流　　　　　　　　　116
第四章　羁　绊　　　　　　　　　154
结　论　守望新生　　　　　　　　203

注　释　　　　　　　　　　　　　225
参考文献　　　　　　　　　　　　267
索　引　　　　　　　　　　　　　283
译后记　　　　　　　　　　　　　303

前　言

2011年10月，成群的抗议者在纽约市华尔街附近搭帐篷示威。一石激起千层浪，美国各地相继爆发"占领"运动，经济不平等扩大的现实问题成为美国公众谈论的焦点。那时我没有亲身参与运动，而是通过在大学课堂里授课关注这些事件。那年秋天，我开设了一门小型的讨论课，讲授在回忆录、小说和口述历史中，美国社会阶级的个人故事。作为背景阅读材料，我给学生们布置了一些报纸和学术文章，主要讨论美国近几十年来不断加剧的经济不平等现象——他们对此知之甚少，而且常常感到惊讶。没想到短短几周后，这个看似晦涩的话题就引起了全国的关注。

当然，包括我家人在内的许多美国人，其实都痛苦地意识到，这种不平等现象加剧的趋势早在几十年前就开始了。虽然纽约"占领"运动的核心关注点是华尔街，但在社会的另一端，这种爆炸式不平等还与长达数十年的去工业化进程有关。换言之，与全国各地制造业的系统性崩溃有关。正是由于失去了稳定又高薪的工业岗位，美国向上流动的阶梯出现了断层——这一发展不仅是缘于国际竞争，还和华尔街强调裁员以提高股价脱不了关系。最终，许多人的美国梦都破碎了。

当我 2006 年开始写这本书的时候，去工业化并不是个适时的选题。如果非要说的话，它像是一个老掉牙的问题，更适合上世纪 80 年代。尽管如此，我还是觉得有必要讨论这一问题。作为一名老钢铁工人的女儿，我在芝加哥市东南部长大，我很清楚自己所在的社区以及中西部的大部分地区从来都没有走出工业衰落的阴影。我也逐渐意识到，美国各地经济和社会鸿沟的形成与扩大，是由去工业化导致的。

本书基于如下假设：为了理解当代的不平等，我们必须重新思考去工业化问题。只有回到那个无法想象去工业化的历史时刻，才有可能追踪事情是如何朝着不平等的方向发展的，有什么路径是被忽略掉的，以及这可能对美国产生怎样的长期影响。相比于抽象地考虑这些问题，本书将讨论芝加哥东南部老钢铁厂地区的历史进程，以及多代人讲述的家庭故事。正是基于日常生活的种种细节，我们才有可能理解这些转型意味着什么，对受影响的地区意味着什么，以及，它对整个美国社会可能意味着什么。

虽然我们无法知晓美国目前对不平等的关注是否会持续下去，但很显然，要理解和解决这个问题，就必须重新审视我们思考社会阶级的方式。尽管阶级在去工业化的故事中至关重要，但人们总是迂回地谈论它。当然，美国人历来都有一种普遍倾向，就是淡化阶级问题。几乎所有的产业工人都认为自己属于庞大而无形的"中产阶级"。在我成长的过程中，这种对阶级的淡化使得很多事情都难以启齿——本书中的故事也证实了这一点。然而，在一定程度上，是一些十分积极的因素造成了这种谈论阶级的困难：二战后美国的经济繁荣使多数人可以合理地认为自己是中产阶级。在"经济大衰退"（2007—2009）之后，当个别人保留着向上流动机会，而其他多数人却在经济上不断受限时，人们越来越怀疑庞大且持续扩张的中产阶级是否真的存在。如果说我们当下的经济危机催生了一种新的谈论阶级的意愿，那这个代价也太大了。尽管如此，我相信我们需要这种阶级语言，不仅是为了理解美国如何一步步变得如此分裂，更是为了思考美国未来将何去何从。虽然在一些人看来，芝加哥东南部可能是一个默默无闻的地方，但正是由于这种边缘化的地方所占据的有利位置，从这一角度来观看和理解美国中心已经发生的事情，反而可能最接近真相。

致 谢

很多作者的人情债一辈子都还不完,本书的完成更是如此。首先,这本书不仅仅关乎我的家庭,它更关乎千千万万同样经历着去工业化的人们。我要深深地感谢我的母亲阿琳·沃利(Arlene Walley)与我的姐妹乔伊琳(Joelyn)和苏珊·沃利(Susan Walley),感谢她们愿意分享我们共同经历的故事。虽然出于隐私保护,我没有将她们作为核心对象展开讨论,但她们的支持是本书写作的根本。多年来,她们滔滔不绝地和我聊着过去的事情,参与我正式或非正式的访谈,帮我安排对其他人的访谈,留意并给我发送相关的信息和报纸文章……她们竭尽全力地帮助着我。虽然我知道这是从我口中说出的故事,不一定符合她们对我们家族历史的看法,但我希望她们能从中找到一些自己的认同。虽然公开讲述不愿回首的记忆难免会产生一种脆弱感,但我写这本书的初衷是因为我坚信:无论是对他人还是我们自己,这些故事都很重要。如今,美国梦对大多数人来说越来越缥缈,我们的下一代该怎么办?我的侄女琳妮娅(Linnea)和我的儿子楠楠(Nhan)将活在一个怎样的未来?这或将取决于我们如何理解劳动人民的角色,如何思考社会阶级的问题。我感谢你们!妈妈、苏茜(Susie)、乔乔(Jo),现在还有洛基(Rocky),谢谢你们给我的爱,我也深深地爱着你们。

我也要感谢汉森(Hansen)和沃利(Walley)家族的其他亲戚,你们让我在芝加哥东南部的童年充满了家的温暖。特别是汉森家的亲戚,包括:我的姑姑帕特(Pat),叔叔鲍勃(Bob),还有我的表亲谢里尔(Cheryl)、博比(Bobby)、戴维(David)和马希(Marcie)以及他们的家人。他们时刻准备着帮助我,与我们有福同享、有难同当。我也感谢我的朋友克里斯·索瓦(Kris Sowa),以及她的父母阿尔伯特(Albert)和格雷斯(Grace)。从我少不更事到写作本书,他们一直陪伴、支持着我。杰克·贝宾格(Jack Bebinger)、比尔·汤普森(Bill Thompson),现在还有安妮(Annie),也都是我十分珍视的人。感谢我在东区的发小们,是他们让我青春期的青涩岁月趣味无穷。他们是:丽莎·萨拜蒂斯(Lisa Sabaitis)、道恩·卡兹米扎克(Dawn Kazmierczak)、约翰·德切罗(John DeCero)、戴夫·德切罗(Dave DeCero)、丽塔·兹卡(Rita Zicca)、黛安娜·查斯维兹(Diane Czasewiscz)、玛丽·朱卡什(Mary Jurkash)和帕蒂·弗里西亚克(Patty Flisiak)。我和姐妹们成长的世界中心就是母亲和她在芝加哥东南部的终生挚友们。我感谢她们为我们展示了强关系网络建立起的生命价值,以及这种纽带所能提供的各种支持,尤其是在困难时期。我特别要感谢与我们亲如家人的朋友杰克(Jack)和莱斯利·彼得卡(Lesley Peterka),他们总是散发着风趣幽默,而且敏锐地洞察着卡鲁梅特地区(Calumet region)

的生活。在我父亲生病期间，他们也应了我和丈夫曾经的玩笑话，成了我们"最爱的房东"。杰克在不久前去世了，我们非常怀念他。

这个项目最开始并不是现在这样。作为我1993年在纽约大学人类学系的硕士论文，它在纽约大学教授费·金斯伯格（Faye Ginsburg）和欧文·林奇（Owen Lynch）的指导下完成。当我母亲知道费也在东南部的老钢厂社区附近长大，自己和他们夫妻俩还在同一所高中上学后，她高兴极了。在纽约大学，费对我的影响是奇妙而深远的。在美国的人类学研究尚非主流时，她带我进入了这一领域。也是她用自己的研究，为我展示出这一领域的无限潜力。欧文则为城市人类学的研究提供了坚实的基础，对此我仍然感激不尽。正如本书将提到的，费关于女权主义和身体政治的鼓舞人心的课程可能真的挽救了我的生命。* 尽管这听起来很夸张，但它让我第一次拥有了主动求医的信心。

多年后，在东非结束博士研究的我，再次回到了这个项目。从硕士论文到后来的研究和反思，最终形成了这本书。在这一过程中，芝加哥东南历史博物馆的资源是无可比拟的。那儿的现任董事罗德·塞勒斯（Rod Sellers）给了我巨大的帮助。罗德的父亲曾经是一名工人，后来当了卡车司机、推销员。而他本人不仅拍摄了许多关于芝加哥东南部的老照

---

* 作者曾患癌症，现已康复。——译者注（本书脚注均为译者注，不再一一注明。——编者）

片，出版了各类摄影书籍，还曾是东区著名的高中历史老师。他比任何人都更了解这个地区的过去与现在。他以敏锐的头脑和精心的收藏，将居民们爱不释手的纪念品、文物和文件等杂乱无章的老物件都放置到这个拥挤的单间博物馆中，这种做法是史无前例的。在教堂地下室和当地图书馆，他举办了关于芝加哥东南部历史的影像讲座，吸引了众多参与者。这一活动很快就变成了一种对历史的集体缅怀。虽然博物馆为偶尔前来的研究者提供支持，但这实际上是由现在和以前的居民共同管理的纯志愿性活动，直接面向它所生长的社区。我曾经很喜欢和父亲一起参观博物馆。他会定期和其他的老钢铁工人及其家属聚在那里，和那些同样了解、关心这些旧事的人待在一起，"闲谈"一下芝加哥东南部的"旧时光"。在我写这本书的时候，罗德不仅分享了他对芝加哥东南部及其工厂的透彻认识，还仔细地阅读并评论了我的书稿。

麻省理工人类学的同事们也给了这个项目莫大的帮助。现在已经离开麻省理工的休·古斯特森（Hugh Gusterson）很早就影响了我。他和凯瑟琳·贝斯特曼（Catherine Besteman）曾在麻省理工组织过一场工作坊，而我的报告《芝加哥的去工业化》就是本书的基础。这篇文章后来也收录于他们编辑的《不安全的美国》一书中。感谢休和凯瑟琳给我的建议和鼓励，感谢他们的作品给我带来的启发与灵感。麻省理工的人类学项目一直支撑着我，我在那里结交了一群超乎想象的同事、朋友。现任人类学系主任苏珊·西尔贝（Susan Silbey）

最近开创了一个书稿研讨会的传统，麻省理工的同事们也几乎都在研讨会上读过本书的全部草稿，并提出了精辟的批评和敏锐的见解。我衷心地感谢苏珊·西尔贝、让·杰克逊（Jean Jackson）、吉姆·霍伊（Jim Howe）、迈克·费舍尔（Mike Fischer）、斯特凡·赫尔姆莱希（Stefan Helmreich）、希瑟·帕克森（Heather Paxson）、埃里卡·詹姆斯（Erica James）、曼杜海·布扬德格（Manduhai Buyandelger）和格雷厄姆·琼斯（Graham Jones），以及同样参与讨论的凯特·杜德利（Kate Dudley）和艾米莉·齐默尔（Emily Zeamer）。我要特别感谢我的朋友希瑟和斯特凡（Stefan），不仅是我们之间的友谊，还有他们在很多非正式场合给予我的支持和肯定（比如一起带孩子出去玩时）。

多年来，通过麻省理工的各类教师科研奖金，这个项目有了经济支持。除了玛丽安（Marion）和贾斯帕尔·怀特（Jaspar Whiting）基金会的科研经费外，学校的支持让本书有机会进行更多的补充研究。麻省理工的研究生玛丽·伯克（Marie Burke）和卡特琳娜·斯卡拉梅利（Caterina Scaramelli）作为后期加入的研究助理，帮忙收集了很多经济统计数据和芝加哥东南部各种污染物生物特性的信息。我在麻省理工开设了"美国梦"课程，与克里斯·博贝尔（Chris Boebel）合开了"DV实验室"课程。感谢来上课的同学们，他们对本项目的文字和视觉形式都提出了很好的见解。在麻省理工学院以及密歇根州立大学、圣十字学院、哈佛大学和汉普郡学院的研讨会上，听众的反馈也对本书部分内容的写作有所启发。

我目前居住在波士顿附近的大学城,有幸加入了一个被珍妮弗·科尔(Jennifer Cole)戏称为"坎布里奇写作圈"的团体。它是一群很年轻的女性人类学家在2000年组建的。虽然一些成员已经搬走了,但多年来,它陪我们一起走过事业、个人和家庭的里程碑,在智识上和私人生活中坚实地支持着我们。我衷心感谢安·玛丽·莱什科维奇(Ann Marie Leshkowich)、阿詹塔·苏布拉马尼亚(Ajantha Subramanian)、希瑟·帕克森、斯米塔·拉赫里(Smita Lahiri)、珍妮特·麦金托什(Janet McIntosh)、伊丽莎白·费里(Elizabeth Ferry)、珍妮弗·科尔、卡伦·斯特拉斯勒(Karen Strassler)、洛里·艾伦(Lori Allen)、萨拉·弗里德曼(Sara Freidman)、桑德拉·海德(Sandra Hyde)和曼杜海·布扬德格(Manduhai Buyandelger)。正是因为写作小组里的大家对本书初稿的阅读,敏锐的洞察与批评,以及热情的支持,这个项目才得以持续推进。在那段时间,我常常很担心这本书会像我曾外祖父的回忆录一样,最终被尘封在阁楼里。我求学时期的朋友,也是现在的同事阿亚拉·法德(Ayala Fader)和贝丝·爱泼斯坦(Beth Epstein)阅读了本书的完整初稿,并提出了关键性的意见。纽约大学的导师,也是我长期的良师益友莱拉·阿布-卢戈德(Lila Abu-Lughod)的作品作为民族志实验写作的典范,确立了独树一帜的流派。她还细致地评论了我早期关于父亲的写作——也向我分享了她当时正在写的关于她已故父亲的文章。他们所有人慷慨为我付出的时间、给我的建议，我无以为报。

在项目过程中，工人阶级研究让我找到了新的视角，也借此为这个特殊的作品觅得另一个知识家园（intellectual-home）。感谢杰克·梅茨加（Jack Metzgar）的支持和热情，他也是钢铁工人的孩子。我还要特别感谢大卫·本斯曼（David Bensman）和罗伯塔·林奇（Roberta Lynch）。他们的著作《生锈的梦》（Rusted Dreams）为我的写作提供了坚实的基础。《生锈的梦》是一部关于威斯康星钢铁公司（我父亲的老东家）去工业化的经典著作。阅读《生锈的梦》对年轻时的我来说是一个关键节点，它让我开始理解当下发生在我的家庭和芝加哥东南部的一切。

与芝加哥大学出版社大卫·布伦特（David Brent）和普里亚·纳尔逊（Priya Nelson）的合作令我难忘。他们的热情以及对这本"四不像"的怪书的信心，使它有了一席之地。同时还要感谢他们睿智而有益的编辑和制作建议，以及在最终定稿时的包容和善意。我也要感谢一位热心的匿名评审，并再次感谢凯特·杜德利详细、敏锐、发人深省的评论，这启发了我更深入的思考。此外，还要感谢出版社的埃里克·卡尔森（Erik Carlson）和山口亮（Ryo Yamaguchi），感谢他们在本书付梓时的幽默和出色工作——特别是埃里克编辑的耐心和细致。以书的形式传达芝加哥东南部的历史感和戏剧性景观，既要重视文字，也要关注视觉。我深深地感谢利兰·比勒（Leland Belew）制作了芝加哥东南部手绘地图，也感谢我的母亲阿琳·沃利分享了成箱的家庭照片。书中的其他图片大多是芝加哥东南历史学会的藏品,为此我要再次感谢罗德·塞勒斯。

除了上述友人,我还要感谢在纽约、波士顿和其他地方的朋友和同事。他们多年来倾听了我无数的故事,与我一路同行,还不断鼓励我完成项目后期的视觉化呈现。他们分别是:马蒂·贝克(Marty Baker)、劳拉·费尔(Laura Fair)、希瑟·柯克帕特里克(Heather Kirkpatrick)、亚当·伊德森(Adam Idelson)、迈克·普特南(Mike Putnam)、爱丽丝·阿普利(Alice Apley)、大卫·塔姆斯(David Tames)、丽莎·克莱格特(Lisa Cliggett)、彼得·特威曼(Peter Twyman)、罗布·绍伊纳西(Rob Shaughnessy)、艾伦·雷姆斯坦(Ellen Remstein)、比尔·比塞尔(Bill Bissell)、特雅·甘蒂(Teja Ganti)、维尔纳·帕拉维尔(Verena Paravel)、文森特·莱比奈(Vincent Lepinay)、文斯·布朗(Vince Brown)、卢西恩·泰勒(Lucien Taylor)和丽莎·巴巴什(Lisa Barbash)。我也要感谢贝卡·宾德(Becca Binder)勇敢地和我一起参加埃克塞特的高中校友会。

多年来,这个项目一直和一部名为《无地可依》(*Exit Zero*)的纪录片交织在一起。这部纪录片由我的制片人丈夫克里斯·博贝尔执导,我自己制作。在我们开始拍摄这部纪录片后,克里斯也开始为卡鲁梅特生态公园协会(Calumet Ecological Park Association)制作一部关于芝加哥东南部环境问题的短片,我部分参与其中,所以两个项目之间有共用镜头。这部纪录片与本书不断对话,并引导我们去探索一些我作为人类学家永远不会去的地方，而这些地方正是项目的核心：垃圾填埋场的顶部罩盖，在工业废墟中穿插交错的湿地沼泽，以及火热炼钢的美国钢铁公司加里（Gary）工厂。同样，我们也欠下了许多人情，特别是对那些与卡鲁梅特生态公园协会有关的人：之前提到的格雷斯和罗德，还有朱迪·利霍塔（Judy Lihota），亚伦·罗辛斯基（Aaron Rosinski），以及已经去世的玛丽安·伯恩斯（Marian Byrnes）。对我的丈夫克里斯来说，他最重视的时刻是和罗德一起在直升机的头部架上一架相机，然后飞越这一区域的棕色地带*和工厂废墟。

我和克里斯·博贝尔在 1994 年相遇，此后便共同关注芝加哥东南部和社会阶级问题。多年来，他的情感支持与感性视角对我产生了重要的影响。虽然考虑到他的隐私，我最后才提到他，但他对我的影响——无论是个人的还是智识上的——全都跃然纸上。我之所以能够在书中客观地分析自己和我的家庭史，很大程度上要归功于他对我的爱和直言不讳的真诚，这令我勇于直面那些不愿回首的时刻和脆弱。在我难以看清时，他就会成为一面镜子，供我参考。他不是牵强附会，而是以他为镜，让我重新审视他眼中的我的生活世界。他的想法和见解也渗透到本书的讨论中。例如，是克里

---

* "棕色地带"也可称作"棕地""棕土"，指被弃置后可以重复使用的工业或商业用地。这类土地可能在土地利用过程中被有害垃圾或工业污染物污染，需要经过土地清洁后才能再利用。"棕地"的概念最早在 1980 年美国《综合环境反应、赔偿和责任法》（Comprehensive Environmental Response, Compensation, and Liability Act, CERCLA）中被提出。

斯建议将"说话"问题作为我们家庭生活的一个核心,并提出将其作为本书和影片的共同主题。对于这一切的一切,我都感激不尽。在我们多年的恋爱和婚姻生活中(包括长达七年往返纽约和波士顿的双城生活),我们对各种旷日持久的创造性和知识性项目的热情逐渐融合。在这一过程中,我们早已成为同事、合作伙伴以及夫妻,共同教授纪录片课程,并以这样的方式制作《无地可依》。正因如此,我们的声音已经融为一体。

最后,我要感谢楠楠,他的活力让我们看到了日常生活的快乐。本书付印时,你已经四岁了。你喜欢依偎在我的腿上,嚷着要看素未谋面的爷爷的视频片段,问我为什么"工厂倒闭"会让每个人伤心。感谢你,感谢你让我明白为什么需要重新思考未来。同样感谢你牵着我的手,拉着我在新英格兰夏日的阳光下打棒球。

1. 老美国钢铁公司——南方工厂
2. 老易洛魁/扬斯顿钢铁公司
3. 老威斯康辛钢铁公司
4. 老共和/LTV钢铁公司
5. 老埃泽姆/英特莱克钢铁公司
6. 大湿地
7. 帕克斯顿拉垃填埋场
8. 黑格维什湿地
9. 废物管理CID垃圾填埋场
10. 博布伦森林保护区
11. 伯纳姆森林/粉角湖
12. 卡鲁梅特公园
13. 卡鲁梅特湖超级基金场地集群
14. 湖滨高尔夫球场
15. 消失的湿地高尔夫球场
16. 炼油场储油罐

 住宅区

地图 1. 芝加哥东南部地图，利兰·比勒制作

引 言

在我14岁那年的一个清晨,妈妈走进我的卧室,摇醒了我。"别担心,"她轻声说,"没事,他们把矿石船叫回来了,但会没事的。"我不知道为什么我们要担心桨船去了哪儿,但在半梦半醒间,我应了她的话,又继续睡去。* 现在想来,在那个寒冷的3月清晨,两眼一抹黑的母亲是既想让我放心,又想安慰自己一切都会好的。那时,她甚至都不愿意告诉我究竟发生了什么。事实上,从密歇根湖心召回矿石船,意味着威斯康星钢铁公司倒闭了。换言之,在芝加哥东南部工厂当剪切工的我的父亲,失业了。工厂的主要贷方预判工厂财务即将崩溃,已经收回了对货船上铁矿石的所有权,敦促海岸警卫队拦截这艘船并阻止其停靠。这令工厂的其他贷方纷纷取消抵押品赎回权,导致威斯康星钢铁公司破产。当时一片混乱,[1] 工厂的破产严重割裂了我和家人的生活。我们的生活顷刻间分割成了"工厂倒闭前"和"工厂倒闭后"。事实证明,母亲迟迟不告诉我发生了什么,是因

---

* 英文中矿石盘(ore boat)与桨船(oar boat)发音相同,年幼的作者没能理解妈妈说的话。

为召回矿石船引发的重大变局，将改变我们所有人。

1980年3月28日，威斯康星钢铁公司突然倒闭，预示着世界上曾经最大的钢铁生产区之一——芝加哥和印第安纳州西北部的卡鲁梅特地区，将有大事发生。从20世纪80年代初开始，芝加哥东南部的其他钢铁厂也陆续倒闭。在鼎盛时期，这些钢铁厂的工人曾达到3.5万人。与此同时，在印第安纳州边境附近，另有5.5万个工作岗位流失。即使是在印第安纳州幸存下来的小部分钢铁工厂，其工人数量也不断减少。20世纪80年代和90年代初这里的钢铁工业倾覆时，我的家人和其他居民全都傻眼了，大家都拼命想要弄清楚眼下发生的一切。一些人痛苦地讲道，这比30年代的大萧条还要糟糕。他们说，至少在大萧条之后，钢铁厂还会重新开工，人们还能继续生活。而这一次，钢铁厂已经永远消失了。它们的倒闭也将肢解支撑几代人的社会结构。

我现在生活在一个宜居的大学城，是以中产阶级教授的身份在写这本书。威斯康星钢铁公司倒闭后不久，我开始了新的人生旅程。16岁生日那天，我离开芝加哥，前往东海岸一所富裕的寄宿学校读书。我是学校的奖学金学生，而校园里满是长春藤覆盖的砖瓦建筑和非富即贵的学生们。那时我的家庭状况急转直下，而我自己的生活却似乎在蒸蒸日上。对于一个芝加哥东南部工人阶级背景的女孩来说，这种转变是非常艰难的。正如威斯康星钢铁公司的倒闭彻底颠覆了我和家人原本的世界，后来的求学经历再次颠覆了我的人生。在一个大多数人都不愿意谈论社会阶级的国家，我很难将自己在家庭和学校之间来回奔走的断裂感表达出来。这两个本就截然不同的世界,似乎正加快脚步,渐行渐远。

尽管美国人相信个体有能力自我重塑,但我发现要放下自己的过去并不那么容易。所属世界的崩塌和去工业化对家庭、邻里的冲击,一直都让我诚惶诚恐;十多岁时的艰难过渡仍令我惴惴不安。当时我在美国阶级的两极穿梭,而此前我却对此一无所知。我甚至现在都能感觉到自己的阶级出身在塑造我:我在这个世界上如何说话或缄默,我的人生观,乃至在被诊断出患有癌症时(现已治愈)我体内的化学成分。[2]

但我放不下这段历史并不仅是出于个人原因,还因为这段经历异常尖锐地反映了一些更大的问题。它一方面揭示了美国长期以来阶级分化的代价,另一方面也揭露出近几十年来有关经济不平等加剧的问题。我父母那代人是二战后不久就出生、长大的,当时美国的中产阶级正在壮大。他们想当然地认为缩小贫富差距是未来的趋势。事实恰恰相反,许多观察家指出,这一时期才是历史的反常。近年来,美国的不平等程度达到了自20世纪20年代甚至是1890年"强盗大亨"时代以来的最高水平。[3] 越来越多的不平等问题已经成为我们这个时代的显著特征之一。在美国,保守派和自由派长期辩论经济不平等的社会影响。自由派倾向于认为高度不平等本质上是不公正和反民主的,而保守派则认为,只要伴随着社会流动,不平等就能带来更大的活力。但有研究者表示,美国的社会流动已经停滞。虽然美国曾以向上流动和

"美国梦"著称,[4]但时至今日,曾经被视作阶级固化代表的欧洲反而比美国有更多的向上流动机会。

那么,二战后扩大中产阶级的愿望是否应该被简单地视为两个镀金时代之间的历史插曲?我认为,这种转型反而意味着我们需要停下来,重新评估并思考美国是如何走上这条道路的,又为此付出了怎样的代价。在本书中,我从两个方面来探讨这些问题。首先,我思考美国不断加剧的经济不平等如何与去工业化的后果相联,这是与华尔街金融过度行为相反的阶级现象。其次,我反思自己的跨阶级之旅如何反映美国社会阶级的普遍影响。

我在大学里讲授关于去工业化的统计数据,包括了这样的事实:1960年,除农业劳动者外,有三分之一的人在制造业工作;而到2010年,只剩下了八分之一多一点的人。更惊人的是,1960年,制造业从业者中有62%的人加入了工会;而到2010年,只有13.6%的人加入工会。[5]作为一名社会科学家,我研读的一些文献中的信息和大多数工人的认识是相似的:美国消失的制造业岗位比现存的其他工作有更好的薪酬、福利和保障。现存的工作几乎无法为工薪阶级和穷人提供通往中产阶级的阶梯。因此,这些岗位的消失是美国中产阶级空心化的一个主要因素。

这些统计数字是冰冷的,无法展现其背后的社会现实。我也是回家准备芝加哥东南部的田野调研时,才真正看到了这种转型之下的社会。记得小时候,卡鲁梅特的工厂日夜运转,厚厚的黑烟笼罩着整个地区。当人们驱车通过印第安纳收费公路进入该地区时，钢铁厂的刺鼻气味和烟尘都会扑面而来。而现在，尽管余下的小部分印第安纳钢铁工业仍在生产钢铁，但芝加哥东南部的钢铁厂已经全部消失了。"空气是清新多了，"居民们悲伤地说，"但这里蒸蒸日上的繁荣也没了。"尽管印第安纳州的滨水赌场呈现虚假繁荣的景象，一些社区也保持着中产阶级的生活方式，但这里大面积都是木板房、空地和荒废的店面。

通往芝加哥东南部老钢铁厂街区的高速公路出口匝道，编号是"0"。我父亲曾解释说，因为芝加哥东南部的地界开始于印第安纳收费公路与芝加哥高架路的州界处，所以出口匝道实际上位于零英里处。虽然如此，路标上巨大的"0"定格了一种感觉，即这是一个被遗忘的地区。即便当年钢铁厂发展强劲，社区经济活跃，制造业被普遍视作国家的经济命脉，芝加哥东南部仍然被芝加哥其他地区所忽视。对于大多数芝加哥人来说，这是一个从高架路上飞驰而过的、鲜为人知的地方。当我在芝加哥生活时，有时会告诉其他芝加哥人我来自芝加哥东南部的一个社区——东区。有些人会不好意思地问："什么东区？芝加哥没有东区！你住在密歇根湖？"这种印象在去工业化后只会变得更加极端，因为有毒的棕色地带已经取代了活跃的工业。0号匝道的标志非常贴切地概括了一种去工业化的无人区的感觉，无处可去。如今，芝加哥东南部的居民在出口匝道下继续着他们的生活。老居民往往坚持着对过去的记忆，而年轻一辈则带来了另一种历史和希望。不过，那些巨大的废弃工业空间，几十年后仍是空荡荡的。这是一个扎眼的提醒，展示着过去如何继续支配着现在。去工业化的半衰期正变得漫长难耐。[6]

我学习的社会文化人类学，是一门理解人类差异的学科。我需要找到一种方法，来理解自己曾经历的不同阶级世界间的重度失衡。虽然我现在是一名专业的人类学家，但我不打算以冰冷的学术语言来写这本书。相反，它是一本故事集。[7]虽然一些故事围绕着我的邻居、朋友和多年来与我交流过的其他人，但大多数故事都和我的家庭有关。我们家四代人都在芝加哥东南部的社区生活和工作，我们的生活几乎贯穿了卡鲁梅特钢铁工业的兴衰历程。蓬勃的工业经济吸引我的曾外祖父母来到芝加哥东南部，后来我父母那代人经历了去工业化的创伤，接着我们这代人又散落各地。这是几代人与一个工业、一个既令人窒息又给人庇护的地方的共同故事。认识这里后来的转变，也是认识整个美国社会转型的窗口。

当然，像书中所有的故事一样，个人故事从来都不仅仅关于个人；它们也与我们所处的社会世界（social worlds）息息相关。在美国，那些颂扬功利主义理想的人常常认为，个人自我改造的能力最终在于内心。这种观点忽视了一个事实，即我们的生活只存在于塑造我们的社会世界中。而只有通过与这个世界的往来，我们才能找到令人生充满意义的道路。我们的个人故事也总是公共的。因此，讲述个人故事不仅要向内看，还要向外看；不仅要找寻那些塑造和定义我们是谁的社会关联，还要发现我们所处的更广阔的社会世界。

然而，有些故事比其他故事更好讲。社会科学家指出，某些类型的故事线是"霸权的"——它们与世界上占主导地位的思想、言论和行为方式联系在一起，被理所当然地视作"事情就是这样的"。[8] 霸权主义叙事通过主流媒体、课堂教育、政治竞选活动、经济教科书以及无数其他方式影响着我们。它们塑造了我们思考世界的可能性，引导我们如何去解释自己的现实，如何去选择要讲述的故事。我们的个人故事往往建立在社会主流叙事的基础上，并通过参考这些叙事来获得意义。当然，人们也经常挑战霸权主义的解读，但我们的替代讲法通常缺乏吸引力，或者由于与主流故事线的脱节而令人尴尬和忽视。

在写这本书时，我想讲述的个人故事和普遍的故事线之间的尴尬乃至冲突，深深地吸引着我。这些故事线鼓励我和许多其他人去理解我们的经历。卡罗琳·斯蒂德曼（Carolyn Steedman）对二战后伦敦工人阶级成长的经典描述，很好地揭示了关注这种紧张关系的意义。[9] 当时左派的主流印象浪漫而神话般地表明英国劳工阶级的紧密团结，几乎忽视了妇女的经历。而斯蒂德曼以质朴的个人叙述，打破了主流的刻板印象。她讲述了像她母亲一样的边缘妇女的现实生活，指出这种生活与人们对工人阶级经历的假设，有着巨大的差距。尽管在讲述自己的故事时，我们必然会参考更多的主流叙事，并借此增添意义，但这之间的张力与省略是我更希望表达的。当我们试着讲述自己的生活时，我们在什么地方感到拘谨？我们的故事和别人讲给我们听的故事之间有什么差异？这种差距对我们的社会世界有什么启示？

我在每一章都讲述了那些不"合适"的家庭故事。借助另一种思考方式，我试着呈现这些故事与更多主流理解之间的争论。第一章关于我曾外祖父母和祖父母的生活故事，记录了芝加哥东南部的历史。这些故事既重现又挑战了20世纪初移民和劳工故事的通俗讲法，强调了左右两派的主流说法在讲述这些生活时忽视的东西。下一章借我父亲和家人在威斯康星钢铁公司倒闭后的经历，讲述了芝加哥东南部去工业化的创伤。这些故事并没有把国家"铁锈地带"的出现看作进化转型的一部分。所谓进化转型，是指去工业化的短期成本将让位于一个更有活力和扩张性的"新经济"。相反，本书的故事强调了去工业化如何严重剥夺劳动人民的权利。本章质疑了去工业化的既定原因，并思考谁在这种转型中受益，谁又在这种转型中受损，以及为什么某些公众的反应会胜过其他人。

在第三章中，我探讨了自己在芝加哥东南部和东海岸一所精英寄宿学校之间的向上流动经验。保守派总是以强调向上流动的可能性，来回应对美国阶级分化的批评。他们把向上流动描绘成一个相对直接的过程，是美国梦的核心。然而，这种假设既淡化了向上流动可能造成的个人和家庭的矛盾心理，也未能解释为什么曾经作为芝加哥东南部等工业地区特征的集体向上流动变得不再重要，而孤立个体能否出人头地却成了焦点。第四章将重点从关于人的故事转移到关于地方的故事。它关注芝加哥东南部工业化和去工业化对环境的影响，以及该区域的有毒遗产如何成为居民身体的一部分，如何限制该地区将来进入后工业化的可能性。有一种假设认为，在许多像芝加哥东南部这样的老工业区，新经济必然从旧经济的灰烬中崛起。尽管这一假设已被证明是一种幻觉，但社区活动家仍持之以恒地为实现他们心中的卡鲁梅特而奔走。然而，这种努力充满了矛盾，仍然是一场艰苦的斗争。

简而言之，每一个章节都探讨了主流话语对20世纪劳动人民的阐释与芝加哥东南部居民自己的故事之间的矛盾。尽管我最初并不打算用这些家庭故事进行社会批判，但综合起来，它们就变成了社会批判。探究这一张力可以进入一个更大的视角，甚至是一种反叙述。它将社会阶级的多种表现形式置于核心位置。这一叙述所讲述的并不总是英雄的故事，也没有阐明一种容易识别的政见。不过，这些故事确实表明了工人阶级生活的复杂性和丰富性，打破了传统的刻板印象，为我们当代迫切需要的各种替代性解释提供了可能。

很多人虽然认为去工业化增加了向上流动的难度，但他们并不会因此浪漫化工业工作。工厂劳动无论在过去还是现在都是艰难且耗费生命的工作，也是全球高工资地区越来越难找到的工作。这不仅是因为公司经常将工厂生产转移到其他地区，还因为自动化和计算机化正不断地取代工人。在我看来，重新审视去工业化问题，意味着去关注已经消失的工作类型：与这些工作是否位于工厂无关，而是要思考这些工作是否稳定、薪酬合理，是否可以建立强大的工薪家庭和社区。承认去工业化的影响并不意味着沉溺于怀旧,而是要对一个国家从何而来又将走向何方进行扎实的批判研究。

定义阶级

年轻时,我积极地通过认识"阶级"概念来解释自己的生活。但这些文献又塑造了一个怎样的阶级概念呢?观察家们早就注意到,各种经济水平的美国人都倾向于避免公开讨论社会阶级(这也是有些故事比其他故事更难讲的原因之一)。大多数美国人更愿意把自己看作无形的、包罗万象的中产阶级的一部分。在一个长期以来把自己定义为精英治国化身的国家,这并不稀奇。对于穷人和工人阶级来说,承认自己不属于中产阶级,就会被指责为懒惰、失败,或者在其他方面犯过错。[10] 至于那些继承了财产的人,如果承认自己的精英阶级地位,那么别人可能会认为他们既没有为获得社会地位努力,也不配拥有现在的社会地位。对所有这些群体而言,声称自己是中产阶级可以缓解潜在的尴尬。当然,人们确实会谈论阶级,但他们经常以迂回的方式和另类的表达来谈。尽管芝加哥东南部是一个长久以来劳工冲突频发的地区,我认识的大多数人仍选择避免直接谈论阶级。相反,人们通过替代词来交流,例如"小人物"或"肥猫",或者借助一些与品味和生活方式有关的文化符号来指代,例如某人的"廉价"穿着或"自大"的举止等。这种倾向在美国很普遍。即便是关于美国梦的典型国家叙事也不例外,即美国象征着所有努力工作的人都有机会出人头地。这实际上也是一种绕过阶级来谈论阶级的方式。

正如人类学家雪莉·奥特纳（Sherry Ortner）所言，美国人经常借用其他社会范畴来思考和谈论阶级，例如讨论性别和种族。[11] 在美国，阶级和种族总是被混为一谈，或者长期被当作同一回事。像非裔美国人，无论其背景如何，都会被象征性地与贫困联系在一起。在我童年时期的芝加哥东南部，这种倾向以一种特殊的方式表现出来。[12] 工人阶级的白人会想方设法地将自己和生活在芝加哥南区其他地方的贫困黑人分割开来，用种族差异来迅速标记这种他们想要逃离的贫困。因为许多白人的移民祖先都很贫穷，而这种贫穷在地理上和世代上似乎都很接近。以这种方式将种族和阶级混为一谈，加剧了种族主义的强度。但它也有其他作用。它使人们难以承认中产阶级黑人或工人阶级白人的经历，因为这些经历与人们的二元思维不符。它还淡化了种族和族群内部的阶级张力，造成了一种两极分化的观点，使人们难以认识其他类型的社会断层。

近年来，避免讨论阶级问题并将其转移到其他话题上的倾向，是21世纪初美国政治文化高度失调的核心。不直接谈论社会阶级，意味着人们往往以跨阶级的文化怨恨来表达阶级态度，这让我们无法认清经济不平等日益严重的根本原因并进行补救。[13] 例如，避免直接谈论阶级，有利于将工人和中下层白人对不断扩大的经济不平等的阶级怨恨转化为对弱势少数族裔的怨恨，而非怨恨实际上可能发号施令的手握实权的大人物。这不代表人们的经济利益比他们的社会和文化前景更真实，毕竟作为一个人类学家，我非常了解后者的力量。相反，正如其他评论家所言，近几十年来，人们一直在玩世不恭地操纵文化，以掩盖经济和政治，模糊强大的利益和政策，而后者正是这个国家日益严重的经济不平等的基础。当有人严肃地质问谁在近几十年的经济转型中受益或受损时，它往往会被草率地斥为嫉妒或被夸张地称作"阶级斗争"。

承认我们需要对美国的社会阶级进行更直接的讨论，并不意味着"阶级"自然而然地"在那儿"存在，是一个理所当然的社会现实。像所有的概念一样，阶级的概念不只描述了世界，更为理解世界给出了特殊的解读。但阶级也是一个引人注目的概念，透彻地洞察了当代世界。为了理解我在芝加哥东南部和富裕的寄宿学校所经历的事情，我从青少年时期就在积极地寻找这一概念。它是理解美国工业化和去工业化历史的一个必要视角，也是理解21世纪初美国社会的一个关键视角。阶级对我们当代的国家对话至关重要，不仅因为它直面不同背景的美国人长期回避的各种问题，还因为这些问题是应对当代困境和选择的关键。

在学术界，阶级的概念时常在各式各样的争论中被定义和使用。对于那些承继卡尔·马克思（Karl Marx）思想脉络的人来说，阶级指的是以人们在资本主义生产模式关系中的经济位置为基础的社会分工（资本主义的内涵本身就在不断地转变，最近的转变是当代理论家所称的"全球化"）。在这个意义上，阶级定位源于一个人的工作或拥有的经济资本，而阶级之间的冲突和剥削是历史变革的中心。社会学家马克斯·韦伯（Max Weber）对马克思主义的框架提出了挑战，他认为阶级与其他类型的地位区分和社会群体交叉，不能还原为经济关系。对韦伯来说，信仰发挥了自身的因果关系——经济不一定是历史的主要推动者，多种因素都可以带来历史变革。韦伯的思想不仅为理论家们后来所理解的"文化"创造了空间，还探讨了意义在人类生活中的核心地位，包括特定阶级的人如何对世界产生文化意义。韦伯的思想遗产还鼓励学术界思考新的问题，例如，20世纪新兴中产阶级的物质产品消费如何决定人们的身份感和地位感，为理解经济生产领域以外的阶级提供了新的舞台。[14]

20世纪70年代，法国社会学家皮埃尔·布迪厄（Pierre Bourdieu）试图将马克思和韦伯的观点结合起来，思考阶级如何与人们在受教育、工作或某些社区生活中习得的文化品味、风格、习惯和口音相关联。这种文化倾向和不同的社会地位相一致，成为布迪厄所说的"文化资本"的一种形式，有助于经济地位的再生产。[15] 有学者反驳道，虽然阶级的社会和文化维度可以再生产其经济维度，例如，当拥有"正确"品味或和"错误"的人交往时，我们的阶级地位就会永久化。但事情并不总是这样简单。例如，人们有时会有意地运用不同阶级的文化风格。一些学者表明，我们在表演阶级时，不仅要体现我们现有的经济地位，还要试图将自己与那些在阶级上"高于"或"低于"我们的人象征性地联系起来,这往往是社会愿望或叛逆的表现。对于50年代穿工人牛仔裤的中产阶级白人青少年,或者今天听嘻哈音乐,或为了激怒父母而进行跨阶级约会的人来说,这种行为可能是他们的一种文化反叛或性反叛,因为他们想要与社会赋予自己的阶级期望和要求做斗争。[16]

简而言之,与其把阶级看成一群被严格定义的人,甚至是经济秩序中预先确定的社会地位,不如像历史学家E. P. 汤普森(E. P. Thompson)早前针对不同情景所指出的那样,把阶级看成一个过程。我认为,阶级是关于我们生活的轨迹的——个人的和集体的,其发展经常不为人的意志左右,但有时也会被我们干预。阶级也是我们与或多或少有些权势的他人建立联系的过程,且和经济、文化都相关。但在当代人类学的意义上,将阶级和"文化"联系起来,并不意味着要像20世纪60年代的"贫困文化"论那样去指责那些让穷人堕落的坏习惯。[17] 相反,这里的"文化"是指我们可用的动态的、不断变化的、充满力量的资源,这些资源制约着我们的行动和信仰,我们也利用这些资源来创造有意义的生活。

最后,我认为阶级还有一种物质性,这种物质性不同于经济讨论中的普遍假设。我们可以在自己的身体中明显地感受到阶级。我指的并不是人类学家常说的阶级的"具身化"方式,如它在我们日常习惯、品味和生活方式上的体现。相反,我指的是阶级如何作为接触有害污染物和有毒物质的结果,在我们的细胞、器官和生物过程的实际化学成分上留下印记。这些现实与我们从事的工作种类、我们居住的地方和我们吃的食物种类密切相关。环境正义倡导者和职业安全专家意识到，一些工人和社区比其他人更容易遭受环境危害。那些受影响最严重的人通常要么从事工人阶级的工作，要么生活在工人阶级或贫穷的社区。另外，虽然并不绝对，但有色人种通常是受影响最严重的。在芝加哥东南部，由于工业工作的性质、空气和水的污染，还有住宅和有毒废物的零距离，环境暴露一直以来都很普遍。这样的历史意味着我们需要切实地思考我们的身体是如何被"阶级化"的。

为了让阶级的概念公正地反映我们的现实生活，我认为它必须是一个多方位的概念。[18] 这种对阶级的宽泛理解，并不意味着阶级会像一些批评者担心的那样变得无所不包、毫无意义。除了社会、文化和物理维度，阶级仍然是和我们在世界上的相对经济地位相联系的不平等形式。尽管如此，阶级的不平等形式是在与其他不平等的关系中彰显的。正如一些学者所述，阶级、种族和性别"相互构成"。换言之，每一种不平等都不是独立产生的，而是同时产生、相互关联的。[19] 具体阐明各种形式的不平等如何与其他不平等相互作用，仍至关重要。在一些情况下，某种不平等可能会强化其他不平等，达到共同发展。在另一些情况下，这些不平等的作用与发展过程可能截然不同。简言之，阶级不是一个凌驾于其他变量之上的主导变量。相反，它是其他不平等中的一部分。即使所有这些因素共同决定了我们是谁以及我们在世界上的位置，但在某些社会和历史背景下，有些不平等会更突出。

虽然我长期关注社会阶级的问题，但直到求学生涯的后期，我才开始充分探索这些问题。由于青少年时期我已经对阶级概念有了很大热情，所以在研究生期间得知阶级是一个很重要的分析框架时，我兴奋不已。但在学术探索的过程中，某种疏离感也一直萦绕在我左右。我当时的目标是找到一面知识的镜子，来反思并理解自己和芝加哥东南部其他人的经历。但我却常常觉得很难把自己、家人或者邻居代入那些讨论阶级的抽象学术作品中。我最喜欢读那些讨论人们日常生活细节和他们如何理解世界的人类学文献，很享受阅读的过程。但更具学术权威的似乎是那些高度抽象或结构化资本主义社会、脱离人本身的理论文献。[20] 有段时间，我非常担心自己缺少解读阶级的权威性。因为要真正理解"阶级"，似乎首先要掌握看似深奥的理论论述。可以说，我的疏离感与对特权的不忿交替出现。通过抽象的表达来拔高学术交流的门槛，恰恰是一种将受教育程度较低、说话较直的人拦在门外的特权行为。虽然我慢慢发现这些更抽象的学术作品对我启发很大，但这件事本身其实挺讽刺的：一篇讨论阶级的理论文章越是复杂，就越容易让人觉得它与其想要形容的工人阶级生活相去甚远。

与此同时，我渴望得到更多认可，渴望让人们知道工人阶级背景的人也可以分析自己的阶级经验并为它赋值。[21]我想知道，是否可以有一个更具包容性的场所来思考阶级？在那里，理论和经验会被视为虚假的二分法；在那里，对话可以在更公平的环境中进行。许多人已经设法在工会大厅、教堂地下室、社区大会，乃至与民族志学者的田野交流中，建立了这样的场所。在这里，我试图通过这本故事集创造一个类似的场所。在我十几岁时，每次和父亲谈论"大问题"，我们都喜欢这样做。他总是会用一个故事来回答我的问题。当我问他关于工厂或政治的问题时，他会用食指戳戳我的腿，然后说："让我告诉你，花生……"然后开始通过一些故事来告诉我他是怎么看待这个世界的。我并不总是认可他的故事；有些我甚至觉得有问题。但很明显，他的故事不是单纯的逸闻趣事，而是一种分析世界的方式。

出于各种原因，我把这本书作为一本故事集。从心理学上讲，一种深层的需要让我这样做。人类学家芭芭拉·迈尔霍夫（Barbara Myerhoff）在《细数我们的日子》（*Number Our Days*）一书中指出，无论是通过讲故事还是写作，人们总是想连贯地讲述自己的生活。这个过程使他们将潜在的差异和冲突的经历拼凑在一起，从而创造一个更加统一的自我意识。[22] 我发现自己也想通过讲述我和家人的故事，来疗愈自己断裂的生活。此外，故事形成了一个潜在的交汇点。在这里，无论是通过个人经验来提炼理论，还是通过分析来理解个人经验，都能得到同等的认可。尽管故事可能是一个不完美的媒介，但它让不同背景的人借此沟通与交流，比大多数媒介更好。[23]

故事之所以有效，是因为它总是在某处发生，由某人讲述。讲述自己的生活能让每个人认识到自身的特殊性，即人类学家所说的、在这个世界上的"社会定位"。[24] 我们都生活在时空之中，生活在特定的社会背景和历史时刻下，这些都塑造了我们是谁以及我们思考世界的方式。认清所处的社会与阶级事实，可以帮助我们挑战精英们定义世界的倾向，挑战他们利用权威以抽象和概括的方式来遮蔽世界、造福自己的行为。个人叙事也很擅长在动态过程中展现人和阶级。毕竟我们所走过的（或未能走过的）阶级轨迹、我们对未来的希望和恐惧、我们与过去的关系等等，都和我们的生活故事紧密相连。个人故事也记录了建立在阶级上的矛盾。当个体在家庭、邻里、地区甚至国家中"向上"或"向下"流动，与他人保持一致或对立时，人与人之间的经济关系就会改变，从而出现矛盾。最后，讲故事让我们认识到阶级与其他经历的关联。毕竟在个人故事中，除了阶级背景，我们还代表着女人和男人，非裔美国人、白人、墨西哥人、移民、本地人，同性恋和异性恋者。

　　重视讲故事并不意味着必须将其浪漫化。正如关注叙事的学者所言，我们讲述的故事并不是理解事物的特权形式，也不提供任何关于世界的内在洞察力；故事可以是敏锐的，也可以把我们引入歧途；可以与最有权势的人相左，也可以支持其观点。虽然故事通常是人们试图传达他们经验的一种方式，但故事并不是了解这些经验的直接窗口。传达故事总是通过语言媒介，通过我们对表达方式的选择，以及通过引导我们讲故事的社会惯例而发生。我们与对方分享的是自己对经验的解释，而不是经验本身。简言之，防止"自下而上"将故事浪漫化的倾向与防止"自上而下"将理论浪漫化同样必要。

当然，个人叙事的意义并不只是为了讲故事。当我们讲故事时，重要的不仅仅是内容，还有讲故事的情境。我们向谁讲述自己的故事？为什么？为了什么目的？最关键的是，为了什么效果？我们的故事是为了干预世界、说服他人、表达感情和事件，使我们的生活有意义。这样一来，故事就不仅仅是对物质世界的反映；它们是世界的一个动态组成部分。例如，我们讲述的关于社会阶级或去工业化的各类故事，有助于积极创造和改造我们所处的世界。因为我们的故事与我们的社会行为密不可分，所以它们被学者们认为是更大的"结构性"问题的组成部分。我们不妨问问，近几十年来，美国某类群体在经济上获得了超乎寻常的利益，而其他群体却一再受到伤害，是什么样的故事助推了这个过程。另外，还有哪些故事认为工资体面、福利优厚、工作稳定的工业岗位会不可避免地消失？甚至认为它们的消失是一种社会进步？从难以想象去工业化的时代到几乎无法避免去工业化的时代，通过思考这些故事和它们遭受的质疑，我们能够更加了解过去，从而理解美国不平等扩大的根源，为未来开创新的道路。

至死方休的生存挣扎

我一直在纠结该如何描述这本书。它是一本回忆录，一个社会科学分析，还是只是一本故事集？由于总是通过民族志与深描来分析研究对象的日常生活，人类学家可能会将本书呆板地定义为"自我民族志"，或视为"亲密民族志"的一种类型。[25] 根据德博拉·里德-达纳海（Deborah Reed-Danahay）的说法，自我民族志是"一种将自我置于社会背景中的自我叙述"。其他学者明确表示，自我民族志的目的不只是放置，而是以这种方式分析自我。[26] 亲密民族志则是探索家庭成员的生活，将这种生活与更大的社会进程联系起来，同时也关注方法论、情感和伦理问题的影响。[27]

无论使用什么术语，这本书都有意从家庭关系中挖掘自我民族志的材料。尽管所有的人类学家都依赖自我作为研究的工具，但我在本书中的这种倾向可能会更突出。起初，当我撰写书中最个人化的故事时，我坐在电脑椅上，闭上眼睛，回溯过去，试着唤起从前的情绪。当开始感到痛苦时，我知道自己已经快回到过去了。接着，就像超现实主义者用意识流写作工具展现无意识一样，我强迫自己不假思索地写作。人类学家的训练使我能够像优秀的田野调查者一样，试着不去评判自己的感觉和记忆——相反，它们是重要的民族志"数据"。一旦故事写好了，我就把它们与其他家庭成员的叙述结合起来。他们的讲述大多由录像或录音带记录。然后我根据这些故事确定了本书的形式。在处理这些故事时，我尝试在感受情绪和分析情绪之间穿梭，在这一过程中探究和挑战这些想法和感觉，并试图发掘这些叙事背后的东西。接下来，通过参考多年来收集的一系列材料，包括其他的录音和录像访谈、关于芝加哥东南部的档案研究、政府报告、剪报、学术著作和相关主题的文学回忆录，以及最重要的，与其他人的谈话，我将这些故事再情景化并进行交叉核对。借助这些材料，我从不同的角度研究这些故事，将它们在我脑海中循环放映，从不同的角度来看待它们，希望能有所发现。

本书本身产生于一种双重意识，因为它结合了钢铁工人女儿的社会观和人类学家的社会观。书中的个人叙述尝试以某种像"家"的方式来思考和谈论社会阶级：这种方式让工厂倒闭前的"我"与这么多年后的"我"得以对话。我不再仅仅是一个钢铁工人家庭的女儿，同时也是一个中产阶级的专业人士，进行这样的对话对我而言很重要。这些故事让我在过去和将来的不同自我间穿梭，令我必须在情感上毫无保留地写作与思考，让我同时从自己前后两种生命经验和思考中汲取养分。可以说，这本书中的叙述是我个人探索的一部分。我想找到一种理解社会阶级的方法，来弥补大量既有研究与现状不"符合"的情况。当然，在日常生活中，所有人都有不同的"语域"（registers），即语言人类学家所说的适合特定环境的说话和行为方式。当这些语域被视为相互对立的，而且彼此很少接触时，失调就会出现。我自己截然不同的两种生活经验，恰恰反映了关于阶级、关于美国的一些问题。

找到一种沟通这些"世界"的言说方式，将能更全面地向美国社会的这种分歧发出挑战。最后，思考这些问题时，我不仅站在了钢铁工人女儿的角度，也是为人父母对下一代的担忧。他们这代人将继承一个在经济和政治上都严重分裂的国家。重新思考去工业化的核心变革及其对整个美国的影响,对任何批判国家分裂趋势的讨论而言,都是重中之重。

尽管我十几岁起就渴望讲出这本书中的故事,但这不是早年间的我能够做到的。那时候,包括父亲在内的其他家人,都和我一样疑虑重重:一个人如何相信自己的故事值得讲出来和被倾听?如何表达这样的经历才能不让它变味?如何使自己的意义不被更有权势的人误导或侵占?

我有一位年长得多的家人,在他的写作中,这样的困境也很明显。我的曾外祖父约翰·马特森在1967年写了一本回忆录,它也言不达意,而且不太"符合"主流叙事。直到他去世,我外祖母才在阁楼上发现了一个纸袋,里面塞满了他在七十五岁时留下的字迹不清的打字页。用瑞典口音大声读出这些文字,能够帮我们更好地理解这位斯堪的纳维亚移民的英语。这样你就会明白"vont"表示"想要","fju"表示"很少"。在纸袋的正面,他用铅笔写下了戏剧性的标题"至死方休的生存挣扎"(文前插图)。显然,他想讲述自己的故事,却把它藏在了阁楼里,直到死后才被发现。这表明,无论是描述痛苦的家庭事件,还是与移民热切地登陆美国海岸的神话故事不同的移民故事,他的讲述都与主流叙事矛盾重重。或许他把自己的作品藏起来,是为了说也不说那些难以启齿的事情。尽管讲述一个与其他主流叙事相冲突的个人故事并不那么容易,但我想说的是,将这些令人不适的地方表达出来,才是这种尝试的意义所在。有时人们不得不自我宣告:"看!这就是为什么我和世界格格不入。"在这种情况下,讲述自己的故事就是呼吁人们关注被忽视的现实——即那些失语的、对我们的生活至关重要的阶级现实。

在威斯康星钢铁公司突然倒闭的那个早晨,我的母亲犹豫着要不要直接告诉我发生了什么,大概是因为她怀疑这将对我们的家庭产生重大影响。正如本书所表明的,它确实影响极大,让我花了几十年的时间才理解和学会如何讲述。但本书也带来了希望,那就是,无论以多么微弱的方式来讲述不"合适"的故事,都可以重新定义我们对彼此间不断变化的阶级关系的看法,以及对共同未来的期望。

第一章
钢铁世界:家族相簿里的故事

小时候,我喜欢和父亲一起在芝加哥东南部四处兜风。我们住的地方在卡鲁梅特河以东,与南芝加哥大型的美国钢铁公司(南方工厂)仅一江之隔,简称东区(East Side)。我的父亲在威斯康星钢铁公司当剪切工。该工厂位于邻近的芝加哥东南社区,最初被称为艾恩代尔(Irondale),后来改名为南迪林(South Deering)。[1] 除了这些社区,当时共和钢铁公司(Republic Steel)的工业用地广阔,将黑格维什(Hegewisch)与东区隔开,使前者成了距芝加哥东南部其他城市最远的区域。一些老年居民仍会把地址写成"黑格维什,伊利诺伊州",暗示了这个社区的孤立主义倾向。一些年长的亲戚也随口提到了这些社区内的小分区。分区的名字都很有特色,如矿渣谷(Slag Valley)和厂门(Millgate),不过我很难搞清楚他们说的是哪一区的老木屋。在20世纪60年代末和70年代初,卡鲁梅特地区的钢铁厂仍如日中天。像其他钢铁工人一样,我父亲也是轮班工作。每每他在炎热的夏季上完"夜班",白天却又总是被孩童的嬉戏声和汽车的声音吵得无法入睡时，他就会带我去附近兜风，把那些标志着我们世界边界的地方指给我看。

每次兜风，我们都会开车经过钢铁厂和其他工厂，父亲会用我们熟识的工人的名字来指代这些厂子。叔叔唐（Don）和叔公利兰（Lehand）都在英特莱克钢铁公司（Interlake Steel）工作，祖父在山谷模具铸铁厂干了几十年的吊车工，叔公阿利（Arley）和父亲都在威斯康星钢铁公司工作，等等。除了沿途生长的香蒲，工厂之间还隐藏着遗存的湿地，我们从小都管它们叫"沼泽"。高度工业化的卡鲁梅特河两岸，聚集着钢铁厂和其他工业。它纵横交错，将密歇根湖（Lake Michigan）与污染严重、被围栏隔开的卡鲁梅特湖遗迹（remains of Lake Calumet）连接起来，因而本地居民和途经的汽车司机完全觉察不到异样。密歇根湖本身也与工厂社区接壤。尽管我们可以感受到湖风，看到海鸥从头顶飞过，但我们欣赏湖景的视线却被各种建筑物阻挡了：爱迪生发电厂、一系列画得像法斯塔夫啤酒罐的巨大粮仓，以及一条高架快速路。通过这条被称为芝加哥天路的快速路，驾驶者从工厂街区的上方飞驰而过。从空中俯瞰，湖水和钢铁厂成了这里的标志性景观。

芝加哥东南部的住宅区散布在工厂和水路之间。在不流行小汽车的时代，这些居民区与工厂的入口相邻，方便人们步行上班。工厂、水、火车轨道、吊桥和我们称为"大草原"的空地将这些社区隔绝开来，让它们总是像小岛一样互不相连。社区内最引人注目的是耸立在坚固的砖砌平房和老式木屋上的教堂尖塔。似乎每个移民到钢铁厂工作的族群都有一座教堂。波兰人、意大利人、克罗地亚人和墨西哥人的天主教教堂，希腊人和塞尔维亚人的东正教教堂，瑞典人和德国人等"老一辈"的新教路德和卫理公会教堂，南方白人和非裔美国人的浸礼会和其他福音派教堂，等等。商业街两旁有一些夫妻店、民族特色商店和铺面酒馆，它们的受众大多是结束轮班的钢铁工人。

芝加哥南部的海角不能随意进出，那里是美国钢铁公司（南方工厂）的一部分。如果父亲和我能把车开到那儿去，我们就能看到晴空下芝加哥市区的绚丽景色。这个海角是由炼钢过程中留下的矿渣或废物建成的，远远地向密歇根湖延伸。在那里可以一览北面十英里外芝加哥市商业中心的摩天大楼的宏伟景观。直到成年后，我才知道在芝加哥东南部和市中心之间的这十英里内，有许多地方都得到了历史学家们的关注。例如，铁路环线西边和稍微南边一点的近西区。19世纪末，近西区是一个聚集大量移民的制造区，也是1886年臭名昭著的干草市场爆炸案（Haymarket bombing）的发生地。在呼吁八小时工作制的抗争活动中，一名无政府主义者为了报复几天前枪杀两名工人的事件，向芝加哥警察投掷炸弹。在随后的混战中，七名警察和数目不详的平民死亡。虽然始终没有查明扔炸弹的人是谁，但七名无政府主义者和劳工领袖被指控犯罪，四人被绞死。这一事件引起了国际社会的强烈抗议，并成为19世纪历史中的一个决定性事件，甚至对芝加哥的新兴劳工运动造成了破坏性打击。[2]

中心商业区以南，是广袤的芝加哥畜牧场。这些畜牧场历史悠久，从1865年开始运营，到我出生时倒闭，距今已有100年。作为日益商业化的食品经济的一部分，大量的猪和牛从城外和更远的西部地区运到这些畜牧场进行屠宰，而后作为肉类通过铁路运到东部。[3] 根据厄普顿·辛克莱尔（Upton Sinclair）1906年出版的《丛林》（*The Jungle*），芝加哥的畜牧场因为劳动和卫生条件问题而臭名远扬。芝加哥东南部的钢铁厂位于卡鲁梅特湖对面的普尔曼（Pullman）。普尔曼是工业巨头乔治·M. 普尔曼（George M. Pullman）在1880年建造的。作为一项社会实验，它为工人及其家庭提供理想的住房条件，被历史学家称为典型的"企业小镇"。然而，批评者认为，这个小镇也试图不公正地控制工人。1983年，乔治·普尔曼削减工人工资却拒绝给他们降低房租，这让普尔曼小镇成了另一个著名的劳工抗争场所。[4]

从小到大，我对这些地方和事件一无所知。即使偶尔跟着学校的校外考察或与母亲一起去芝加哥市中心，也像是去了另一个世界，一个我祖父和许多其他地区的居民几十年来竭力避免的"外部"世界。我们的世界是以芝加哥东南部的社区为边界的。将这个世界连接在一起的不是教科书叙述的那种历史，而是在钢铁工业及其附属企业的荫蔽下形成的社会关系。附近的教堂、族群组织、工会和学校同样为居民的日常生活赋予了意义。当我们把目光投向芝加哥东南部时，不是投向了芝加哥，而是投向了印第安纳州边境上的钢铁城镇。印第安纳州西北部通过卡鲁梅特河的水路与芝加哥东南部在生态上相连,也是芝加哥工业在19世纪爆炸性增长的历史溢出点。正是庞大的钢铁经济本身,将卡鲁梅特河的两岸联系在一起。

开车穿过芝加哥东南部时,父亲总会给我讲发生在这些社区里的故事。正是这些故事,让窗外的景观变得鲜活。他口中的历史不再是历史学家可以轻易识别的"官方"历史,而是由趣闻、我们认识的人的故事和个人经历组成的历史。20世纪20年代,在东区的砖砌平房里曾有一个阿尔·卡彭(Al Capone)*的"安全屋",而且据说那里还有防弹玻璃。看到这些平房时,父亲风趣地跟我讲了叔公利兰因为卡彭而辞掉守夜人工作的故事。那是某个晚上,卡彭团伙的人到利兰叔公工作的地方,叫他第二天晚上不要去上班。为了躲避他们,利兰叔公不得不藏进一个地洞里。当我们经过1937年爆发的"纪念日大屠杀"(the Memorial Day Massacre)劳工事件旧址时,父亲会回忆他自己的父亲怎样和其他被拒之门外的共和钢铁公司工人一起穿越这片"大草原",最后惨遭警察枪杀。在驶过南迪林一个被称为特伦布尔公园(Trumbull Park)的地方时,我父亲或许会讲起50年代中期的种族暴乱,回忆他不得不在地区封锁期间步行上班的故事。[5] 据称,正是这些暴乱促使马丁·路德·金(Martin Luther King, Jr.)于1966年走上芝加哥东南部的街道,发起游行,抗议该地区根深蒂固的种族仇视和住房隔离。这震惊了该地区的

---

* 美国黑帮成员,1925—1931年掌权芝加哥黑手党。

许多白人工人阶级居民,当然也包括我的父亲和其他家人。

我们还经常途经亲戚家。如果他们在家,我们可能会不请自来地去闲聊几句,或者喝杯冷饮。在工厂街区里,密集的家庭关系网是社会生活的根基。包括我的家庭在内的许多家庭,几代人都住在这里。自我记事以来,我的祖父母就住在我父母家的小巷对面,而几乎所有的表兄弟姐妹、姑姑和叔叔都只隔了几个街区。这种情况在这里非常普遍。另外,我和姐妹们上的文法学校,也是我们的父母、祖父母甚至曾祖父母上的那一所。这种代际联系可以说是相当夸张了。另外,我的外婆是个寡妇,她在我父母结婚的前一年嫁给了我同样丧偶的爷爷。每次我说起父母因为家长再婚而成为兄妹时,别人的脸上都写满了困惑。这种情况虽然奇怪,但它似乎也准确地反映了工厂周边紧密相连的社会纽带。有时候,这种联系有更多的黑暗色彩。记得我父母曾讲起母亲的一个远房亲戚,他参加朝鲜战争后变得精神失常,后来把当地的一家百货公司炸了,导致附近的一些居民死于非命。这些枉死的居民中就有我叔叔唐的继母、我父亲的姑姑。事发之后,因为是我母亲的亲戚杀死了我父亲的姑姑,我父母都不知道该不该去参加她的葬礼。

在工厂倒闭前,我和家人一直身处这个紧密结合的世界之中。想起在芝加哥东南部的这些年,我十分想要把它记录下来,去进一步了解它是什么,后来又会变成什么。即使在孩提时代,这也是让我觉得既着迷又麻烦的地方。和父亲一起自驾时,我沉醉在如此充满历史感的景观中。对我的亲人们来说，芝加哥东南部的每一个地方、每一座建筑、每一片土地似乎都有一个意义或故事。这些故事可能是自然而然传递给我们这些孩子的，也可能是家人精心引导的。正是通过这些故事，我们几代人都与这个地方联系在一起。

作为一个未来的人类学家，我也难免落入了尴尬的俗套，着迷于芝加哥东南部日常生活的多样性。我很高兴有机会在塞尔维亚同学的新年庆典上吃到自制的面条，站在希腊东正教堂的圣像和香火前观看朋友刚出生的弟弟受洗，或者在第一次喝到意大利裔邻居用自家后院的葡萄酿制的葡萄酒后酩酊大醉。然而，这个世界也可能是残酷的。芝加哥东南部的街区是数个种族飞地的混搭。当时，芝加哥东南部的大部分地区住着人们通常说的"白种人"[6]，尽管其他地区主要住着拉丁裔，少数地区越来越多地出现非洲裔。这种多样性蕴藏着一种强烈的隔绝感：它不断提醒人们，你需要在自己所属或所不属的环境中划定边界。挑战这种边界不仅意味着引起愤怒，还意味着暴力。白人尤其努力地捍卫自己的街区，将那些被认为处于较低阶级的族群逐出自己的社区。对他们而言，这些群体会威胁到他们近年来好不容易赢得的尊重。

在我成年后，也是工厂终结后，我以一种新的、近乎痴迷的方式继续关注着芝加哥东南部。我想要搞清楚这个地方，搞清楚为什么我曾经认识的世界会就此终结。这种需求就像是挠痒痒，或是修补久治不愈的旧伤口。尤其是芝加哥东南部正瞬息万变，更是加深了我的这种欲望。在这些年里（我也发生了天翻地覆的变化），我会把故事和趣闻零零散散地记在信封的背面,收集家庭照片,或劝说犹豫不决的亲属接受录音访谈。从研究生院放假回家时,我会参观芝加哥东南历史协会,这是一个由社区管理的博物馆,位于卡鲁梅特公园室内运动场的一个房间里。上了年纪的居民捐赠的纪念品把这里塞得满满当当,它是一座关于芝加哥东南部的阁楼,备受珍爱。在那里,我可以翻阅劳工活动家和产业工人未发表的工厂历史,找到劳动节游行和东区小姐选美的家庭影像,阅读20世纪50年代颂扬美国钢铁将如何战胜共产主义的钢铁业小册子,发现早已消失的建筑和地点的老照片,从而对家庭成员的故事有更具象的认识。寻找这些历史片段,让我们有机会弄明白为什么工厂倒闭会让我们的世界轰然倒塌,为什么那些我们一直觉得理所当然的东西会开始消失。

以下几页是讲述芝加哥东南部历史的一种方式:在家庭故事中展现这段历史,就像我父亲在开车时讲述的那样。我家的历史既是典型的又是完全独特的,历史的特殊性也总是如此。我亲人的故事与卡鲁梅特地区的工业化历史密不可分,当时重工业是美国经济和国家形象的内核。只有从这段历史开始,我们才能理解如下问题:芝加哥东南部对我们这些生活在那里的人意味着什么,为什么它既束缚人又像一个避难所,以及去工业化对整个地区意味着什么。在讲述我亲戚的故事时,我对他们的叙述高度呼应美国移民和劳工的经典故事感到震惊,这些故事对于理解19世纪末和20世纪初的美国历史至关重要。当我重复这些故事时,我发现它们几乎都是刻板的老套路,偏向于讲述勤劳、向上流动的移民或好胜的工人如何追求他们的美国梦。在美国，政治右翼和左翼一直干预着这些经典叙事的变体，以此来扩展成为美国人的意义。

这些关于移民和劳工的经典故事其实没有囊括我亲人们故事的其他方面，或者是没有抓住他们的矛盾心理或紧张点。正是这些常常被忽视的方面，彰显了人们生活的复杂性，打破了这种神话式的叙述，令他们成为我从小就熟悉的那些人。这些故事的核心是芝加哥东南部本身。一些学者认为，社会阶级的经验往往与地方感紧密相连。[7] 在芝加哥东南部确实如此。我们不谈论"阶级"这类抽象的力量，而是表现得似乎像影响我们日常生活的那些力量既来自这个地方本身，又被它所影响。在这个地区，许多居民在移民、工作和家庭关系上经历相似。可以说，是芝加哥东南部把我们的叙事联系在一起。

移民与劳工的故事

我们家族四代人在芝加哥东南部生活和工作的故事，纵贯了卡鲁梅特地区钢铁业的大部分历史。他们的故事也强调了历史上白人工人阶级之间的许多分歧。人类学家雪莉·奥特纳认为，当美国人想到其他阶级时，他们的第一反应并不是左翼认为的那种敌视。相反，她认为美国人倾向于将其他阶级的人投射到自己身上，把他们视作自己未来渴望成为的人，或是害怕成为的、避之不及的人。[8] 这在同一阶级内部和不同阶级之间都一样。毕竟，我们所属的"阶级"并非一成不变，我们的地位也不断处在变化之中。虽然社会学家告诉我们，人们的阶级地位几乎不随时间的推移而改变，但人们的自我感觉并不总是这样的。毕竟我们通过与他人交往而获得的身份和地位，也从未真正稳定过。虽然有些人可能认为他们理应拥有现在的地位，但许多人仍然保持怀疑：我们可能想改变它，或者得拼命维系它，又或者只是认命了。它可能会受到生活发展和世代更迭的挑战，被本地和外地事件波及，还会受到共同的社会经济景象的影响。而这种景象正处于更大的变局之中。在这一意义上，"阶级"是对我们或大或小的不平等关系的持续谈判。这些关系有的是我们可以改变的，但更多的是我们无法把控的。

在我自己的家庭中，我母亲那边的故事算是讲述了移民的向上流动，不过上升得不多。而我父亲这边则反映了美国白人长期贫困的故事，这几乎没有人提起过。虽然母亲那边的移民叙事得到了肯定，但像我父亲这边一样的故事却往往被掩埋在国家集体叙事之下。这两套叙事都脱胎于现代工业"大熔炉"社会下的经典美国神话，却又都与它相左。这个神话正是以男性为中心的工业劳动和移民的叙事，它重塑了母亲的祖父或我曾外祖父的故事，让它们看上去符合这套典型叙事。但像我外婆她们的故事，却揭示了另一个现实：在这个现实中，妇女是核心，她们维持的社会网络是老钢铁厂社区生活的内核。我的曾外祖父、外祖父和外祖母都住在东区105街和G大道上的一个小房子里，我从小就住在他们对面。现在想来,即便他们在这个小家里磕磕绊绊,我仍然可以看到他们的生活如何代表了老工厂邻里之间的各种阶级分化。

移民的故事

我从移民的故事开始说起。1910年,母亲的外祖父从瑞典来到芝加哥,并改名为约翰·马特森(John Mattson)。我外祖母在阁楼里发现的正是曾外祖父的回忆录《至死方休的生存挣扎》。在回忆录中,曾外祖父既想表达又害怕表达的矛盾心理是可以理解的,因为他的生活故事与生活在美国的人应该有的样子截然相反。

曾外祖父约翰讲的故事既参考了经典的移民叙事,也对这些叙事提出了质疑。这些叙事的原意正是合理化类似他这样的人生经历。在回忆录的开头(见图1),他回忆了自己小时候在瑞典哥德堡(Göteborg)北部的一个农场的生活。在外祖母留下的家庭相册里,有曾外祖父和他的家人回瑞典探亲的照片。外祖母在照片上贴了标签,打趣又潦草地在上面写下"很多瑞典人"(见图2)。与返乡时的繁荣不同,曾外祖父儿时的生活很是艰难。他八岁就当了铁匠学徒,后来一边上学一边给附近的农民当苦力。1910年,十七岁的曾外祖父和另一群瑞典人(包括他未来的岳父)一起离开了那里,去美国找工作。在19世纪初的几十年里,将近四分之一的瑞典人口移民到美国,他们几乎全部从港口城市哥德堡出发。

(1)

This Is the tru story of my life, written after my 75th birthday. Its the trught, and nothing has been exagerated, just written as i remember it, and to the best of my knowlege.

Chapter I

I was born in Sweden April 28-1892 in Göteborg and Bohus Län, Kville forsamling. my name in the Parich books was Johan Albert Martimsson, and from that litle place on thim earth, my fight for existemce and the daily bread started for me. We were 13 kids in a small house and a fju acres land, we had a cow and a pig and some chickens. I hawe seen all the kids come to this world, exept 2 the where gone before i arived. My Parets name was Martin and Adolphina Adriansson My mothers maden name was Kristiansson and she was born on Rörvik Hamburgsund. I drowe the horse and flat farm vagon, widt his coffin to the *my grandfathers* Church Cemetary 1901 I think it was, iwas onley a small boy i remember. His name was Kristian and now 1967 his doghter Eva my mothers syster died and is laid in the same grave, he had gone back to mother earth compliteley in 66 years. My parents is laid to rest in the same Cemetary litle bit east of the north entrange to the Church. I wendt to this Church, an was Confimed there 1906.

图 1. 曾外祖父回忆录的卷首语

图2. 外祖母艾瑟尔（Ethel）与瑞典家人的全家福

在曾外祖父到美国之前的十年里，大批移民已陆续离开欧洲各地，掀起了欧洲向美国移民的高潮。曾外祖父决定移民芝加哥也很正常，因为那时除了瑞典首都斯德哥尔摩以外，芝加哥是瑞典人最多的城市。[9] 当我年幼的母亲在1951年回瑞典探亲时，她叔叔带她去了渔村菲亚巴卡（Fjällbacka）。那儿靠近哥德堡北部家庭农场，有一个凸式码头。在那里，人们仍可以坐船直达南芝加哥第95街。

我不知道曾外祖父在1910年看到的芝加哥东南部是什么样。我曾想当然地认为卡鲁梅特地区一直都是这个样子。后来，我对这个20世纪早期的世界越来越感兴趣。读研期间，每次放假回家我都经常泡在芝加哥东南历史博物馆，翻阅一些关于本地历史的未公开文献。[10] 从这些文献中，我知道了19世纪30年代左右，美国原住民被赶出卡鲁梅特地区，走出了一条蜿蜒小路。这条沿着沼泽中的高地走出的小路，将成为未来交通干道的基础。[11] 后来，在19世纪中期，北面的芝加哥市不断发展，那里的英裔居民开始将卡鲁梅特的湿地和小湖泊当作狩猎和钓鱼的天堂。但我还是想象不到，叔叔唐工作了几十年的那个尘土飞扬的英特莱克钢铁公司，曾经竟是一个很受欢迎的狩猎小屋。虽然这片区域早在19世纪中叶就已经全部铺设铁轨，但它依旧是个名不见经传的边缘地区。直到内战后"镀金时代"的经济繁荣开始，美国社会进入工业化大转型，这里才逐渐被后来的居民认可。该地区拥有铁路网，廉价的空置土地，可处理工业废物的"沼泽"，用于钢铁生产的丰富水资源，以及方便运入原材料（如来自明尼苏达州的铁矿石）和运出成品的水道。它们有力吸引了重工业进驻，而后者也将彻底改写这里的历史。

翻阅芝加哥东南历史博物馆那些发黄、手打的历史文献，可以想象像艾恩代尔这样的老社区在19世纪末和20世纪初的模样。那时，沼泽水域上有木板路、寄宿公寓和酒馆，街道两旁都是未经处理的污水。为了去还是朝阳产业的金属行业工作，和我曾外祖父一样的年轻人蜂拥而至。一个以男性为中心的世界出现了，斗鸡和摔跤比赛是他们主要的娱乐方式。我告诉母亲自己查阅到这些信息时，她也会意地点了点头。她说，她的姑婆珍妮（Jenny），也就是她父亲叔叔的妻子，曾经营过一家面向年轻钢铁工人的寄宿公寓。事

图 3. 母亲的姑婆珍妮的寄宿家庭

实上,早年间住在工厂附近的妇女本就不多,她们中的大多数都会以经营此类公寓为生。即使自住的公寓很小,她们也经常在家收留住客。母亲给我看了一张珍妮姑婆寄宿公寓的照片。照片中,她在准备晚餐,而她的房客们都穿西装打领带(见图3)。也许这是个假日,也许和某位年长的亲人说的一样,"那时每个人都盛装打扮"。我在想,这些衣服是否也象征着他们对体面的期待和对未来的向往?而那时钢铁厂的工资恰恰给这些移民和乡下男孩带来了梦想成真的希望。不过这些历史文献揭开了照片外的残酷现实。住在寄宿公寓的年轻人通常一周工作7天、轮班工作12小时或更长时间。他们要和别的工人睡同一张床,但因为轮班时间不同,所以当一个人在睡觉时,另一个人基本都在工作。

1910年,当曾外祖父来到这里,他将会在芝加哥东南部发现一个充满活力、熙熙攘攘却也残酷的世界。由于钢铁工业的发展，那里刚刚从湿地中形成。从19世纪初钢铁业兴盛开始，卡鲁梅特河沿岸很快就钢铁厂林立。第一家钢铁厂约瑟夫·H. 布朗（Joseph H. Brown）钢铁公司，建于1875年，位于后来被称为艾恩代尔的地区。这家工厂将在1902年成为国际收割机公司（International Harvester）旗下的威斯康星钢铁厂，也就是我父亲工作几十年的地方。1881年，北芝加哥轧制公司向南部扩张，并在芝加哥南部建立了一个南方工厂。紧随其后的是东区的易洛魁钢铁公司（Iroquois Steel），它也是位于艾恩代尔的埃克姆（Acme）/英特莱克（Interlake）公司的前身。[12] 共和钢铁公司的前身位于东区和黑格维什间的"沼泽"里。与艾恩代尔相似的其他街区被建造出来，给钢铁工人、其他工业劳工和他们的家庭居住。东区最初被勘测员称为南芝加哥的钢铁工人区，而黑格维什则是由阿道夫·黑格维什（Adolph Hegewisch）建造的一个未来工业城镇。阿道夫·黑格维什是铁路大亨乔治·普尔曼的竞争对手，但两人实力悬殊，前者对后者不具威胁。

曾外祖父过来的时候，南方工厂是卡鲁梅特河畔最大的钢铁厂。图4的照片拍摄于1910年左右，当时该工厂有1.1万名雇工。到它的全盛时期，雇工更是达到了2万人。大约在我曾祖父到来前十年，南方工厂的母公司，伊利诺伊钢铁公司已被新成立的美国钢铁公司吞并（尽管这家工厂在当地仍被称为伊利诺伊钢铁公司）。J.P. 摩根（J. P. Morgan）和埃尔伯特·加里（Elbert Gary）在1901年创立了庞大的美国钢铁控股公司，并将自己的钢铁企业与安德鲁·卡内基

图4. 明信片：1910年，伊利诺伊钢铁公司（南方工厂）的午饭时间（芝加哥东南历史博物馆授权使用）

(Andrew Carnegie)的钢铁企业，以及宾夕法尼亚州、俄亥俄州、伊利诺伊州等地的其他企业结合在一起。可以说，美国钢铁公司成立之初就成了世界上最大的企业。

芝加哥钢铁工业和其他工业的迅猛发展，迅速地蔓延到州界另一边的卡鲁梅特地区。在印第安纳州西北部，内陆钢铁公司（Inland Steel）于1893年开始在芝加哥东部运营。几年后，约翰·D. 洛克菲勒（John D. Rockefeller）的标准石油公司（Standard Oil Company）在邻近的印第安纳州惠汀市（Whiting）建造了后来美国最大的炼油厂。[13] 因为印第安纳州自由放任的商业环境，以及芝加哥南方工厂附近卡鲁梅特河可用空间的局限性，美国钢铁公司很快也去印第安纳州建了厂。1906年，它开始建造一个全盘规划的工业城市。这座

图5. 明信片：1900年代的易洛魁钢铁公司（芝加哥东南历史博物馆授权使用）

城市后来以埃尔伯特·加里法官的名字加里命名，他是美国钢铁公司的创始人之一，也是臭名昭著的反劳工干草市场爆炸案的主审法官。[14] 与世界上最大的钢铁厂所在地、占地4000英亩的湖滨城市加里相比，普尔曼、黑格维什和印第安纳州的哈蒙德（Hammond, Indiana）工业规划区简直相形见绌。在鼎盛时期，美国钢铁公司加里工厂拥有3万名雇工。简言之，曾外祖父在这些转型的巅峰时期来到了卡鲁梅特地区。到20世纪20年代，该地区不仅是美国最大的钢铁生产基地之一，而且也是世界上最大的工业集聚地之一。

在回忆录中，曾外祖父表达了一种新移民的脆弱感。此外，在这个不断扩大的工业环境中，族裔纽带的重要性也跃然纸上。19世纪初，重工业吸引了成千上万的移民从爱尔

图 6. 1918 年,在黑格维什为手头拮据的工人们举行第一次世界大战公债集会(芝加哥东南历史博物馆授权使用)

兰、瑞典、德国、波希米亚,以及后来的波兰、克罗地亚、塞尔维亚、立陶宛、意大利、希腊、墨西哥和其他地方来到大芝加哥地区。1890 年至 1920 年间,250 万欧洲移民来到这座城市。1910 年,美国政府对 21 个行业进行了调查,发现 58% 的产业工人是在国外出生的。这一比例在芝加哥的产业工人中甚至更高。根据历史学家多米尼克·帕西加(Dominic Pacyga)的说法,到 1910 年,移民定居居民几乎占芝加哥人口的 80%。[15]

曾外祖父从利物浦出发,横渡大西洋,然后搭火车从波士顿到芝加哥。尽管当地工业经济蓬勃,而且瑞典移民众多,想要定居下来也不是易事。他在回忆录中形容了自己刚

到达芝加哥东南部时的情形:

> 如果你不会说这门语言［找工作会很难］。我得找瑞典人来帮我。所以我在86街和绿湾街［南芝加哥南方工厂附近］找到了一家瑞典酒吧，店主认识我在老家的父母。他让我6点钟听到伊利诺伊钢铁公司［南方工厂］的哨声时再来，他会帮我跟一些到店的瑞典老板谈谈，看他们能不能帮我找份工作。就这样，我在工人群（Rigger gang）找了份工作。

当时，劳工通常和同种族的人在"群体"（gangs）里找工作。群里那些有资源的工头和掌权的掮客会帮熟人介绍工厂里的工作。所以钢铁工人在找工作时，会高度依赖这种关系纽带。

在曾外祖父的案例中，另一位瑞典移民故意或无意地把曾外祖父的真实年龄告诉了工厂经营者。由于未到法定年龄，曾外祖父必须提供父母的书面同意后才能开始工作。在此期间，他发现自己孤身一人，身无分文:

> 现在我有了一份工作，但是在瑞典的文件寄来之前我不能上岗，这至少得等6个星期。所以我的第一个困难和新的担忧就是口袋里只有一点 $，没地方住，没地方吃。几天后，我回到了酒吧，那个好心的老板帮我找到了第一份工作。我告诉他发生了什么事。他在我面前

放了一瓶啤酒和一些免费的午餐。他对我说："我知道你现在很落魄。我自己也曾经遇到过这种困境。所以这是我请你的，我今晚也不会在这里［所以你可以睡在这里］。我会帮你找份差事，一直干到收到瑞典的文件。"他把我带到办公室，替我说话，还把我带到了我要工作的群体里：全是波兰人。在这里，我学会了每天不停地推着独轮车进进出出，给高炉运烧砖。我每小时可以拿到16美分。我们每周工作7天，星期天没有加班费。

和大多数人一样，在这个似乎没有朋友的新世界里，给我们支持的是那些跟我们一起生活和工作的种族同胞。曾外祖父的回忆录（见图7）强调了他早年在美国钢铁厂的艰辛和各种幸运的转折点。他提道：

> 我［在威斯康星钢铁公司］当工人，直到材料从瑞典寄达……于是我去找我的波兰老板，用手指挠着自己的手，他点了点头，明白我想辞职……第二天，我开始成为伊利诺伊钢铁公司（美国钢铁-南方工厂）的索具装配工人，这个群体里都是瑞典人。我的工资是每小时22美分。只要不发生故障，我们周日都可以休息。我必须在鼓风炉顶部的吊杆和索具上工作，我看过很多年轻人在那儿被毒气熏伤，摔死了。

由于南方工厂声名狼藉的高死亡人数，[16] 曾外祖父和一个朋友辞职去了达科他州，想趁着农忙应聘农场工人，但失败了。回到芝加哥后，他彻底破产了。幸运的是，他在一家钢铁厂的铁路那里找到了一份木工工作。从那时起，曾外祖父就做起了木匠，有时在钢铁厂里，有时在整个芝加哥东南部的建筑业。经历了几十年的周期性困难、建筑行业的动荡以及在30年代的大萧条中失去房产后，曾外祖父参加了一所技术学院的三年函授课程，成了建筑工程工头和芝加哥东南部的小型房屋承包商。最终，他从木匠工会领取了一小笔养老金退休，这显然是一个移民向上流动的成功故事。晚年丧偶后，他在密歇根农村买了一间小别墅。他给房子加上了具有瑞典风格的红白装饰，一个人住在那里，越来越像一个隐士。在生命的最后几年，他才迫于健康状况搬去了我外祖父母在芝加哥东南部的家。

然而，与美国移民的神话故事相反，曾外祖父把他去美国的决定称为一个"错误"，一个"如果［我］能未卜先知，我就不会犯"的错误。他愤愤地抱怨道："瑞典拥有了150年的和平，从不干涉别国事务。虽然1910年起我就在美国努力工作、养育家庭，但对于这个国家，这就是我能说的所有。第一次世界大战时我应征入伍，第二次世界大战时我有一个儿子，现在我的孙子很快就要去越南了。这种情况什么时候才能停止？"除了表达离开瑞典的后悔，他的故事有更多关于早年在美国艰难求生的细节，详细展现了像他这样没有资源的人是多么脆弱、多么依赖他人。同时，他的故事也表达了劳动者生活中痛苦的不安全感。

(II)

But I had to work amd the first Payment on the
loam i had to take to get here, was due my Fa-
ther signed in the Bank in the old country for
the ticket here.The price was about $50 i had
$25 to showe Emigrant Inspectors before i could
get in to this country,its the law.I worked
at the Blast Fornaces in the sumer of 1910, in
the fall me and another young fellow quitt our
job,we had seen maney young men,get killed in
our gang.So we taught it most be another way
to make a living that was not so dangerus,and
we took of for So Dacota farms for the Harwest.
But we where to late,and the farmers had all
the help the neded.So we had to go back to Chi-
cago while we had money for the Train fare.
we was now back in Chicago again and looking
for ajob,and we was broke,and winter was co-
ming,But i had credit on the boarding house,
and in 2 months i found a temporary job that laste
to spring this was 1911 a bad year.I loafed the
streets all summer looking for work,anykind,
anything so i could eat,but without success.
In the maintime the boay that was with me to
the farm,got sick he had T B and the Viking
Lodge sendt him back to Sweden,where he died.
Amd inthe fall of 1911 i walked the tracks
of N Y Central R R toward Grand Crosing,holes
in my shues from —

图 7. 曾外祖父笔下的南方工厂工作

图 8. 曾外祖父在狼湖（Wolf Lake）坐脚踏船

在我的童年记忆中，曾外祖父是个身材高大、沉默寡言的人。他总是穿着背带裤，偶尔还拉手风琴。在 20 世纪 40 年代的家庭老电影中，可以看到曾外祖父骑着他弟弟盖斯特（Gust）制造的类似脚踏船的装置（见图 8）。他穿着西装，戴着帽子，盯着摄像机。在图 8 和其他一些图片中，我试着透过层层包裹的表面，揭开他文字中暗藏的汹涌波澜。据家族传闻，曾外祖父后来试过搬回瑞典，但他因为变得太重，没法骑自行车，于是又回到了美国。我总是把自行车的故事视作移民无法回家的象征。正是通过日常生活的细节变化及这种变化造成的困境，我们看到了这场旅行对移民产生的必然影响。

劳工的生活

与我曾外祖父的故事相比,经典的移民向上奋斗的叙述就不能解释我祖父的故事了。他的家庭代表了美国白人工人阶级的另一部分:那些长期处于贫困的本地人。他的妻子,也就是我的祖母,是来自波希米亚的捷克移民的孩子——在芝加哥的早期移民中,波希米亚人很常见。然而,家庭相册中基本没有她的故事。因为是女性传承了家族的历史,她又早在我父亲十几岁时就去世了,我一直以来对她几乎一无所知。在她的洗礼证书上,她父母的名字是罗莎莉(Rosalie)和瓦茨拉夫·德沃夏克(Vaclav Dvorak),她父亲是一名锅炉工。这是关于她为数不多的照片之一,她就站在我祖父旁边(见图9)。他们俩在很年轻时就结婚了,那时祖父才刚到芝加哥东南部不久。他们站在儿子们中间,右边的是我的父亲。我猜测祖父的家族来自阿巴拉契亚(Appalachia)。祖父1908年出生,生活在伊利诺伊州中部。在他到芝加哥钢铁厂工作之前,他们家都是佃农和煤矿工人。至于他们祖上是从哪里迁来的,我就不清楚了。当我问祖父时,他会愤怒地回答说我们是"美国人,该死",接着拒绝回答我的任何问题。后来我才知道,他刚到芝加哥时也问过自己父亲同样的问题,也得到了同样的答案。在这个几乎人人都是外来移民的

图 9. 祖父和艾米莉（Emily，中）与儿子们的合影

地方，族裔归属、教会与组织是社会生活和向上流动的强大机构。如果失去了种族群体，那就失去了一切机会。我才意识到，"美国人，该死"不仅是种族对立的声明，更是被贬损为"乡巴佬"的贫困白人的防御。他们一方面被认为不如外来的移民群体，另一方面坚持把自己的美国人身份作为自己为数不多的地位标志之一。[17]

在其他方面，祖父的故事与农村向城市转移、美国工业劳动力崛起的经典故事相似。当初，我祖父的父亲得了糖尿病，被迫离开了租种的田地，引发了一场家庭危机。20世纪20年代初，十几岁的阿利叔公抓住机会，带着全家去北方找重工业工作。他最先跳上货运火车前往底特律。一路上，他躲开了那些被称为"探子"的持枪铁路侦探。后来他寄车费让祖父也过去，于是十五六岁的祖父在那里成了工厂的送水工。祖父告诉我，他和阿利后来真正买了火车票，回伊利诺伊州中部探亲。因为害怕遇上小偷，他们把工资藏进袜子里。当祖父回忆起他的母亲接过他们工资的欣喜时，他也开心地笑了。这些收入对于维持他们一家11口的生存至关重要。在接下来的几年里，祖父一家几乎全都搬到了芝加哥东南部。对一个乡村家庭来说，芝加哥不断扩张的工业带来了千载难逢的高工资机会。祖父的父亲虽然还在和糖尿病做斗争，但也到东区当了污水管道工。到达后6个月，他从一个检修孔出来时被一辆电车撞倒，当场死亡。他的妻子内莉（Nellie）心地善良，没有起诉电车司机。她回到南方再婚，再次当了农妇。我小的时候，我们家偶尔会去伊利诺伊州中部的小镇阿尔科拉（Arcola）看望她。我对她最初的记忆，就是被上世纪60年代的铸铁炉叮铃哐啷的声响吵醒。那是她在厨房为来访的子女、孙辈和曾孙们准备热腾腾的早餐香肠的声音。

20世纪20年代中叶，当祖父和他的家人来到芝加哥时，他在一家新成立的山谷模具厂（Valley Mould）找到了工作。这家铸造厂在被威斯康星钢铁厂严重污染的卡鲁梅特河对面，也是他工作超过45年的地方。他的大多数兄弟和连襟都和他一样，在卡鲁梅特地区的钢铁厂工作。他们会感觉自己在为重要的事业发光发热。南方工厂的钢铁主要用来建造芝加哥市中心的摩天大楼，包括普德信大厦、汉考克大厦，以及后来的西尔斯大厦；[18]而威斯康星钢铁公司的金属被用来建造拖拉机和联合收割机，帮助美国实现农田机械化。钢铁不仅是美国经济的核心，也是世界经济的核心。它彻底改变了工人的生活，就像钢铁本身改变了天际线和市场一样。

在工会改善劳动条件之前，我的祖父和许多老芝加哥钢铁工人一样，每周工作7天，轮班工作12小时，每月休息一天。[19]如果有人没来上班，他就得连续工作24小时。一天，当工人们从烧红的巨大铸模中取铸锭时，一个工作24小时的起重机操作员在控制台上睡着了。祖父勉强从数吨摇晃着的滚烫钢铁旁仓促躲开了，但在此过程中失去了两根手指。我父亲回忆说，工厂把祖父的断指装进一个纸袋里，然后只给了他五美分，让他自己搭电车去医院治疗。"你敢信吗?"父亲说。多年来,他一直把这个故事看作"小人物"被欺凌的典型例子。但祖父本人对这种说法嗤之以鼻,坚持说自己是被正规的救护车送到医院的,以此来维护自己的尊严。我不知道该相信哪个故事。不管怎样,山谷模具厂的绰号是"死亡谷",祖父也讲过他看到的死人的故事。他的一个朋友在过木板栈道时摔进了一大桶滚烫的沙子里。虽然那个人抓住了祖父扔给他的链子,但他在被拉出来之前就已经憋死了,身体也被沙子烤干了。我父亲说祖父花了很长时间才从这件事的阴影中走出来。

不出所料,祖父是工会的忠实支持者。"你最好信任工会。"他会说。在我父亲六岁时,祖父曾带他去112街的山姆酒馆参加聚会。在那里,聚集着被共和钢铁公司拒之门外的钢铁工人,以及像我祖父一样的其他工厂的工会支持者。他们一起抗争,为建立"小钢铁"工会而奋斗。[20] 就在"纪念日大屠杀"的前几天,他们聚集在一起共商大事。"纪念日大屠杀"发生在1937年5月30日,那天,工人们到共和钢铁公司大门口抗议游行。但这场游行却以工厂雇用的警察打死10人、打伤近百人而宣告失败。尽管新闻媒体最初站在警方一边,但像图10这样的新闻镜头推动了联邦调查。虽然罢工被终止了,但由此悲剧促成的立法改进,是美国工人争取成立工会权利的里程碑。

祖父的故事对左翼观点形成了挑战,这和曾外祖父约翰的故事挑战了右翼观点一样。右翼认为美国是一个前所未有的充满机遇的国家。当祖父为自己的权益激烈斗争时,他更

图 10. 新闻镜头：1937 年"纪念日大屠杀"（芝加哥东南历史博物馆授权使用）

在乎体面的工资和他人的尊重，没有时间去关注此外的社会事业或政治意识形态。工会对他来说很重要，因为在"大男孩"的控制下，"你需要展示一点东西"，这种表述中暗含着暴力。当我试图让他讲讲"死亡谷"和我在文章中读到的其他工厂的恶劣环境时，他不耐烦地坚称"这没什么"。他还带我去看他的工作室，自豪地给我展示他停工时用废金属锻造的小玩意儿。比起工厂里的社会正义问题，他更感兴趣的是讨论铸锭模具的复杂工序。美国左右两派关于勇敢和爱国主义的神圣理想叙事，在祖父的故事中也并不存在。我问祖父，在那个重要的纪念日，当警察开始开枪射击时，他做了什么。他看着我，好像在想我是不是白痴，然后啐了一句："你觉得我做了什么？我转身玩命地跑了！"当我问他为什么没参加过二战，他自吹道，在收到征兵信后，他和厂里的主管合谋,调到了起重机操作员的岗位上,主管可以帮他申请延期。"太他妈对了!"他哼了一声:"我为什么要参加该死的战争?!"

和芝加哥东南部的许多人一样,祖父一直都有那种根深蒂固的种族仇恨。这种仇恨是工厂社区的特征,他也从不觉得"工人"的困境比这种偏见更重要。在周日晚餐,他猛敲了一下刀叉/镀银餐具。然后说,在以前,如果你跟一个"东欧人"(波希米亚人)或"hunkies"(斯拉夫人的统称)[21]家庭的女孩约会,还误入了尤因大街的另一边,那你"最好小心,你最好信我"!当参加国际交流项目前往希腊上学前,我去和祖父告别,他的临别赠言是:"你要小心那边的那些意大利佬。"我顶嘴说希腊没有意大利佬。"意大利佬,西班牙佬,随便什么,他们每次都会把你干掉的。"他恶狠狠地瞪着我,强调地说着。钢铁公司总是雇用初来乍到的移民来破坏罢工,或利用他们降低现有工厂工人工资,这长期助长了种族仇恨的形成与加深。在我的童年世界里,种族分裂是争论的根源,也是认同和支持的深刻根源。[22] 从祖父的故事中可以看到,这起初是欧洲移民和本地工人间复杂的相互争斗,后来矛头转向了墨西哥人,转向了最晚进入工厂社区的非裔美国人。种族和种族歧视是对白人工人阶级的典型刻板描述,但我们有必要了解这种划分是怎么变得这么具有象征性的。在一个古老的工业世界里,工人和他们的家庭主要以种族关系作为社会保障网络。工业领袖也鼓励和利用种族与种族间的紧张关系,故意分割劳动者。即便我们知道其破坏性，但不得不说，这种彼此敌对的结果是意料之中的。

这种破坏性在我童年时代的芝加哥东南部尤为明显，有些群体受到的伤害要比其他群体严重得多。我第一次对黑人的清晰记忆反映了这种分裂带来的痛苦。我当时应该四五岁左右，因为我还牵着妈妈的手。在瑞典路德教会附近，两个白人男孩正拿着钢管追赶一个非裔少年。因为这里有像国家边界那样泾渭分明的社区边界，白人男孩要他为自己随意越界的行为付出代价。正是由于这种仇恨，我的一个混混堂兄带着他的摩托车兄弟跑进了树林，并用机关枪扫射芝加哥第一位黑人市长哈罗德·华盛顿（Harold Washington）的肖像。在写这篇文章时，我非常煎熬：怎样才能如实地谈论这种仇恨，同时又不重现对白人工人阶级的简单刻板印象。

多年来，我试着重新拼凑自己对祖父的理解。他是一个既能满口尖酸刻薄地表达恨意，又能在看《草原上的小房子》的电视重播时落泪的人。他把速食晚餐托在腿上，想到自己是怎样从贫困乡村一路走来的，怔在那里一动不动。在大学期间，我明确了祖父与浪漫的左翼劳工叙事相一致的部分——他在铸造厂的工作，他的工会活动，以及他在"纪念日大屠杀"中的现身。忽略他性格中那些会让我大学里的自由主义朋友厌恶的部分，其实轻而易举。我私下里总是怀疑，如果我的大学朋友亲自见到这些劳工，他们是否还会真的喜欢"劳工"。不过我还是喜欢和祖父聊天，那感觉就像走进了时光机。他的言谈举止常常让人觉得现在还是20世纪30年代。这不仅仅是年老的征兆；大家都说，祖父一生都是这样,好像他的世界永远停在了二十多岁。20世纪90年代,在芝加哥东南部主街的一家社区餐馆外,一辆警车开过时,他半开玩笑地把我未来的丈夫推到一个店面外的阴影处。"小心。是小破车分队。"他压低声音说,好像这还是阿尔·卡彭的时代。而他们仿佛是一对年轻的朋克,害怕被警察抓住,拎着他们的头对撞。

我祖父到死都是暴脾气。一次,在祖父八十多岁的时候,妈妈给我打了个电话,气冲冲地对我说,他对一个嘴巴不饶人的店员亮出了折叠刀,而被当地的 Ace 五金店终身禁止进入。九十二岁时他患了肺癌,说自己急着和死去的亲人们相见。一天下午,他让我和姐妹们帮他穿上最好的衣服,然后就躺在床上等死。惹恼他的是,他又活了六天。在生命的最后几个小时,他责骂照顾他的家人,朝他们扔拖鞋,尽情地发泄自己的沮丧。回想祖父的人生,令我震惊的是,无论是左翼还是右翼的主流叙事,都难以解释这种人生的复杂性。

女性的位置

我的外祖母艾瑟尔是曾外祖父的女儿,后来成为祖父的妻子,她是两边家庭的纽带。我的外祖母在这张照片的左边(见图11)。当时,她还是个刚结婚不久的年轻女人,和她的新任丈夫及一个朋友去参加卡鲁梅特公园的活动,玩得开心。她的性格不像我曾外祖父,她更像自己的母亲,爱玩、爱闹,喜欢和人们在一起。我有一张她六十多岁时的模

图 11. 外祖母（左）和她的新任丈夫拉（La）在卡鲁梅特公园的合影

糊不清的老照片。照片上，她打扮得像个西红柿，在庆祝万圣节。遗憾的是，我没有任何她亲口讲述的故事。相较而言她的父亲留下了回忆录，我的祖父则留下了关于他早期生活的访谈录音。虽然我邀请过外祖母接受访谈，但她拒绝了。她对被录音感到很紧张，觉得自己没什么可说的。或许是因为我一开始就把项目的焦点放在了"钢铁厂"，这让像她这样从未在钢铁厂工作过的女性觉得不能为我提供有用的信息。不久后她就去世了，当时我还在读研究生。但回想我的成长经历，在芝加哥东南部，像我外祖母这样的妇女似乎总是处于核心位置。在我看来，这是因为一个由亲戚和邻居组成的多代人的世界，就像教会、社会和族裔组织一样，将妇女作为老工厂社区生活的关键人物。

在大多数关于 20 世纪初劳工和移民的描述中，像我曾外祖父和祖父这样的人的故事占据了主导地位。这些论述清一色地聚焦男性工人和移民在不断扩张的工业经济中所扮演的角色——这种倾向无论在左翼还是右翼中都很普遍。尽管历史学家越来越多地描述女性在19世纪末和20世纪初的活动（尤其是那些本身就是产业工人或雇佣劳动者的女性），但长期以来，以工业为中心的阶级理论一直致力于把注意力尽可能多地放在男性身上。对许多人来说，"工人阶级"这个词本身就是重工业工作的同义词，而且通常是指从事这些工作的男性（尤其是白人男性）。与此相反，工人阶级出身的社会学家朱莉·贝蒂（Julie Bettie）认为，我们的阶级意识大部分是在"非工作"的生活领域中发展起来的——这种意识作为家庭、学校或其他机构的一部分而存在。虽然2003年贝蒂发表这项研究时，美国大部分地区都已削减了工业工作，但这一见解仍具有普遍有效性。虽然工业工作在20世纪初的芝加哥东南部很重要，但人们在阶级方面的自我认同感也是在不同的环境中形成的。承认这种"非工作"环境的作用，可以帮助理解像我外祖母这样的女性的生活。

不过我并不想淡化女性在芝加哥东南部等钢铁厂地区的经济作用。虽然钢铁行业的劳动者几乎都是男性，这与19世纪的纺织厂、雪茄制造厂或血汗工厂的情况不同，在后者中，女性往往是主要劳动力；在后来的汽车制造等行业中，也有相当数量的女性劳工。尽管二战期间有妇女在钢铁厂从事临时劳动，且20世纪70年代起陆续有少数女性长期加入了钢铁厂的劳动队伍，[23] 但绝大多数的钢铁工人仍是男性。

20世纪70年代,我还在芝加哥东南部生活,那时也听说过一些在钢铁厂办公室工作的妇女,但不认识任何一个女钢铁工人。其实,在整个老厂区的历史上,除了作为妻子、母亲、女儿和祖母去承担家务劳动外,女性还扮演了其他重要的经济角色。在钢铁工业的早期,钢铁工人的工资甚至低于其他行业,直到二战后他们才开始涨工资。作为父亲或丈夫的男钢铁工人没有赚到足够的钱来满足家庭的需要,而且工厂的工作不稳定,所以家庭需要依靠一系列家庭成员的经济贡献,包括女性成员。[24]

我家许多女性的生活故事都充满了在家庭内外工作挣钱的叙述,但这些故事在我成长过程中总是被淡化。如前所述,女性,特别是已婚妇女,早期在老钢铁厂社区挣钱的方式之一就是提供食宿服务,类似我妈妈的姑婆珍妮那样。其他人,比如我父亲的捷克移民祖母,就在家接洗衣服的活儿。有的人会接一些缝纫的活儿,有的人会在其他社区做家政。还有一些人加入了不断扩大的服务经济,这种经济是与不断增长的工业经济同时出现的。有些服务工作是在钢铁厂里,比如我父亲的姑婆在钢铁厂的食堂工作;其他的一些则是在餐馆和商店,为钢铁工人和他们的家人服务。这也代表了美国日益增长的消费文化。渐渐地,工人阶级的女性也越来越多地获得办公室工作。[25] 我的外祖母艾瑟尔做过所有这些工作。当年轻的她跟家人一起住在芝加哥南部的时候,她为南岸更北边的富裕人家打扫房子,并在东区的瑞典裔美国人餐馆当服务员。她和丈夫就是在这家餐馆相识的。当晚年丧偶后,她白天到一家杂货店当收银员,晚上偶尔去给南岸的富裕人家做饭。这些年来,她还做过牙科办公室的接待员。简而言之,尽管女性参加工作的时期可能更多地集中在她们年轻时或丧偶后,但纵使不稳定,芝加哥东南部女性的生活也总是和有偿劳动交织在一起。[26]

男人垄断了钢铁厂的高薪工作,而且在20世纪30年代强大的工会成立后,他们这种在经济和政治上的优势就比女性更加突出了。那么,为什么在我的成长记忆中,女性总是生活的中心?有些人可能会认为这与在工业环境中,家庭日益增强的重要性有关,因为人们希望在亲属和族群关系中找到互助,以应对移民和工业工作的不确定性与压力。[27] 鉴于许多工业劳动的疏离性,[28] 我还觉得最终使居住在芝加哥东南部的人们生活得有意义的,不是工作,而是几代人建立起来的亲属和邻里社会。不论哪种观点,绝大多数凝聚这些社会网络的人,是女性。她们将核心和远房的亲戚联系在一起,并且维持着教堂、学校、公民和族群组织。这些组织对于在芝加哥东南部刻画族群身份和创造社区生活至关重要。虽然男人可能会用好战的方式,偶尔也用暴力来刻画种族,但该地区的女性同样可以明确地划定族群界限。以我的家庭为例,她们通过一系列行为来刻写种族:制作瑞典的节日香料葡萄酒饮料和香肠,管理圣卢西亚选美活动(女孩们会穿着白袍和银箔盛装出席),并为巴胡斯俱乐部和维京小屋等组织举办百家宴。在工人阶级的世界里,你的群属和工作同时决定了你是谁。女性作为身份、家庭和群属的维持者,是钢铁厂社区的核心。

从某种程度上讲,我只能勉强承认女性在我生长环境中的中心地位。在芝加哥东南部长大,我时常感到被框住了。尽管重视家庭会形成强大的支持,但对于那些不"合适"或渴望其他选择的人来说,家庭对个人的角色期望就变成了束缚。[29] 就我个人而言,我从小就有怨气。因为父亲不想让我举手过肩投球(他怕我受伤),不让我碰家里的任何工具或电子按钮,在我说想当医生时,他却告诉我应该当护士。这种对性别区隔规范的监督不止来自男性,也一样——甚至更多的——来自我认识的女性。养育我的女性重视"传统"的性别分工。对我来说,母亲一直挂在座机边公告板上的反平权修正案徽章,就是这种现实的象征。它伴随了我整个青春期。作为一个上女性研究课的年轻大学生,我经常发现自己和教授一样对现实感到沮丧。因为在芝加哥东南部这样的社区,有那么多工人阶级的女人积极地反对女权主义。为什么即使有女性提出异议,我身边还是有那么多女人重视"传统"的性别角色?

19世纪末和20世纪初的历史可以部分地回答这个问题。学者们描述了维多利亚时代的中产阶级如何拥护"家庭崇拜",强调作为母亲的妇女需要留在家里照顾孩子,从而在资本主义扩张的严酷世界中为她们的家庭提供一个避难所(与此同时,有意地在阶级方面将她们与劳动妇女区分开来)。工人阶级的妇女往往没有这样的机会,她们的大部分时间都是出于经济需要而在家庭内外工作。进步时代的改革者批评资本主义时,也常常呼吁要让工人阶级女性免受世纪之交工业劳动中极端条件的影响。[30] 这些改革者多是来自中产阶级和精英家庭的女性,她们与赫尔馆(Hull House)这类芝加哥社区服务中心有联系。在大众的想象中,工人阶级和移民家庭必然会落魄,这也是工人阶级女性不能当全职太太的原因。针对这种历史论点,许多我母亲那一代的芝加哥东南部女性认为,二战后,随着男性开始"赚钱养家",能"待在家里"是女性的一种特权而不是限制,是工薪家庭向上流动的标志。讽刺的是,就在工人阶级女性终于可以实现中产阶级核心家庭理想时,越来越多的中产阶级女性开始因家庭的禁锢而羞恼,并寻找家庭之外的工作(尽管这项工作远比工薪阶层女性的工作更有成就感)。这样的历史争论也说明了,为什么钢铁厂社区的女性总是想强调更"传统"的居家理想并系统地淡化她们自己的打工史。这种现象在其他钢铁厂社区也同样很明显。[31]

和我母亲一样,我的外祖母艾瑟尔也是一个坚强的女人,能够在困难的时候把家庭凝聚起来。她的第一任丈夫,即我母亲的父亲"拉"·汉森("La" Hansen),在我母亲12岁时去世了。后来,外祖母独自把我母亲和舅舅拉扯大。"拉"的移民父亲曾在湖边的东区啤酒厂工作。不过"拉"有糖尿病,要避免从事重体力劳动。所以他经营着报纸投递业务,这个我小时候觉得更体面的职业。"拉"死后很多年,我五十来岁的外祖母遇到并嫁给了我父亲的父亲——我的祖父。外祖母把他带到自己在G大道的房子里共同生活,我母亲就是在那里长大的。

卡罗琳·斯蒂德曼在《好女人的风景》（*Landscape for a Good Woman*）中描述英国工人阶级生活时，有一位工人阶级却拥护保守党的母亲。在一些方面，外祖母让我想到了这位母亲，而且她比这位的心理更加强大像斯蒂德曼的母亲一样，我母亲那边的许多女性也倾向于"阶级性"的文化风格，她们把这种风格与精致和向上的流动联系起来。人类学家雪莉·奥特纳认为，在美国工人阶级中，女性往往在文化上被认为比家里的男人更有地位。在芝加哥东南部，对于那些从事低薪文职工作的妇女来说尤其如此。这种现象在20世纪越来越普遍。虽然这些女性会精心打扮后和中产阶级的人一起工作，但她们的丈夫和男性亲属继续从事着体力劳动，穿着肮脏的工作服，以钢铁厂固有的那套对抗性的方式来骂人。虽然男人们赚的钱更多，但女人们却表现出更强的阶级性。

与斯蒂德曼的母亲不同，我外祖母向上流动的渴望表现为在熟人社会中受人尊敬。或许像我外祖母和母亲这样的女性也支持性别规范，但我却觉得这些规范所形成的尊敬感是有很强阶级色彩的，这让它们显得更加局限。作为一名大学生，听到一条被父亲赞许了几十年的禁令时，我很愤怒。这条规定禁止了女性在印第安纳州边境的酒吧单独喝酒的权利。我以为母亲会和我一样恼怒，没想到她反而支持父亲的观点。她给我解释这种规则如何阻止"放荡"的女人，并责备我不理解这有多"好"。虽然这种受人尊敬的理想让我感到压抑，但它为像我母亲这样的妇女提供了道德权威，使她们感到自己处于家庭和社区生活的中心地位。

这种受人尊敬的感觉对外祖母艾瑟尔和母亲来说都很重要，并且与去教堂密切相关。小时候，上教堂不仅是为了寻找宗教慰藉，更是为了维持几代人建立的族群和社会网络。在芝加哥东南部，人们曾根据他们的族群归属加入教会（尽管这些族群划分的严格边界会随着移民子女的通婚而减弱）。贝塞斯达瑞典路德教会教堂建于19世纪90年代，建造费用只有236.95美元。和芝加哥东南部的许多教堂一样，这儿的大部分教堂都是教会的工人阶级男性信徒利用下工的时间亲手建造的。这座教堂是我外祖母和母亲社会世界的中心，将她们与多代瑞典移民、向上流动的世界联系在一起。这是她们个人史和自我认同的核心。

母亲和外祖母去教堂并成为教堂社会活动的主心骨时，我和姐妹们总跟在她们后面。当她们忙着安排咖啡时间、早餐煎饼、慈善拍卖和节日活动，或参加如多尔卡斯协会（Dorcas Society）、尤妮斯·普利西拉圈（the Eunice Priscilla Circle）等妇女团体会议时，我就会和姐妹们还有其他小孩在教堂的地下室玩。我们喜欢透过厚重的玻璃橱窗，观看教堂的坚信礼的照片，从19世纪90年代末移民大量进入芝加哥东南部时看似异国情调的黑白照片，到20世纪20年代我外祖父"拉"那一代的照片，再到我们自己的彩色照片。我们也会翻阅存放在地下室用陌生的瑞典语印刷的旧《圣经》，并试着回忆以前唱诗班的女人在圣诞夜的午夜烛光仪式上，用瑞典语演唱的神秘歌曲。恰如父亲在车上讲的故事一样，这个教堂里前几代人的照片、文物和歌曲将我们与遥远海岸上的历史世界相连。这些世界将一起拼凑出芝加哥东南部生活的全貌。

作为一名虔诚的教徒，我外祖母的好斗性格并没有被驯服；也没有使她像我的一些有左翼倾向的朋友那样，发展为与宗教相关的道德主义。非要说的话，外祖母的形象似乎已经向那种大胆、现代的年轻女性发展。她穿着时尚的衣服，按照20世纪30年代和40年代好莱坞女明星的风格行事。在观看好莱坞老电影时，我看到外祖母的举止和银幕上年轻的克劳黛特·科尔伯特（Claudette Colbert）、克拉克·盖博（Clark Gable）如出一辙，霎时间产生了一种强烈的认同感。在后来的岁月里，外祖母爱玩的特质体现在购买草坪装饰品上。这些装饰品由鲜艳的木头制成，是一群撒尿或穿着灯笼裤的孩子。不知何故，粗俗和体面合二为一，形成了天然的统一。

斯蒂德曼如此敏锐地分析出了物质欲望的政治，而正是这种物质欲望，令我这位对政治漠不关心的外祖母在这个典型的芝加哥民主党机器中成为共和党人。[32] 毕竟，对向上流动的渴望或许不仅与性别化的体面观念有关，也与政党有关。斯蒂德曼的保守党工人阶级母亲正是如此。在选举日，外祖母会和附近其他移民家庭的女性见面，去投票站义务工作。每到这天，她和她的朋友们都会穿上聚酯纤维制成的鲜艳，甚至是艳丽的红、白、蓝三色服装，戴着巨大的塑料耳环，并把国旗胸针别在衬衫上。外祖母为承担这样的公民责任感到自豪。但据我所知，她对知识分子和政治辩论完全不了解。虽然她高中毕业，还读过哈勒奎因式的浪漫小说（不像我父亲那边的工人阶级女性，她们从不看书），但她对向上流动的渴望并没有明显地与教育挂钩。相反，和斯蒂德曼的母亲一样，这些欲望的表现是物质的和具体的。它们表现为整洁而鲜艳的裤装，不在公共场合说脏话（与那些别人可能描述为"拖车垃圾"的女人形成鲜明对比），以及用塑料套住沙发来保持卫生。

玛丽亚·凯法拉斯（Maria Kefalas）在《工人阶级的英雄》中，通过民族志的方式呈现了芝加哥西南部白人工人阶级居民的生活。她认为，房屋不仅仅是许多工人阶级家庭的主要经济资产，更是其地位和尊重的象征。通过房屋，移民家庭与他们自己不稳定的过去一刀两断。家也是妇女的控制领域，她们用整洁的环境与色彩统一的家居装饰和节日布置来直观地呈现自己的道德价值。根据凯法拉斯的说法，通过在家屋内展现自己的劳动与照护，妇女们象征性地将自己和那些可能配不上她们的妇女区分开来。我母亲的房子几乎全是 20 世纪初的家具和木雕。虽然她和我一直不觉得漂亮的木头对东区人来说是高档的古董，但对我的大学朋友来说可能是这样的（更有可能的是，它表明在 20 世纪 50 年代和 60 年代没有钱把房子变成"现代"的）。母亲精心地维护房子的装饰，有力地印证了凯法拉斯的分析。同样，我发现自己不爱整理的习惯是对注重清洁的拜物教的反叛，因为在我童年的社会世界里，保持整洁是一个好女人的定义。

然而，芝加哥东南部的女性不只有一套性别想象。就像最近的移民群体可能对成为一个得体的女人或男人想法各异，芝加哥东南部的各个阶级也有不同的性别想象。我外祖母或母亲的发小们最终都"向上"结婚并离开老钢铁厂社区的儿时好友，而这一理想在向上流动的人当中更为常见。虽然有些人认为瑞典移民的雅利安人表征缓和了他们与美国社会的同化，[33] 但在我父亲那边，同样有金发碧眼的白人女性，她们的生活轨迹非常不同。对于那些世代贫穷或属于美国"乡巴佬"的人来说，不同的性别模式也伴随着阶级出现。对那些更"体面"的社区女性来说，她们有时会抽烟成瘾、打牌，不太注意穿着，对别人尤其是自己的小孩大喊大叫。教育被认为是不重要的。虽然我外祖母艾瑟尔本人是坚定的反知识分子，但她一直都认为接受学校教育是值得敬佩的。不过我祖父和他的许多亲戚就不这样想。（当我在大学期间需要几百美元应急时，我外祖母出面帮我向祖父借钱，但隐瞒了他这笔钱的真正用途。毕竟如她所言，"你知道你祖父不相信教育"。）

我的一些表亲和父亲一边的远房亲戚的生活被一些学者称为"艰苦生活"，而非工人阶级生活的"定居"模式。[34] 这些女性表亲中有不少是非婚生子，并高中辍学。有些人住在拖车里，是单身母亲，或者有稳定但不能结婚的男性伴侣，因为这意味着失去福利金。然而，我外祖母和母亲这边对体面生活的社交圈的强调，并没有从道德上非难父亲的家族成员。我父亲的哥哥,我的伯伯比尔(Bill),说过一句话,让我对这一点有了深刻的认识。20世纪80年代中叶的一天,我和妹妹从大学回家探亲,伯伯比尔半开玩笑地批评我们还没生孩子,有些轻蔑地拿我们和那些辍学并成为单身母亲的表妹做比较。对他来说,结婚或上大学并不重要。孩子对成年人来说才是最重要的,是跨世代的纽带。在人们拥有不多的一种世界里,孩子既是权力的来源,也是成年人喜欢的消遣和娱乐的源泉,也是成年人喜欢的消遣和娱乐的源泉。在这种世界观中,教育不仅是无关紧要的,而且可能是潜在的负面因素。因为教育可能让人们搬出社区,破坏社会和家庭关系。这里不像中产阶级世界那样首先考虑工作或教育,相比之下,优先考虑生孩子才是社会连续性的关键。简而言之,在芝加哥东南部,存在着不同的阶级模式,即作为一个男人或女人意味着什么。而这些模式与特定群体的发展历史密不可分。

在我成长的那个经济不发达但人丁兴旺的社会世界里,我习惯了像外祖母这样的女人。她们管理着自己的家庭,有时也管理着自己的丈夫。我那弱势的父亲辛酸地承认了这一点,他开玩笑地把我们家年长的女性称为"瑞典军队"。一些学者认为,在芝加哥的瑞典女性移民借鉴了历史上强势女性的传统,对家庭有不同寻常的控制。[35] 但想到在邻里关系或婚姻关系中的人,要么属于同一种族群体,要么都有相当长的融入钢铁厂社区的家族史,我发现了一些共性。这些妇女的力量并不仅仅源于个人的性格或种族背景,而是来自她们在家庭中的中心地位,来自妇女主导的邻里机构是赋予芝加哥东南部工人阶级生活意义的核心。

在挑战白人工人阶级妇女片面的霸权主义形象时,我不想夸大其词。在芝加哥东南部,男性对女性除了有强大的经济优势外,还有一种基于男性模式的钢铁工人文化精神。一些性格强硬的男性可以很容易地成为家庭的主导。杰克·梅茨加的钢铁工人父亲与其他家庭成员之间的紧张关系,就佐证了这一点。这样的故事也存在于我自己的家庭历史中。我父亲讲了他叔叔的悲惨故事——在父亲的描述中,他是一个"大块头的波兰人",以酗酒和暴脾气闻名。这个人在钢铁厂里不断和其他男人酒后争执,回到家后就殴打他的妻子,也就是我父亲的姑姑。虽然医生的证明说她是自然死亡,但父亲和其他家庭成员都怀疑她是被打出了内伤。我母亲也讲了这样一个故事:外祖母艾瑟尔在与祖父二婚后不久,五十多岁的她哭着穿过小巷来找我母亲。原来是因为祖父让她为他擦鞋,但她拒绝了这个要求。这个故事是双向的:我祖父认为这是她应该做的事;而作为一个多年来以寡妇身份领导家庭的女人,我外祖母拒绝这样做。最终,尽管芝加哥东南部的男性可能在钢铁厂内外有各种权力基础,包括经济和其他方面,但老钢铁厂社区的女性也有自己丰富的社会机构。她们建立了这些机构,以此作为自己的力量来源。在更多的主流叙事中,工人阶级女性主要是工人阶级男性的受害者,几乎不承认女性的这种力量来源。这无法解释是什么催生了我印象中的强大女性。

现在想来，那些我曾经觉得很束缚的女性想象是我外祖母和母亲的力量源泉。她们重视像芝加哥东南部这样的地方所拥有的强社会网和家庭关系，这赋予了女性生活的中心地位（女权主义人类学家也注意到世界许多其他地方的女性也是如此）。我也认识到，我的挫败感部分地源于外祖母和母亲不认可我所珍视的东西。她们更想否定我的书生气，鼓励我获得更多对家庭的社会主导权，而我对此毫无兴趣。理解母亲和外祖母的观点，需要思考阶级以及性别问题，这超出了我大学修的女性研究课的范围。尽管我总是对童年时代芝加哥东南部那种普遍的女性想象深感矛盾，但我承认它们可能为人们带来的强大力量。

结论

在芝加哥东南部长大，阶级对我来说是紧张和吵闹的。不仅是在"我们"和那些住在遥远郊区、我父亲称作"有钱的富人"之间，还在我们自己中间。因为我和亲戚试图重新定义自己，并拼凑出一种将我们与过去和未来相连的认同感。因此，阶级不仅关乎经济生产，它也关乎经济不平等如何与性别和种族交织在一起，个人和集体的历史如何共同创造出我曾生长于其中的热闹的社会世界。阶级既关乎那些将自己与贫穷的"乡巴佬"白人和南欧天主教徒区分开来的北欧人，也关乎那些将自己与居住在芝加哥东南社区外围的黑人区分开来的人。[36] 阶级也涉及人们维持的家庭类型、展现的工作态度、同他人建立联系的方式，与成为一个好男人或好女人的意义有什么关联。

细细想来，我不禁觉得小时候一起住在外祖母房子里的所有"家庭"成员都很奇妙。这里聚集了三个截然不同的人。我的外祖母，路德教会里受人尊敬的瑞典女士，一个共和党人，一个对家人颐指气使的女人。她化着妆，戴着耳环，业已成为年轻时梦想着的那个衣着光鲜的"时尚"女人；我的祖父，一个受过小学教育的男人，在农村"白色垃圾"穷人的文化习惯中长大，一个强大的工会成员和一个拥有稳定工作的民主党人（后来还有一份可观的"中产阶级"退休金）。他认同右翼反智主义。三人中最神秘的是我外祖母的父亲——曾外祖父，一个沉默寡言的人，一个有社会主义同情心的共济会员，一个受过小学教育的人。他酗酒，也通过参加工程学函授班寻求更好的发展机会。另外，他隐藏着自己的写作欲望。

无论一个人的生活轨迹如何，大家都认为没有离开芝加哥东南部的必要；我们的世界是一个孤立的世界，内部或许存在差异，但通过一个共同事业的经济纽带联系在一起。尽管经济领域未能决定我们社会世界的广度，但这在其他方面是无法避免的。在芝加哥东南部，人们长期与管理钢铁厂的"大男孩"为敌。但正是因为二战后几年的工会工资，大多数我父母和祖父母那代的人，才能重新将自己定义为经济上的中产阶级。他们通过整齐的平房和整洁的草坪，以及五颜六色的草坪装饰品来展示某种新的体面，展现自己的勤劳和价值，与"更穷"的人形成鲜明对比。某种程度上，由于非裔美国人被象征性地称为穷人（尽管有些人的工资是中产阶级的），在20世纪50年代和60年代，芝加哥东南部的许多白人房主拼命地，甚至恶毒地，把非裔美国人赶出"他们"的社区。从种族的视角来看阶级，白人试图巩固他们认为受到威胁的社会地位，尽管实际上，他们的白种人身份在工作、住房和其他必需品的竞争中一直具有无形的优势。简而言之，在芝加哥东南部，虽然阶级并不能解释一切，但家庭内部以及不同族裔和种族群体间的骚动都与这些基于阶级的怨恨和期望密不可分。

在我成长的世界里，钢铁厂是经济中心，为我们的社会生活和社区的形成创造了条件。虽然钢铁厂不能决定我们是谁，但不得不承认，钢铁厂将所有人聚集在一起。钢铁工业（以及为这行业、它的工人以及家庭服务的其他工业和企业）正是我们大多数日常生活的背景，甚至这片沼泽地的大部分旱地都是由钢铁厂产生的矿渣构成的。就像一个跋扈的家庭成员一样，人们对它的感情非常矛盾复杂。一方面，钢铁厂令人恐惧，另一方面，它又是几乎所有人直接或间接依赖的东西。当年我坐在小汽车后座上，每每经过钢铁厂时，我都会伸长脖子努力地看钢铁厂内部燃烧的火焰。钢铁厂巨大的工业规模有一种严酷的美感，大桶有房屋那么大，浇灌着发光的钢水河流，燃气喷嘴也在夜空中闪闪发光（见图12）。十几岁时，我和朋友们会在晚上去工业湖裸泳，我沉浸在这种景象之中。我们很少注意到烟尘弥漫的空气，也几乎没有

图12. 1947年,夜里的南方工厂(芝加哥东南历史博物馆授权使用)

留意那些无形的有毒废物。它们从重工业工厂排出,渗入周围的地面、河流、湿地和湖泊,渗入我们自己的身体。事后看来,我们家几代人居住在那里的时候,芝加哥东南部显然发挥了一个社会熔炉的作用。它汇集了渴望被尊重的移民和艰苦的本地穷人。钢铁厂和二战后的工会工资使这两个群体的成员都获得了稳定的、几乎是中产阶级的繁荣生活。即使是20世纪70年代之前一直在钢厂里从事最差工作的非裔美国人,也能够利用钢铁工人的工资创造出像邻近的加里那样的社区。在这种社区里,许多人走上了从贫困到中产阶级的大桥。尽管我的曾外祖父对移民美国感到后悔,但他也不得不承认,他在后半生享受了一定程度的经济保障,这与他小时候的艰辛形成了鲜明的对比。回过头来看,我们有可能认识到,像芝加哥东南部这样的地方不仅仅是生活和工作的地方,也是美国社会阶梯上的梯级。

或许我亲人们的故事有时与威胁着他们的主流社会叙事产生共鸣,有时又对其提出挑战,但我童年的世界仍是连续而稳定的。对于我父母和祖父母这两代人来说,无论是在卡鲁梅特地区还是在整个美国,都总是相信自己和家人会有美好的未来。大家会感觉工厂主和工人因一个共同的事业彼此相连,也因这个事业与芝加哥东南部等地不可分割地联系在一起。在这个世界里长大的人,似乎无法想象这种情况会发生改变。

第二章
轰然倒塌：我的父亲与芝加哥钢铁业的衰落

人们认知中那个亘古不变的世界，真的以迅雷不及掩耳之势改变了。1980年，当我父亲工作的威斯康星钢铁公司倒闭时，"去工业化"和"全球化"还没有成为普遍用语。[1] 权威人士和学者们才刚开始试图解释正在发生的事，而他们的解释也将成为未来几年的主流说法。虽然芝加哥东南部的钢铁工人习惯了长时间的裁员和钢铁厂的起伏不定，但永久关闭重工业——这个所有人到这里来的初衷——实在是难以置信。工厂的倒闭当然引来了许多质疑和困惑，它们也引发了经济、家庭和个人心理的深刻转变。

后来，我努力去理解去工业化，去寻找那个我所熟悉的世界被彻底颠覆的原因。这种转变是否不可能被解释？这是变幻莫测的历史，是人们可以忍受但永远无法完全理解的事吗？或者，还是可以发现些什么，有什么思考世界的方式可以揭示已发生的事情，甚至可以为未来提出行动方案？当芝加哥东南部的钢铁厂开始倒闭时，大多数评论员将去工业化归因于全球竞争和美国工业的无能。但如果仔细观察芝加哥东南部等无数地方的实际情况，就会发现故事远不止这些。去工业化是近几十年来经济结构调整的一个症状，就像华尔街的"金融过度"一样，也是另一种压力、逻辑和选择，只是主导话语模糊地暗示了这些问题。

我记得父亲曾试图挑战20世纪80年代的主流观点，这种观点认为工资过高却又懒惰的工人造成了美国钢铁业的衰落，因此他们在全球竞争中被淘汰纯属自食其果。父亲曾不由自主地在家庭聚会或与外地人偶遇时提出过自己的异议。1994年，人类学家凯特·杜德利在威斯康星州的基诺沙（Kenosha）研究规模收缩的汽车业，访谈了许多中产阶级的专家。他们非常不满汽车工人的高额工资和工会对工人的保护，也对工业工作不用接受高等教育就能享受中产生活感到不公和气愤。[2] 也许那些和我父亲闲聊的外地人也只是礼貌地回应他，并没有真心地同情他？当然，新闻里的很多报道都传达了类似的假设。久而久之，父亲逐渐为自己对这些叙事的反叛感到不堪重负，最终放弃抵抗，退缩了。

这一章中有关去工业化的反叙事，不仅关于去工业化对人类的影响程度——我的家人非常了解这种影响，还涉及那些被主流叙事排除在外的故事片段。这些片段指向不同类型的经济、社会和政治逻辑。从这些不同的角度来看，去工业化的代价显然不仅限于卡鲁梅特、宾夕法尼亚州的莫农加希拉（Monongahela）和俄亥俄州的马霍宁山谷（Mahoning Valleys）、底特律、密歇根州周围地区或其他"铁锈地带"工业工人及其家人的痛苦，还更广泛地影响着整个国家。

我把钢铁厂的毁灭和我父亲的毁灭联系在一起。我总是认同他,长得也像他,还和他一样敏感。我生气的时候也和他一样,会给我丈夫一个千刀万剐的眼神。我很小的时候,母亲总是告诉我:"你是你父亲的女儿。"她的声音仿佛是在抱怨我不像她。她一直说我是一个沃利(Walley,这个名字代表着低阶级地位),这让我对令母亲非常纠结的父亲那边特别感兴趣。我一直觉得威斯康星钢铁公司是一个令人着迷的热火朝天的地方。没完没了的夜班工作,会让父亲玩起失踪。即使在夏天,他也必须在工作服里穿上长长的内衣来防止烫伤。所以当知道其他女权主义学者认为女孩主要认同母亲时,我很不快。由于对父女关系的关注较少,一些人认为,如果女孩认同男性,那将是因为男性更强大。就我而言,情况恰恰相反。我认同我的父亲,是因为在一个由年长女性主导的家庭里,我们在某种程度上都是叛逆的局外人。

我父亲的性格本身也比较矛盾。他有着男子汉的外表,乍一看完全就是那一代白人工人阶级的典型代表。在1930年大萧条时期的一场暴风雪中,他在饭桌上出生,是一个吵闹但有趣的邻家男孩。有一次,我祖父抓到他和他的哥哥,也就是我的伯伯比尔,躲在"大草原"的一条沟渠里,想要偷看阿尔·卡彭的演讲。[3]他十几岁的时候,比他小几岁的母亲开始暗恋他。在学校,他有一流乒乓球运动员的称号,这项运动在当时很风靡。他会去学校操场上闲逛,当操场结冰的时候,他就成了一个出色的溜冰运动员。母亲说他追求过邻居家的姐姐,他们俩会在这个姐姐家的草坪上坐很长时间,"摘四叶草"。他也是一个"坏男孩",被送到了针对"少年犯"的特殊高中(他坚称这只是为了不去上学,但我一直不太信)。16岁时,他辍学到印第安纳州边境的一个加油站打工。他还沉迷于和朋友一起喝酒、捣蛋。这些朋友基本都有外号,包括"黑娃"(Inky,出生后进过保温箱)和"栓子"(Peg,栓子翻栏杆失去了一条腿,在图13中和我父亲并肩站在后院)。他自己跳上货车,有时候就停在肯塔基州这样的地方没法回家。在芝加哥市中心和他的朋友大罗斯(Big Russ)喝酒狂欢后,他文了身。我小时候很喜欢他的文身。我所有的男性亲戚都有文身,他们几乎也都是钢铁工人和退伍军人。在家庭聚会的厨房里或夏天的门廊里,他们总是穿着背心抽烟。这时候我就可以尽情欣赏他们的文身。我父亲的文身是一只盘在手臂上的黑豹。伴着红色的血滴,豹爪似乎穿透了他的皮肤。他最后因肺癌住院时,化疗护士看着那只下垂的黑豹,嘲笑他:"这绝对有年份了!"

但在硬汉的外表下,他是一个敏感甚至脆弱的人。他受的伤太多了,根本无法愈合。艰难的生活和他父亲的严厉给了他致命的伤害。他和我母亲结婚后,一得空就会在家里待着。图14是在圣诞节拍摄的一张照片,照片中我坐在他的大腿上,我们周围是我的母亲、姐姐和年迈的曾外祖父。我暗暗怀疑,父亲其实渴望一个安静甚至隐居的生活,所以必须活得自信又有男子气概会让他心累。小时候我经常叫他给我讲他年轻时的故事。我觉得他早年的生活非常有魅力,这和母亲在教堂里受人尊敬的生活差别很大,让我感到兴奋不

图 13. 我的父亲（右）和"栓子"在家的后院

已。但他却觉得这很尴尬。当我试着让他多讲一点惊心动魄的搭火车的故事时，他却讲了一个辛酸的故事：有一次他到了肯塔基州，打电话向家人求助，他父亲却拒绝给他回家的车费。

比起父亲出门找他的哥哥和嫂子打扑克，我其实更喜欢他待在家里陪我和姐姐打牌。每次在地下室打牌或打乒乓球时，他年轻时那种风趣幽默就会重现。这时，我和姐妹们会想办法让他再讲个好故事，比如怎么二战刚结束他就把下士的肩章掉在了德国。当时他和他的一个朋友擅离职守，去一家小酒馆喝酒，在跟人打斗后被德国警方拖了出去。我父亲会开玩笑地模仿德国人的口音说"酒吧里禁止吸烟"，这是他

图 14. 我们一家和曾外祖父一起过圣诞节

在部队里学会的仅有的几句德语。虽然母亲明显很看重体面,但后来我才意识到,体面对父亲也很重要。也许他把跟我母亲结婚看作一种向上流动的方式,一种逃离自己原生家庭混乱生活的方式。我的一些侄女和堂妹非婚生子,这是让一些人觉得可耻的事情。不过对像我伯伯比尔一样的人来说,这无关痛痒。为了不重蹈她们的覆辙,父亲在我们青春期时曾恶狠狠地发出警告,如果"肚子被搞大了",他就把我们赶出家门。

结婚以来,父亲一直都没能进入母亲的圈子。社区里大多数妇女的丈夫都从事体力劳动,而她们都在办公室有一份稳定的工作。我母亲那时在芝加哥南部的房地产公司当记账员。虽然她生完小孩就辞职了,但她说自己从不怀念职场生活。和外祖母一样,她是我们学校家长会的主席,领导和服务于各种妇女教会与志愿者团体,还是我们教会的兼职秘书。即使在加入这些女性团体之前,母亲的世界也是完整充实的。小时候,母亲带着我和姐妹们在附近散步,她像是认识东区的每一个人,每隔十英尺就会碰到一个朋友、亲戚或熟人,停下来聊聊天:可能这个是 G 大街的发小,那个是老同学或者教会的同僚,有时也会碰到她或我父亲的远房亲戚。家务活做完后,我们得陪她去参加社交活动。那是些成人间无趣的交流,她一会儿去家长会成员的家里捎消息,一会儿去拜访儿时的朋友,一会儿又为教会团体鞍前马后。我们总是跟她抱怨,不想再参与这种活动。虽然身处这种多重代际关系构成的强社会网络中,但这一世界的中心从来都不是孩子。在这一点上,现代郊区生活则恰恰相反。现在,母亲们(有时也包括父亲)根据孩子们的玩耍、足球比赛和小提琴课来安排她们自己的生活。我母亲惊人地记得所有的社交细节,我们打趣道,她能列出她在芝加哥东南部认识的人的姓名、出生日期、地址、配偶、子女、亲戚以及几代人的生活史。她就像一个生活在东区的社会登记处,证明了老钢铁厂社区社会关系的密度和中心性。[4]

虽然父亲也在东区出生和长大,但他的社会圈子更小。

当我们"在街上"（如东区主要商业大道尤因大道）碰到他的小学同学或工友时，他偶尔会停下来和他们闲聊两句。他有一些我们不太熟的同事，相互间关系亲密、情谊深厚。因为在这项高危的工作中，他们只有相互依靠才能确保彼此的人身安全。总的来说，我父亲和其他男性一样，他们把社会关系的维持等被人类学家称作"亲属工作"的事务交给了像我母亲一样的女性。他更喜欢宅在家里安静地看球赛，在大家庭聚会前一定会抱怨家里的大扫除、烹饪和吵闹声。他偶尔会跟着我妈妈去教堂参加活动：在教堂地下室寻找复活节彩蛋，平安夜选美，或者男人们收获祝福的父亲节。大多数情况下，他会坐在教堂地下室的某个角落，和偶然认识的"老男人"闲聊两句，而我母亲则活跃在活动的中心。

父亲的薪水是他男性气概和自尊的源泉。二战后进入工厂的他，并没有像我祖父那样经历持续加班和低收入的痛苦。相反，他们那代人以批判的眼光看待强大的工会及其代表的扩张。[5] 工厂倒闭后，纸媒指责美国工人"太贪"或不如日本人有职业道德。对此，父亲强调普通的钢铁工人从没赚过很多钱，只有那些长时间加班加点的技术工人赚了"大钱"。[6] 弥漫在我童年回忆中的金钱焦虑也佐证了父亲的话。我5岁那年，父亲因工伤进行了疝气手术。我用蜡笔画了一张康复卡片，把自己的零花钱贴在上面送给他，希望他和母亲不要再为钱吵架。和外婆一样，我母亲是一个脚踏实地、自食其力的人。虽然我们有一栋房子、一辆二手车、一些食物，母亲依旧生活得很不容易。我讨厌收到老邻居家的孙子给我的旧衣服,我为圣诞节收到玩具吉他而不是我期盼已久的木吉他感到失望——母亲也为此沮丧。我也讨厌父亲仗着男性家主的身份来维护自身权威。每次和我母亲吵架,他总是会反复地强调"谁买单、谁决策",以此来中断对话。虽然现在看来他只是在虚张声势,掩饰自己失去的社会地位,但这种不公正的做法仍然让我感到愤怒。由于这样,我也坚定了自己的决心:永远不要放弃经济独立。

倒闭的威斯康星钢铁公司

作为家里的顶梁柱,父亲和这里的其他男性一样,因工厂的倒闭而崩溃。威斯康星钢铁公司是芝加哥东南部第一家倒闭的钢铁厂(图15和16)。如果这不算是倒闭得最大规模的工厂,那也一定是最突然和混乱的。学者和其他观察家也最为详细地记录了工厂倒闭的情况。[7]然而,关于当时究竟发生了什么,仍有许多未解之谜。我父亲讲述了这样一个故事:前一天他们刚吃下工厂给的定心丸,后一天他和其他即将结束轮班的工人就莫名其妙地被要求立即回家。住在街对面的一个管道工人还没来得及把囤了一辈子钱买来的昂贵工具从储物柜里转移出来,武装警卫就封锁了厂门。事实上,工人们确实没有收到工厂倒闭的通知,是银行债权人赶在工厂倒闭前雇用了这些警卫封锁厂区,以防工厂财产流失,确保顺利执行索赔。

图 15. 倒闭后的威斯康星钢铁公司（芝加哥东南历史博物馆授权使用）

威斯康星钢铁公司的倒闭随后在法庭上遭到质疑。[8] 争议的核心是，1977 年，威斯康星钢铁公司的所有者国际收割机公司将工厂出售给了几乎没有任何资产的加利福尼亚小型科技公司恩维洛迪纳（Envirodyne）。这笔交易在大卫·本斯曼和罗伯塔·林奇《生锈的梦：一个钢铁社区的艰难岁月》一书中有详细的介绍。正如本斯曼和林奇所言，当时的财经头条将威斯康星钢铁公司的出售描述为"小鱼吞鲸鱼"。[9] 批评者认为，国际收割机公司故意将钢铁厂卖给一个缺乏经验和资产的公司，从而避免支付 6200 万美元无资金准备的养

图 16. 1982 年,封闭的威斯康星钢材场(芝加哥东南历史博物馆授权使用)

老金义务。通过出售工厂,国际收割机公司将其养老金义务转移给了新公司,新公司又成立了一家有限责任子公司,以便在工厂倒闭时将自身风险降至最低。如果威斯康星钢铁公司宣布破产,为养老金提供担保的政府机构——养老金福利担保公司(Pension Benefit Guarantment Corporation,简称 PBGC)将不得不承担这笔费用,国际收割机公司和收购公司都将摆脱困境。PBGC 后来指控说,工厂的出售是一项"虚假"交易。

我父亲和其他威斯康星钢铁公司的工人一样,一直对工厂的状况表示怀疑。威斯康星钢铁公司曾是行业中的"宝石",却由于国际收割机公司的管理问题而陷入失修状态。

工厂出售后，新公司对工厂弃置不顾，令工人们寒心。事实上，收购威斯康星钢铁公司的销售协议明确规定，恩维洛迪纳公司有权将工厂收入投入到另一项毫无关联的商业企业融资中去。[10] 换言之，恩维洛迪纳公司打算把威斯康星钢铁公司作为摇钱树，为母公司谋取利益。[11] 后来，威斯康星钢铁公司也因其非法的、不道德的倒闭而声名狼藉。虽然这种交易在当时令人震惊，但国际收割机公司和恩维洛迪纳公司的行径在20世纪80年代和90年代的企业界却日趋主流。时移世异，随着美国企业格局的转变，这种赤裸裸的策略已成为家常便饭。新的时代已经到来，兼并和收购不再顾及对被收购企业的冲击，纯粹考虑如何榨取公司利润和增加短期股票价值。[12] 此外，正如斯蒂文·海伊（Steven High）所说，许多总部设在美国的公司故意不对工业基础设施进行再投资，并将资金转移到其他地方。[13] 因此，淘汰钢铁等行业是计划好的。管理层故意让它们陷入失修，然后将工厂转移到更绿的牧场。这也是外逃工厂的一种典型形式，即将工厂从高收入地区迁移到低收入地区，从而躲避地方赋税。

芝加哥东南部的许多居民对国际收割机公司感到痛心。它虽然长期以来口口声声地表明自己对威斯康星州员工和该地区的责任，但事实证明，它不仅逃避了对工人的义务，而且似乎故意将威斯康星钢铁公司推下了悬崖。1980年3月那个决定性的早晨，当母亲告诉我"他们把矿石船叫回来了"时，她所指的"他们"是国际收割机公司和一系列复杂的阴谋。[14] 恩维洛迪纳公司收购威斯康星钢铁公司时，几乎没有投入任何资金,也没有承担任何风险。它从大通曼哈顿银行(Chase Manhattan)借款3500万美元,从国际收割机公司借款5000万美元。作为抵押,他们允许国际收割机公司保留对该工厂矿石和煤矿的权利。国际收割机公司还同意继续从威斯康星钢铁公司购买钢铁,用于其他业务。在威斯康星钢铁公司濒临破产时,一些人认为国际收割机公司故意消极处理其他工厂的罢工问题。由于国际收割机公司是威斯康星钢铁公司产品的主要购买者,罢工使工厂失去了急需的资金。尽管威斯康星钢铁公司的新管理层正在积极谈判,试图争取联邦政府的贷款来维持运营,但国际收割机公司还是决定就其贷款抵押品——包括3月上午横穿密歇根湖的铁矿石船——提出法律索赔。国际收割机公司的单方面行动将这家陷入困境的工厂推下了破产的深渊。我父亲和其他威斯康星钢铁工人推测,国际收割机公司非常希望威斯康星钢铁公司倒闭,这样它就免除了购买钢铁的义务,可以寻找更便宜的替代品。

当银行债权人冻结威斯康星工厂的工资账户时,即使支票已经存入银行,工人们的最后一张工资单也会跳票。[15] 雪上加霜的是,我父亲和他的同事们要承担一连串的支票退票费用,以及他们认为已经支付的账单。除了工资,养老金和医疗保险福利都被突然中断了。甚至连钢铁工人在员工信用社的账户也被冻结了。此外,从合同上看,工人们被拖欠了数百万美元的遣散费、假期工资和增补失业救济金。然而,当这家不复存在的工厂的残留部分被出售以偿还债权人时，公司和银行的贷款人优先确保了自己能拿到赔偿，而将威斯康星工厂的员工排在了最后。国际收割机公司和恩维洛迪纳公司尽可能地让自己免受工厂倒闭的重大影响，但工厂的3400名员工和周围的社区却无力自保。

这一切令威斯康星钢铁工人们深深地感到被背叛了。尽管钢铁厂一直是芝加哥东南部的主导力量，但正如无数员工和居民所说，钢铁厂也"像家一样"。长久扎根于此的钢铁业也一直鼓励着这种以厂为家的想法。为了管理不守规矩的劳工，钢铁行业强调自身对地方和社区的承诺，强调为战争、社会和工业进步的爱国事业共同努力的必要性。[16] 作为威斯康星工厂的所有者，国际收割机公司比大多数公司做得更多。它为南迪林的教堂供电，资助成人体育队，甚至铺路，试图在工人和工厂之间建立一种认同感和共同目标。[17] 最终，"家"所隐含的责任感，无论多么不健全，都会适得其反，导致工人和其他居民对其产生强烈的背叛感和愤怒。正如我们在芝加哥东南部所知道的那样，所谓家，是那些你所信赖的人与事。[18]

余波

工厂停工后，人们曾对恢复生产抱有一线希望。但随着时间的推移，这种希望幻灭了。虽然一些政客真心想帮助钢铁工人，但大多数政客却只是利用人们对工厂重新开工的期望来争取选票。[19] 当时，芝加哥市长简·伯恩（Jane Byrne）

不切实际地向钢铁工人们保证会为工厂找到新买家,让他们能提前买好感恩节火鸡。结果感恩节当天,威斯康星钢铁工人在市长位于黄金海岸的豪宅外竖起了"简,我们的火鸡呢?"的标语,以示抗议。与此同时,威斯康星钢铁公司的独立钢铁工会、进步工人工会始终保持沉默。事实上,被媒体称为快手艾迪(Fast Eddie)、第十选区保守政治"老大"的工会律师爱德华·弗多利亚克(Edward Vrdolyak),一直在接受新老板恩维洛迪纳公司的竞选捐款。[20] 最终,威斯康星的下岗钢铁工人们成立了草根维权组织"捍卫工作"委员会,并对国际收割机公司提起集体诉讼。1988年,威斯康星钢铁公司倒闭8年后,他们的部分诉讼得到了解决。对我父亲来说,这意味着公司重新支付了他的小部分养老金。但对大多数工人来说,这些钱已是杯水车薪、为时晚矣。

在一个人人以草坪整洁、不需要公共援助为豪的地方,失业的耻辱重创着许多人。工厂倒闭后,我父亲变得越来越颓废,直至闭门不出。内心的伤痛令他无法面对外界。慢慢地,他不再刮胡子或换衣服。他总是坐在沙发上或餐桌旁,烟不离手,指尖被廉价烟头染成了橙色。我母亲一边在沙发垫里翻找零钱,一边骂骂咧咧地训斥父亲浪费烟钱。但这并不影响刺鼻的烟雾慢性毒杀着屋中植物,日复一日地旋转、上升,将洁白的天花板染上橙色。每每夜归,我总看见父亲坐在雪花屏的电视前发呆。回想起来,我们认为自己很幸运,而且相对而言,我们确实是幸运的。包括父亲在内,我们街区共有三名威斯康星钢铁工人;工厂倒闭后,其中一人开始酗酒，没几年就去世了。另一人则企图自杀。多年后，我读到了记录芝加哥东南部工厂倒闭所致损失的研究报告，这些报告残酷地记录了关于抑郁症、自杀、疾病和破碎家庭的统计数据。而这些数据所反映的，恰恰是我们身边人的个人生活经历。此外，威斯康星钢铁公司的数字令人震惊。1989年，《卡鲁梅特日报》报道说，在威斯康星钢铁公司倒闭不到十年的时间里，3400名工人中有近800人死亡，大部分死于酒精和与压力有关的疾病。医疗服务的缺乏和高自杀率，也是下岗工人死亡的主要原因之一。[21] 对于那些二战后长大的人来说，未来被视作一个中产阶级不断壮大和所有人都日益繁荣的时代（这不应该是现代社会的重点吗）。因此，大多数人都无法承受这种前所未有的永久性大规模停工和无数人被逐出美国梦的事实。

停工造成了难以言喻的社会破坏，但也激发了居民团结。一些人说，这种情况让他们想起了20世纪30年代大萧条时期相互依赖的人们。尽管芝加哥东南部细密的社会关系和敌意可能令人感到窒息和孤独，但这些联系也可能在困境中发挥作用，建起工人阶级和穷人社会安全的最后一道防线。我家街对面住着一个威斯康星钢铁公司的下岗工人，他的妻子总是从她家后院给我们带来西红柿；她丈夫则给我父亲找了一份清理仓库的短期兼职。另一位邻居有感于我母亲的苦苦支撑，偷偷在邮箱里留下了一个装有50美元现金的信封；为了维护母亲的自尊，这封信是匿名的。

钢铁厂里为数不多的女工陷入了更加糟糕的境遇。她们一般是单身母亲,家里没有其他成年工薪族可以依靠。以我家为例,我母亲和许多其他钢铁工人的妻子都为了养家糊口重返职场。经历了威斯康星钢铁公司倒闭时惴惴不安、昏天黑地的几天后,她成了浩瀚临时工大军中的一员。简言之,她作为一个小齿轮加入了地理学家大卫·哈维(David Harvey)所说的"弹性积累"的经济逻辑中。[22] 干一天是一天的临时工作,没钱修车只能想办法蹭朋友和家人的车,前几年的境遇使母亲焦虑不已。后来,她找到了一个在印第安纳州惠汀市的"临时"职位,到阿莫科炼油厂的规划室做文书工作。[23] 她在这个"临时"岗位上干了超过25年,但无论是她本人还是我们这些家人都没有享受到任何津贴。

尽管媒体报道称,像我母亲这样的女性从事雇佣劳动是芝加哥东南部传统性别分工的"新"发展,但对许多人来说,这一趋势实际上更是一种"回归"。早年间,女性参加雇佣劳动在工厂社区并不罕见。如前一章所述的年长女性亲属,她们有时在正式经济中工作,有时在非正式经济中工作。20世纪80年代,随着越来越多的钢铁厂倒闭,许多下岗工人的全职妻子重回工作岗位,成为女服务员、理发师、收银员、售货员、银行出纳员、接待员和文员。有些人非正式地外出工作,制作家庭工艺品、节日装饰品和蛋糕来挣外快。虽然待在家里让我母亲获得了社会中心地位,但"出去"挣钱增加了她的自信,而此刻我父亲的自信早已崩塌了。

从20世纪80年代到90年代初,我们有时感觉整个世界都在崩塌。那时候,该地区的其他钢铁厂陆续关闭。1981年,拥有2万雇员的美国钢铁公司部分关闭了南方工厂,永久解雇了1.5万名工人。到1992年,南方工厂已完全关闭。20世纪80年代初,有6700名雇佣工人的共和钢铁公司解雇了一半的员工。LTV在1984年收购了共和钢铁公司,几年后又宣布破产并进行重组,裁退了更多的工人(部分工厂卖给了员工买断计划中的工人,该计划后来也失败了)。大概十年前,剩余的LTV工厂完全关闭,最后几百名员工也失业了。埃克姆/英特莱克和其他较小的工厂也殊途同归。1980年,芝加哥东南部的南区、南迪林、东区和黑格维什老钢铁厂联合社区总人口不到10万,却有大约3.5万名钢铁厂职工失业。在印第安纳州的边境地区,7.5万钢铁工人中已有5.5万人失业。[24] 此外,经济学家提出了倒闭的"乘数"效应。由于钢铁行业的式微,与钢铁行业高度相关的服务和供应企业也开始倒闭,许多在钢铁厂附属行业以及当地商店、餐馆和酒馆工作的男女也面临失业。即使是在每况愈下时养活大家庭的退休人员,也不由得开始担心退休金和医疗保险的削减。

简言之,工厂倒闭对这一高度密集的区域产生了毁灭性的影响。当市场狂热者吹捧"新经济"时,这些貌似理想的声明对那些在芝加哥东南部等地被重组的人帮助甚微。相反,居民们往往只能在服务业中找到那些不稳定的、低收入的工作。钢铁厂倒闭后,下岗工人在招聘市场上也不断遭遇歧视,因为钢铁工人工会的斗争遗产常常让雇主感到不安。像我父亲这样的中年工人的日子最艰难。虽然他这些年偶尔

图17. 1980年,威斯康星钢铁厂工人在芝加哥市中心游行抗议。版权归 Chicago Tribune 所有

能找到工作,但他再也不会有固定工作了。回首往事,一团阴郁与绝望的愁云不仅持续在我们家上空盘旋,也笼罩着整个地区。

一些钢铁工人、家庭成员和激进分子试图对工厂停工进行抗议。引人注目的是,芝加哥东南部最紧密组织在一起的钢铁工人(以及"捍卫工作"委员会的核心人物)是非裔美国人和拉丁美洲人。[25] 这些人更有可能支持大家庭,因此,失去工作对他们的社区造成了更大的破坏。他们当中也有目睹或参与民权运动的一代人,这些人对政治组织充满信心。

像我父亲这样的人，用我祖父那代人的战斗精神赢得了中产阶级的体面，又在成年后对等级制度和工会的腐败感到失望，被时代抛弃。也许在他们看来，抗议的方式就像20世纪60年代煽动暴民一样，令人厌恶。这里的人把大量年轻人送去越南，并为理查德·J. 戴利（Richard J. Daley）市长拍手称快。因为他在1968年民主党大会期间，崩掉了大学生"嬉皮士"的头。除了个人化的绝望和对被逐出美国梦的愤懑之外，工厂倒闭对他们几乎没有其他情感上的影响。多年以后，我听到父亲喃喃自语："是的，我们一度以为自己已经是中产阶级了。我们就快是中产阶级了。"

铭记过去

回想起青少年时的这段岁月，种种场景不断涌现：还记得东区狮子会总是在节假日给我们家和其他下岗工人家送火鸡和护理包。还记得政府给下岗工人发放了没法吃的奶酪，至今都令我作呕。当工厂倒闭的浪潮席卷中西部时，许多钢铁工人投票支持的新任总统罗纳德·里根（Ronald Reagan）却想方设法地削减失业救济金，其中也包括给那些去工业化受害者的失业救济。[26] 2004年里根去世时，我对他的怨恨再次涌上心头。这让我感到震惊，因为这不是一个成年人在政治哲学中引出的怨恨，而是一个14岁孩子痛苦的醒悟。年轻的我突然意识到那些当权者并不关心我或我的家庭：对他们而言我们微如草芥。这将是一个令我铭记终生的残酷教训。

我那时想减轻父母的负担，不让他们为自己操心。所以一放学我就去打零工，还跑到选区政客的办公室申请年龄豁免，这样我就可以依照《综合就业和培训法》（CETA），为政府的贫困青年就业计划工作。父亲说我会为了还这份人情，接受帮政府发政治传单的工作。尽管如此，这份暑期工的收入足够我买校服和学习用品了。所以后来读到去工业化的文献时，我总是在那些青少年的案例中看到自己的影子。我们都一样，渴望快快长大、帮父母分忧。然而，我非常惭愧，因为这些年来我越来越想要逃避过去。经历了一系列的不可思议，在威斯康星钢铁公司倒闭的一年半后，16岁的我离开了家，到东海岸的一所精英寄宿学校上学。我将在下一章讲述这段翻天覆地的变化，揭开一个芝加哥东南部的工人阶级女孩将要面临的新困局。

20世纪80年代到90年代，我从寄宿学校放假回家时，父亲几乎总是待业在家，偶尔才会去工作。记得他在下岗潮期间竞争上岗，暂时获得了在芝加哥高速公路收费站当服务员的机会。结果有一天，上司要求他无休上班。作为曾经的钢铁工人工会成员，他怎么可能默默忍受？于是他撑了回去，也不出所料地被炒了鱿鱼。后来，他又去一家纸杯厂的流水线上工作，几个月后就由于资历不足被工厂裁员。数年后，他开始上夜班，给郊区小学守大门。虽然他很喜欢上夜班的自在，但由于入学人数减少，学校在大约一年半后也关闭了。失业和消沉多年后（其间偶尔也会打一些黑工，例如将危险化学品非法运到南方),他找到了一份持续时间最长的工作——到芝加哥市中心的一栋大楼里当保安。在那里办公的人都是律师和某大型非营利基金会的工作人员。和母亲找工作的情况一样,是一位在临时中介机构上班的邻居帮忙引荐了父亲,并通过这个机构帮他找到了工作。讽刺的是(或者不是),该机构的所有者是政治家爱德华·弗多利亚克的兄弟。而这位爱德华·弗多利亚克律师,曾被指控出卖了威斯康星钢铁公司的独立工会。

父亲入职后,我们既兴奋又担心。家里已经穷得叮当响,怎么提前帮他准备警卫制服和鞋子呢?家里的车早就报废了,朋友和亲戚们会愿意轮流把他送到南芝加哥火车站以便他前往芝加哥商业中心吗?但父亲打从心眼里喜欢这份工作。当游客为了欣赏绘有芝加哥历史的马赛克图像而走进大楼的装饰派艺术大厅时,他喜欢和他们聊天。他会记住游客们分享的旅游指南中的有趣故事,再把它们分享给下一批游客。他甚至在前台放了一个空白笔记本,让那些尤其是欧洲的来访者写下他们从哪儿来,觉得芝加哥怎么样。好景不长,到了第六个年头,大厦管理层决定终止跟父亲的临时中介合同。因为如果续签,大厦每小时必须依法为保安加薪25美分。真正让父亲伤心的是,大厦里那些每天上下班都跟他聊两句的高薪职员,没有一个为他鸣不平。"就为了区区25美分。"他满腹牢骚地反复念叨。虽然父亲以前总是讽刺那些作为劳工活动家到芝加哥东南部工厂来动员革命的左翼大学生,但他总是欢迎并感激那些来帮助他的人。下岗后,他长期宅在家里。如果陌生人问他在干什么，他会说："虽然我才五十出头，但我已经退休了。"他在沙发上打盹，死死盯着窗外，确保"自己"的车位没被邻居占用，把厨房的水槽擦到锃亮，或许还会看一场电视球赛。这些年，虽然工厂倒闭造成的严重抑郁逐渐得到缓解，但父亲仍像一具没有生命的空壳，任由深深的凄苦在身体里幽寂地飘散。

这种苦楚刻进了父亲的余生，恰如他始终保有钢铁工人的身份认同。当还在市中心当保安时，他无意中发现垃圾堆里有一幅废弃的丙烯画。画里是一个早期工厂，炼钢炉正闪闪发光。父亲拾起画、掸去尘，将它带回家，挂进了餐厅。那些年我每每看见这幅画，都会想起那个失落的世界。还有一次，我带一个大学朋友回家玩。而这位朋友的父亲是纳维斯塔公司（Navistar）——前身为国际收割机公司——的一位有钱高管。我父亲开车带我们在附近转悠时，故意绕路穿过了钢铁厂的废墟，平静却酣畅地独白着这个地区所经历的苦难。虽然我的朋友并不能左右他父亲的企业行为，但这是我父亲离那些切断他生计的人最近的一次对话。

在生活境况中痛苦挣扎，对还能施展拳脚失去信心，愤怒的表达逐渐进入了父亲的日常。他会恶狠狠地瞪着邻居家骑单车闯进他草地或在他门廊下玩球的小孩，也会以某种阴谋论的指责愤怒地结束与朋友们关于政治问题的讨论。然而，他善良而敏感的性格也在一些细节处持续显露。当保安时，他偶尔会抱怨那些在大楼旁边搭纸板箱安身的无家可归的人。实际上，他真正抱怨的是公司要求自己为大楼"清理"门户。"你晚上可以睡在这里，"他对纸板箱里的人们说，"白天大楼开门的时候你不要来，不然我会很难办。"说完，他会从午餐盒里拿出 Wonder Wonder Bread 牌的三明治给他们。我感觉是这些无家可归的人让他看到了自己下岗后的另一种未来：要不是有家庭的支持，他恐怕早就露宿街头了。

去世前几年，父亲喜欢看麻雀在我们家和邻居家过道上方的通风口里安家筑巢。他或许莫名地感到自己在保护这些幼鸟（毕竟失业后，他不断怀疑自己养家糊口的能力）。他似乎觉得"监视"鸟巢具有一种神奇的力量。父亲拉着墨西哥裔的邻居鲁本（Reuben）一起守巢。[27] 自 20 世纪 20 年代起，墨西哥移民就源源不断地到南芝加哥的钢铁厂工作。到了 20 世纪 90 年代，越来越多的墨西哥人觉得芝加哥东区更安全，便开始到东区定居。这一波新移民与留下来的白人居民（以及之前的墨西哥裔移民——他们之中有人将新移民称为"贫民区墨西哥人"）之间的紧张关系显而易见。记得去世前不久，我父亲走到街角买报纸，他对一位刚来的墨西哥裔年轻人的敌意被对方戏谑地回敬："嘿，老头，你在我家附近干什么？"尽管他虚张声势，对方还是很快就象征性地把他从他终身生活的社区中驱逐出去了。

鲁本在南芝加哥长大，是父亲的好哥们儿。他在芝加哥市政府任职，负责街头巷尾的灭鼠工作。他爱笑也爱喝酒，身上各式各样的文身比我父亲手臂上的黑豹精彩多了。也许鲁本能让父亲想起自己年少轻狂的样子。他们结交后，我每次回家探亲，都能看到鲁本和我父亲坐在房子之间的过道上谈笑风生。肌肉发达的鲁本穿着衬衫、戴着大链子、露着文身，父亲则一如一名老钢铁工人，穿着法兰绒衬衫、戴着棒球帽。他俩这极不协调的组合总是让我忍不住想笑。他们会比较各自的幼鸟观察笔记，像一对溺爱的父亲似的争论幼鸟是否足够温暖。中产阶级评论员经常暗示，男性气概是老钢铁厂社区的核心。然而，这种男子气概与特定的阶级地位密不可分，既有特权，也有弱点。去工业化拆穿了他们的虚张声势，揭开了他们和我父亲一样的脆弱。

解读过去

从家到学校，满目疮痍，芝加哥东南部钢铁业的无尽衰败尽收眼底。虽然印第安纳州边界仍有一些地方在生产钢铁，但芝加哥东南部钢铁工业已经彻底陨落了。大型钢铁厂倒闭后，一些通过加热废钢来生产廉价钢的小型钢铁厂映入眼帘，亦有一些降薪和低福利的小钢铁厂在各地涌现。不过，就连这些小工厂也没能熬过来。在一些下岗工人的家庭录像中，我看到了芝加哥东南部钢铁厂的终结之景。这些录像带都已经完好地保存在了芝加哥东南历史博物馆里。在其中一个录像中，旧共和钢铁厂的建筑一栋接一栋地倒塌，滚滚的浓烟和遍地的瓦砾都见证了工厂所遭受的巨大破坏。另一段视频记录了工人们在历史悠久的美国钢铁公司（南方工厂）工作的最后一天。那是1992年4月的一天，这座大型工厂最后的700位工人被留下来善后。这些几乎没有旁白的影像留恋地拂过工厂的每一个角落，拂过那些承载着工人们前半生的地方。这是一代人向过去温柔地挥手，他们的情感不在写作或辞藻华丽的演讲中表露，而是在影像中静静地流淌。钢铁厂的艰苦岁月被告别的情绪掩埋，时至今日，仍能从镜头中感受到人们深深的失落。

从小到大，母亲总说我像父亲。长大后，我意识到自己和父亲的相似是从别处显现的。和他一样，我也无法走出钢铁业的衰亡。从威斯康星钢铁公司倒闭到父亲2005年去世，整整25年，父亲和我始终都对钢铁厂的倒闭耿耿于怀。换言之，我们都难以摆脱曾经的创伤。开始人类学的硕士学习后，我决定围绕芝加哥东南部去工业化来撰写硕士论文，希望能借此宣泄情绪。20世纪90年代初，作为硕士论文的田野调查，我访谈了芝加哥东南部的许多人，包括我的家人、邻居、朋友、熟人和社区负责人。我想听听这些老朋友的声音，看看下岗工人和他们的家人如何看待当年的事情。一位当地居民认为这些故事让过去"真实如初"，我深表认同。

我们不可避免地聊到了芝加哥东南部事件的责任归属问题。一些钢铁工人同样发泄了对政府和钢铁公司的愤怒：公司一直都秉持"企业-家"的理念，一直承诺会对所在的工业社区负责，结果呢？还不是为了冰冷的利润出卖了我们？政客们不是也没能为我们辩护吗？其他工人则开始反思自身：是不是真如报纸所言，自己工作不够努力？或者是大家伙儿自己的错？还是说自己想要成为中产阶级的贪念太重？

许多白人开始向更弱势的群体发泄愤怒。一些男人质问政府为什么救济那些不想工作的母亲（即非裔美国人）却抛弃他们这些在世界大战中浴血奋战的人。就连我认识的工薪阶级的非裔和拉美裔美国人也异口同声地质问：为什么美国连自己的人民都没看顾好，还要在国际援助上给"其他"国家花这么多钱？在这些自私而激动的抱怨背后，是人们对尊重的共同要求："我们是好公民；我们是人；我们怎么能像个垃圾一样，被如此随意地抛弃？"

心情极度沉重的时候，一些人开始思考钢铁业的衰亡是否真的像报纸和学术界依托全球化话语所说的那样，是进化转型不可避免的一部分。一位邻居下岗工人在愤怒地抨击政府和企业后，面对自己的被迫下岗无奈地叹了口气。"这就是一个时代的结束吗？"他问道，"就像蒸汽机或马和四轮马车的时代一样，走向终结？"历史必然性的解释有某种吸引力，我也渴望接纳这种观点（毕竟如果怪不得谁，那除了收拾残局继续自己的生活之外，别无选择）。但令我困扰的是，每当我真挚理性地去尝试放下自己的愤怒与逃离芝加哥东南部的执念时，这种宿命论往往无法解释厂区发生的一切。它没能解释当年的所有决策，而这些决策是父亲和其他钢铁工人都心知肚明的。它也忽视了以美国领导人为代表的特定社会团体在制定国内和国际法律、制度与把握市场动态方面发挥的核心作用，而这些方面恰恰成为芝加哥东南部等社区覆灭的幕后推手。

挑战主流叙事

回家路上,我读了一些关于去工业化的分析、评论,了解了去工业化在美国其他地区的表现,试图从多重视角把握芝加哥东南部钢铁工业的衰落。许多专家和商业分析师认为造成20世纪80年代的倒闭风波甚至整个去工业化过程的,是美国钢铁业和其他重型制造业的懒惰和低效,它们再也跟不上像严谨的日本人那样日益增长的外国竞争力。[28] 之后几年里,越来越多的美国公司将工厂外迁至工资和环境标准较低的海外地区。这种转变也逐渐成为一种全球化现象。从准进化的角度来看,全球化似乎是一个不可避免的过程。在这一过程中,美国企业被迫进行重组,以新的方式成为"全球"参与者。为了参与国际竞争,他们不得不做出艰难的决定,如关闭国内无利可图、效率低下的生产设施。商业观察家认为,美国的未来在于以知识和服务为基础的经济,或者说是强调高金融的经济。尽管会经历短期的阵痛,但他们认为这种转变终将是"进步"的,终将通过保持美国经济活力使所有工人受益。有些人甚至认为,去工业化最终是积极的,因为它意味着向更先进的经济发展再上了一级。[29]

然而,作为芝加哥东南部钢铁工业陨落的亲历者和研究者,这些普遍解释忽略掉的内容恰恰是最令我着迷的。当然,这些解释的某些既有部分也不假。当其他国家重建二战后的工业并开始工业化时,美国公司很难再像前几年一样轻松（且不公平）地占据经济主导地位。[30] 一些评论员强调，这一公认的"错误"是钢铁行业管理层，以及多年来困扰钢铁行业的劳资对立关系造成的。[31] 我们家有一位朋友，她的丈夫是芝加哥东南部为数不多的白领之一，她就对受教育程度较低的钢铁工人持有高工资表示不满。正如杜德利所言，这种怨恨在中产阶级中司空见惯。[32] 这位朋友讲了一个关于她邻居的故事，说这位钢铁工人邻居不满钢铁厂的酷热，总是在工作时间偷溜出去喝酒。她认为这种渎职就是钢铁厂倒闭的原因。不过，这些解释完全忽略钢铁行业内外的关键问题。

随口给芝加哥东南部的钢铁业贴上"低效"的标签不难，难的是如何论证它。事实上，虽然曾经的明日之星威斯康星钢铁厂已经破败，还由于国际收割机公司的忽视而不断亏损，但美国钢铁-南方工厂的一部分最近已经实现了现代化。而且在大规模裁员开始时，它其实还在盈利。[33] 此外，尽管斯蒂文·海伊将行业基础设施老化问题视为一项计划性淘汰政策，或将它视作管理层为了关闭工厂而有意为之。但实际上，美国钢铁企业在当时的盈利水平要高于日本钢铁行业。根据本斯曼和林奇的数据，在 1968—1977 年，众多钢铁厂倒闭前的关键时期，美国钢铁厂合计盈利 6.7%，而日本钢铁厂的利润为 1.7%，欧洲钢铁厂的利润更是微乎其微。[34] 20 世纪 80 年代，美国钢铁业几乎集体衰落了。这不仅仅是因为全世界大多数钢铁行业都有国家补助（日本公司一直在以低于成本的价格销售钢铁，以提高市场份额），更是因为美元的估值被蓄意提高——这一举措旨在抑制通胀,但却使美国出口产品在世界市场上的价格高得令人生畏。[35]尽管这两个因素都很关键,但要想更整体地理解去工业化,重在认清美国企业竞争的大背景不仅是全球竞争,还是美国内部竞争。

美国的钢铁厂再能盈利,也难以与其他制造业公司甚至高科技等"朝阳"产业相比。[36] 在威斯康星钢铁公司倒闭后的几年里,企业通过杠杆收购的方式收购制造业公司并剥夺其资产(在多数情况下包括了庞大的养老基金)的情况越来越普遍。它们将现金流引向利润更高的企业,宣布被收购企业破产(迫使政府养老金福利担保委员会覆盖缺乏资金的养老金),然后重新成为一个毫发无伤的企业实体。换句话说,在威斯康星钢铁公司发生的事情将不再被视为一种暴行,而成为在美国做生意的常规方式。近几十年来,关注商界的民族志学者和记者频频指出,美国公司的常规经营方式已经从投资和成立产品或公司,变为更加依赖裁员或兼并、收购,以此来提高公司股价,获取短期收益。美国钢铁公司董事长大卫·罗德里克(David Roderick)的著名宣言"赚钱先于钢铁",就是这种趋势的标志。同样具有标志性的还有1981年美国钢铁公司收购马拉松石油,接踵而至的巨额分期利息使公司被迫削减钢铁业务,最终于1991年改名为USX。[37] 因此,与其说是公司领导层的问题,不如说是来自华尔街的压力越来越大,他们要求增加股东的短期利润而不在意公司的长期发展。

如果美国一些所谓经济结构调整的支持者是对的，去工业化造成的"短期"痛苦会换来更有活力的经济，最终使所有人受益，那么，为什么有些人一直受到这种转型的伤害，而另一些人却过分受益？为什么富人变得如此富有？更宽泛地说，如果美国公司无力支付工厂工人的"高薪"并保持全球竞争力，那么同样的公司又如何能够向高管支付越来越高的工资呢（越来越多的高管持有公司的大部分股份，并从与裁员相关的股价飙升中获益）？我多年来针对这些议题收集的新闻简报很直观地反映出这一基本趋势（直到2008年的金融危机，这一趋势才姗姗来迟地引起了社会的愤怒）。其中一份剪报指出，1965年，美国首席执行官的平均工资是普通工人的24倍；到2007年，是275倍。[38]另一份剪报告诉读者，2005年，美国人口中最顶层的1%获得了1928年以来最大的国民收入份额。另一份杂志文章指出，根据另一种测量方式，收入水平不平等的程度只有在19世纪末的镀金时代才达到顶峰。另一项基于2011年国会预算办公室报告的调查表明，收入最高的那1%在过去30年中的国民收入占比翻了一番多。[39]

我也需要借助其他方式来理解芝加哥东南部的变迁。大约在我准备写这本书时，我和身为制片人的丈夫断断续续地进行着关于芝加哥东南部的纪录片拍摄。2003年，我们获准在美国钢铁公司加里工厂内部拍摄。加里工厂曾经是世界上最大的钢铁厂，现在仍然是整个西半球仅存的最大的老式综合钢铁厂。这是我感受父亲和祖父滚烫人生的唯一机会。我们在滚烫的钢带上方的狭窄通道里拍摄,在一次倒入两百吨熔融金属的巨型钢包上拍摄。在厂子里,就连狭窄通道里的空气都很热。我们必须定期关闭摄像机,把它带出去冷却。在拍摄过程中,我被工厂的巨大规模以及它们集高温、噪音、炽热而压倒性的美感于一体的原始景象所震撼。更令我震惊的是,这些已经全自动化的工厂里几乎空无一人。我们偶然能看到一张脸,他从有机玻璃围起来的控制塔向外望。这仅存的工人工作,提醒我们这儿曾经是数千名钢铁工人工作的地方。全面机械化令该厂生产的钢材数量与钢铁业全盛时期一样多,与此同时,工厂只需要应对极少的工会工人。我试着想象父亲和祖父在这样一个工厂里劳动,但这里机器取代人的状况让我很快打消了这个念头。

近来有学术文献论证,虽然去工业化已是普遍事实,但美国制造业的产出几乎保持不变。二战后,虽然美国的制造业岗位从占总劳动力的三分之一下降到了八分之一,但美国钢铁公司加里工厂等工厂生产技术的提升发挥了关键作用(委婉地称为"经济生产率的提高")。[40] 这使得一些观察家质疑去工业化是否本质上是一个"神话"。当然,这样的设问只对那些关注商品产出的管理者、所有者和经济学家有意义。从工人及其社区的角度来看,去工业化的影响丝毫不减。

现在卡鲁梅特仅存的运转良好的钢铁厂,都位于两州边界的印第安纳州一侧,那里曾经是芝加哥庞大工业力量的溢出区。但印第安纳州钢铁工业的发展并非巧合。那里的钢铁厂能持续运转，主要是因为那里的税收较低，环境监管也以宽松著称。这些钢铁厂不仅仅是"垂死"行业的残余，相反，它们挑战了那种认为去工业化是历史现象，乃至进化现象的普遍假设。事实上，近年来，全球化的商业模式已经回到印第安纳州西北部的老钢铁区。在2004年拍摄纪录片时，我丈夫将摄像机装在了一架小型直升机机头，并乘坐这架直升机在内陆钢铁公司上空拍摄了令人震惊的空中镜头。内陆钢铁公司是美国钢铁–加里工厂联合体以外地区仅存的还在运作的钢铁厂之一。印第安纳州一侧的其他工厂，如LTV和伯利恒（Bethlehem），最近都被米塔尔钢铁公司负责人拉克什米·米塔尔（Lakshmi Mittal）收购。米塔尔钢铁公司后来由阿塞洛·米塔尔（Arcelor Mittal）接管。在我们拍摄的时候，米塔尔已经是世界上第三富有的人。他在全球各个去工业化地区收购陷入困境的钢铁厂，打造了一个全球化的钢铁行业，最终成功致富。记者注意到，2003年，米塔尔在伦敦肯辛顿宫附近购买了一座豪宅，被称为世界上最昂贵的私人住宅；次年，他花费5500万美元为女儿举行了为期五天的婚礼。[41] 这就是新形式的全球化经济带来的巨大差异。

米塔尔新的全球钢铁商业模式有一个目标，就是抛弃养老金和退休人员福利等"遗留成本"，将下岗工人和环境清理的责任转移给政府机构。2002年，以使全球钢铁业"具有竞争力并保留部分钢铁工人的工作"为由，米塔尔的公司迫使印第安纳州东芝加哥的工人们做出了一系列让步，比如恢复12小时工作日——即我祖父在1937年纪念日大屠杀前抗议的12小时工作日。此外，该公司甚至削减了当年好不容易才争取恢复的寡妇养老金，即历史上每月付给已故钢铁工人遗孀的62美元。

反全球化者常常关注本土工厂的海外转移对工人构成的威胁。然而，即使没有将生产设施转移到海外，许多公司也不会在战略部署上考虑到广大工人的利益。它们往往在提高股价的压力下加大重组力度，进一步削减劳动力和生产成本。这意味着即使在保留下来的工作岗位上，工厂员工也只能迫于裁员压力而在工资、福利和工作制度上做出让步，"回馈"公司。[42] 1985年至2000年间，美国制造业的工会工作岗位锐减40%，这并非巧合。[43] 因此，问题不在于工业岗位在发展历程中流向国外，而在于国内和其他地方的不平等现象呈棋盘式加剧。公司全球化的目标从来都不是简单地离开特定地区，而是以有利于公司股东的方式，重新处理管理层和工人之间的劳动关系。随着工会被边缘化或取消，工资和福利被收回，工作地点在哪儿已经不再重要。

因此，去工业化与其说是发展的历史进程，不如说是一种抽象的经济（工业经济）转变为另一种（基于服务和知识的经济）。相反，这是在历史转型的时刻，以牺牲他人利益的方式，对社会关系进行重塑。有人可能会问，像美国这样的富裕国家的去工业化，难道没有让世界其他地区的工人受益吗？在20世纪80年代和90年代，一些富裕的美国人曾用这一论点来反驳对去工业化的批评，认为把工业岗位送到国外，可以给世界其他地区带来发展。在曼哈顿广场酒店的一家高档餐厅里，我曾和大学朋友的父亲共进感恩节晚餐。当服务员小心翼翼地把白色餐巾铺在我们的膝盖上时，作为纳维斯塔公司（前身为国际收割机公司）的高管，我朋友的父亲正这样讲述着将美国的工作岗位转移到海外的意义。

然而，这种庆祝性的叙述忽略了一个潜在的循环逻辑。正如反全球化批评家所言，通过寻找低工资地区来提高利润和企业竞争力的全球逻辑，意味着为了保持竞争力，国内外企业必须不断将工作岗位转移到工资更低的地区。当然，美国的钢铁公司可能因自主淘汰、企业再投资失败、企业转型与利益转移失败等原因退出竞争，不会像其他行业那样"逃逸"到欠发达国家。但是，这一根本性的批评是值得重视的。墨西哥的工厂岗位可能会流向中国，而中国的工作岗位也会转而流向孟加拉国和越南的低工资地区。当米塔尔等企业家试图重新划分印第安纳州西北部等老工会劳工区时，这种全球模式甚至被他们带回了诸如美国这样的国家。正如追求廉价劳动力所形成的恶性循环凿穿了美国梦，它不仅可能为世界其他地区带去"发展"或更高的生活水平，也会造成类似的"创造性破坏"和不平等加剧的创伤。

精读去工业化所涉及的各种文献后，我们可以看清一件事，那就是那些作为全球化的变化显然在本质上不是单纯的经济变化，也不是不可控的运作。尽管全世界都发生着这一变化，但全球化在美国的出现并非被动进化，而是主动引领。这一推进表现为美国公司活动和金融规则的放松管制、反垄断执法的缺乏、破产法的重写以及其他政策。[44] 正如同时批评政府和公司的芝加哥东南部钢铁工人所意识到的那样，这些转变在本质上也是完全政治化的。在第二次世界大战和冷战期间，美国重工业投资被视为国家安全的固有部分，国家和政府不敢轻易将其交给市场。然而，在冷战后的环境下，重工业和爱国主义之间的联系被切断，制造业被象征性地概念化为经济中落后、过时的一部分。除了少数拥有大量制造业选民的政客外，政治领导人似乎都准备放弃制造业，转而发展朝阳产业。朝阳产业被描绘为未来的浪潮，是促进经济繁荣的关键。

这些不断变化的经济逻辑也是美国整体文化变迁的一部分。何柔宛（Karen Ho）在她关于华尔街的民族志研究中发表洞见，提出"经济"和"经济学"并不是指抽象概念，而是指在特定社会制度和文化世界下，所有人的行为。正如何柔宛所述，美国"经济转型"的核心文化转变包括华尔街和商业保守派对民粹主义语言的精明挪用，以牺牲员工乃至企业的长期利益为代价来保障股东利益。美国自古以来都拒绝社会阶级话语，而这一转型也让人们更加不愿意思考去工业化和相关经济转型可能带来的阶级影响。在后冷战环境中，没有什么替代性的政治愿景能照亮下岗工人的失落时光，西方民主国家也不会因为恐惧冷战就努力创造公平竞争的社会条件。不平等被重新认定为不可避免的，甚至是一种美德。在2008—2009年经济崩溃前的几十年，人们越来越认为不稳定性能够激发更多活力，也将使美国在这一进化转变中一马当先，在资本主义未来的浪潮中高歌猛进。在这一过程中，资本主义逐渐从熊彼特（Joseph Schumpeter）所谓的创造性破坏走向纯粹破坏。

正如"附加伤害"等术语掩盖了身体在战争期间遭到的暴力事实一样，以自然而然的全球化话语来解释去工业化，也同样淡化了核心的痛苦、破坏和不平等。"新经济"的话语也有类似的作用，因为它的鼓吹者忽略了一个事实，那就是被"重组"的人并不是从新经济中受益的人，他们反而是受害者。这种看不见摸不着的语言是残忍的。芝加哥东南部的人们没有机会如此抽象地看待这一新经济。钢铁工人可以像周一早上的四分卫一样，具体分析公司以前为什么不将利润投入工厂或维护工厂基础设施，他们都很清楚发生了什么。如父亲所言，工人阶级，也就是以前所称的中产阶级，是那些受到重创的人。

有读者可以承认去工业化给芝加哥东南部等地带来的悲惨后果，但或许还是会问：难道一切不是注定的吗？诚然，这与美国的政治决策相关，但世界其他地区也有类似的动态，这不就是某种必然性吗？这些转变的起源最终不就是全球经济现实的一部分吗？这种全球经济现实的定义已经远远超出了美国的范围。其他"发达资本主义"国家也受到去工业化的影响，这不恰恰说明这一历史性转变与二战后国际关系的转变以及日益激烈的经济竞争有关吗？归根结底，我不还是在庸人自扰吗？

从历史上看，毫无疑问，美国经济的压倒性主导地位在二战后受到了挑战。这导致在20世纪60年代和70年代面临日益激烈的国际竞争时,美国企业的利润不断缩水。技术变化也影响很大,让公司变得更具流动性。它在让生产遍地开花的同时,也完成了对分散业务的控制。但是,并非只能通过取消行业投资来应对这种转变,政府政策也强烈影响了企业的发展方向。英国执行了与美国类似的政策,也发生了类似的去工业化结果。然而,德国规范工会和公司关系的体制框架,保留了高技能、高薪工业工人的核心。[45] 在美国,去工业化不是不可避免的进化转型,而是与一系列人为选择紧密相关。从20世纪80年代决定通过提高美元估值和鼓励高利率(尽管其对美国制造业产生了毁灭性影响)来对抗通胀,到选择鼓励制造业公司破产和内耗来放松金融管制,再到拒绝制定连贯的产业政策、导致大量工人丢饭碗……[46] 正是这些深思熟虑后的政策选择,令无数的工业基础(或至少是工会和体面的薪资)被抛弃。工人阶级失去了一切,人生从此改变。

史蒂文·海格(Steven High)生动地讲述了美国北部边境工人应对这些压力的各种办法。20世纪80年代,当芝加哥东南部和美国其他地方的钢铁厂大量裁员时,加拿大的情况截然不同。美国公司的很多工业分工厂都落地加拿大,并且都在20世纪60年代和70年代遭遇了与美国本土相似的经济压力。尽管加拿大的纺织业等行业出现了去工业化趋势,但在1969年至1984年期间,没有一家钢铁厂或汽车厂倒闭。而这一时期正是美国本土钢铁厂倒闭的高峰期。在十年的时间里,美国经济裁减了26.9万名钢铁工人。[47] 可以说,是加拿大国内不同的法律和政治框架以及文化解释，导致了对同一压力的不同应对。首先，加拿大的法律框架禁止公司将老工厂作为"摇钱树"，故意榨取其利润并转移到新工厂，然后宣告破产。其次，为完成现代化转型，加拿大政府向老钢铁厂提供了慷慨的税收激励，防止其像美国重工业一样，因工业基础设施老化而陷入困境。此外，海格表示，在文化上，许多加拿大人用民族主义言论来解释工厂倒闭的威胁，认为美国企业是想通过关闭加拿大一侧的工厂来撼动加拿大的稳定。这种文化解读既不是一种宿命论话语，也不是铁锈带衰落的话语。它非但没有令加拿大工厂陷入芝加哥东南部一样的衰落魔咒，反而促使加拿大民众和决策者积极防止工厂倒闭。虽然加拿大近几十年也弱化了工业，但在美国去工业化的关键年份，它保持了比许多富裕经济体更强大的制造业基础。[48]

即使政府和企业参与创造了全球经济逻辑，他们也难逃其衍生的紧迫要求。不过，无论是关于如何应对压力，还是如何处理深受其害的人，他们都有选择的余地。这是另一个关键问题。扪心自问，在美国，我们是否根据去工业化转型中受害者的诉求来寻找应对之策？抑或相反，我们是否已经接受转型，甚至将其强加于己，强加于世界其他地区？我们是否任由去工业化不可避免这一假设掩盖这样一个事实：经济回报正越来越多地流向富人阶级，远离工人家庭和社区？此外，在去工业化的余波中，我们是否留意过那些因此遭受重创的人？我们有没有为寻找其他出路至少努力过一次？再次重申，利害攸关的不仅仅是特定的某种工作——我的父亲、祖父和其他亲戚都不会浪漫化工厂工作——而是那些赖以谋生的工作。这些工作支撑了一个个家庭和社区，给了耕耘其中的人成为中产阶级的自信。

结论

虽然我和父亲都放不下消逝的钢铁厂，但我们都不知道如何来表达这种留恋。回顾硕士论文，我意识到学术的表达让我抽离了青春期的痛苦和愤怒。那是一种我无法忘记却也不想重温的痛。用学术语言讲述这些经历，比组织自己的语言要轻松，因为后者几乎等同于自揭伤疤。20世纪90年代初，我为了这篇论文的写作去采访父亲，而他几乎很少言语。这样一个在十多年里不停地说着工厂的事、痛苦地希望自己跟着工厂一起死的人，竟然无话可说。在正式访谈时，他只用单音节或简短的句子回答问题，不做任何延伸和阐述。或许他是害怕这一访谈记录会被那些他尊重又害怕的遥远的权力看到，从而给自己招来祸端。不过现在想来，我认为他更害怕的是自己讲不出什么有价值的东西。因为几十年前工厂倒闭对他的打击，让他失去了被倾听的勇气和信心。

多年后，当我和丈夫找他录制芝加哥东南部纪录片的采访影像时，父亲与说话的关系显得格外奇怪。面对摄像机，父亲一开始很不高兴，说他不想被录下来。紧接着，他就不由自主地开始对着摄像机说话，讲述他的故事，还为自己对工厂倒闭的看法辩护。起初我们很困惑，后来才逐渐意识到他喜欢这种让摄像机听他说话的感觉，但他又没有信心让自己的话变得"正式"。于是我们改用最小的设备为他录像，让氛围更轻松一些。拿到粗剪的视频时，父亲看了一遍又一遍，为自己在镜头前的角色频频点头，对视频中的自己表示认同。事实证明，这是他与自己的一场奇怪的对话。我丈夫发现了这种形式和讽刺之处。就像曾外祖父把他的回忆录藏在阁楼上一样，父亲也无法逃避他自己对说话这件事的矛盾心理。从很多角度来说，我也不能。我们共享愿望，也都难以言说，讲不出那些被命名的和被隐藏的恐惧和想法。也许奋力重拾我的故事和他们的故事，是挣脱话语束缚的努力。这最终需要构建一个反叙事，它不仅关系到我的家庭，还关系到那些因去工业化的事实与主流叙事而沦为边缘的人。

第三章

上　流

父亲用了大半辈子来对抗去工业化造成的经济、情感和心理后果，这也是我们全家共同的创伤。回顾过去，这种创伤不仅仅是个人或家庭的，它其实位于美国阶级格局变换的风暴之眼。不过，令我挣扎困扰的阶级问题和父亲的不同，是属于另一领域的：向上流动的道路。从表面上看，我所经历的问题是积极的，自然与父亲那样的下岗工人所经历的困难相去甚远。然而，这样一种轨迹也揭示了美国阶级的紧张关系，以及这种紧张关系如何在普遍接受的或"霸权"叙述的向上流动中悄无声息地发生。

那些可能的、甚至是不可能的向上流动，是美国公民和其他人心中美国国家形象象征的核心。霍雷肖·阿尔杰（Horatio Alger）的故事在美国历史上深受民众喜爱。19世纪末，"白手起家"的霍雷肖·阿尔杰努力工作，坚持公平竞争，勇敢抓住机遇，最终从最底层的街头小乞丐一路攀升，逆天改命。后来"美国梦"的概念也强调努力工作的个体和家庭有能力成为广大美国中产阶层中的一分子，他们的孩子也可以相信自己能比父母更上一层楼。在这些构想中，向上流动的行为本身似乎相对简单。毕竟，我们都希望自己和孩子生活得更好。因此，一旦机会出现，道路应该是清晰的。

当然，评论家们早就注意到，美国梦的理想并不总是符合现实。尽管美国许多群体在19世纪的某些时期或第二次世界大战后都实现了向上流动，但其他群体仍被排除在外。此外，许多人注意到，尽管过去有大量阶级流动的机会，但随着阶级不平等的扩大，近几十年来美国的向上流动也停滞不前。[1] 本书一方面认同这两种批评，另一方面认为还有待提出第三种批评。当向上流动发生时，它可能不像国家神话所讲的那样直截了当。至少，那些从工人阶级进入中产阶级、被阿尔弗雷德·卢布兰诺称为"阶级跨越者"的群体，就有着不一样的故事。[2] 相反，个人向上流动的道路可能布满冲突的情绪，与家人和朋友关系的痛苦转变，以及身份的迷失与冲突。

除非只把阶级看作物质因素或相对简单的机会不平等问题，否则向上流动的经历绝不可能被视作理所当然。然而，把阶级简单化，会忽略社会阶级运作的无数其他方面。[3] 尽管我们通常将阶级理解为其在经济领域中的定位，但它还关系到我们的身份认同，亦即我们如何理解自己，如何以截然不同的方式认识自己，以及如何被不同阶级的人所认知。近几十年来，阶级还关系到这些经历对我们而言的意义。阶级将我们的经济地位和那些被评判的信仰、品味、生活方式联系起来。我们走路、交谈、发言和穿着的方式都透着阶级。

作为一种"表演",我们可以试着在日常生活中塑造它。阶级也和我们的成长环境与生活方式息息相关,我们凭借它分辨敌我,讨论并选择如何养家,决定看什么电视节目。因此,那些看似简单明了的向上流动的阶级故事,实则需要改变人生在世的生活方式,并非易事。

无论贫穷还是富有,对自身阶级地位的觉察往往是多数孩子的觉醒时刻。我的觉醒发生在文法学校期间。那时我读四、五年级,正学习芝加哥历史。记得老师让我们在书桌前坐好,翻开一本薄薄的棕色硬皮书,阅读20世纪初芝加哥廉价租屋和城市外来穷人的部分。读着他们的苦难,我非常难过,努力地想找出这些贫困区的具体位置。这种感受,就跟我看到教堂的人用募捐箱为非洲挨饿的孩子们筹款时的感受一样。后来,我突然意识到书中描述的是像芝加哥东南部这样的老工业区,霎时间满脸通红。起初,我十分困惑,心想:"但我们只是这里的普通人啊。"接着,我只能承认他们在谈论过去,过去和现在肯定是不一样的。但我的曾外祖父母和祖父母、我朋友的亲戚们都曾在这里居住,他们是作者所说的穷人吗?追忆往事,亲戚们都谈到了困难时期,但他们并没有像书里那样把自己形容得无助可怜。大脑飞速运转,我想,如果这是"我们的"历史,而我们的父辈都还是劳工,那我们又是什么呢?我们现在不是中产阶级吗?书中没有答案。回想这一刻,我意识到那时自己已经对阶级有了深深的困惑,只是不知道该怎么表达。这些曾经模糊的问题,竟在生活环境的影响下经年累月地占据我意识的中心,这也是我万万没有想到的。

我现在明白了一点,那就是我和我的家人经历了两种截然不同的向上流动,两种截然不同的美国梦。我的祖父母和父母一代**共享**(as a community)了二战后强大的工会和高薪时代,完成了一种经济上的向上流动。在这一流动中,即便社会生活的其他方面保持相对不变,大多数人都实现了阶级上升。这种向上流动的势头,正是被钢铁厂的倒闭斩断了。我自己的向上流动从十几岁时开始,那时的我比现在更独立和孤独。这种流动性几乎是当代美国梦唯一强调的东西。教育模式的变化让我经历了这样的流动,它把我带出了熟悉的社区,带到了一个完全不同的世界。它让我有机会窥探原本只在电视中才能看到的精英生活。它改变了我的生活习惯和人生观,让我能写书而不仅是被书写。

但这种向上流动是迂回曲折的。十几岁的我对新世界一无所知,突如其来的变化让我手足无措。我不知道怎么连接新我和旧我,怎么理解留在芝加哥东南部的家人,怎么看待童年里的棕色地带和工业废墟……我到底是谁?我又将归何处?离开芝加哥东南部后的几年里,两个世界的冲突常常将我淹没。后来,虽然我基本融入了中产阶级文化,但难以言表的尴尬和突如其来的不适感总会令我惊讶(其他人往往不以为意)。[4] 最终,我不得不承认,我无法简单地摆脱工人阶级成长环境的影响。对这种挥散不去的不安感的表达欲,令我开始寻找讲述这些**经历**的办法(而不仅仅是学界可能称之为结构性现实的东西)。就像我的曾外祖父母、祖父母和父母的故事挑战了移民、劳工以及后来去工业化的主流叙事一样,我自己的故事也和向上流动的普遍假设相矛盾。对我来说,讲这个故事是一个拒绝被他人定义的机会。它也代表了我在努力寻找一种"合适"的语言和阶级概念,一种从内而外的语言和概念(而不是自上而下强加的分析范畴),一种承认社会阶级运作的语言和概念。它不仅包括我们在一个高度不平等的世界中的经济地位,也包括我们的身份,我们灵魂的存在危机,以及下一章将讨论的我们身体的物理组成。最后,它也迫使我追问:在美国,如果只把向上流动视作个体的而非集体的,那我们会失去什么。

新世界

1980年威斯康星钢铁公司倒闭后,我的家庭生活天翻地覆。14岁时,我最大的愿望就是逃离。我要逃离那片笼罩着父亲、父母家以及整个芝加哥东南部的乌云。长期阅读和爱幻想的习惯对寻找逃生办法很有帮助。突发奇想,我申请了一本关于东海岸一所女子寄宿学校的小册子。我不记得自己到底是怎么想的,因为在芝加哥东南部,大家对寄宿学校闻所未闻——或许我在公立高中或当地图书馆一个不起眼的公告板上看到了传单吧。印象中我憧憬地盯着小册子上的照片,照片上条件优渥的女孩们看上去很健美,正坐在修剪整齐的草坪上看书。但这仅仅是幻想文学,就像我们拿到商品目录却从不购物一样。不过,不久后的一次偶然邂逅,让一切像梦一样开始了。邻居消防员的女儿有一个哥哥,他在当地天主教高中毕业后去了芝加哥大学。他的大学室友说自己上过一所新英格兰预科学校,叫菲利普斯·埃克塞特学院(Phillips Exeter Academy)。这位室友鼓励我朋友申请,朋友也鼓励我跟她一起去,好有个照应。在申请过程中,妈妈很照顾我的感受,带我去芝加哥市中心参加了一个标准化考试。考场是一所富裕的私立学校,我被陌生的环境和有钱的学生吓坏了。好在几个月后,我收到了一张印有埃克塞特官方信笺头的厚重信纸,得知已获得全额财政奖学金。回想起来,我很不自在地意识到,正是父亲的倒下让我意外地成了精英学校的候选人。而这些学校关心的,只是增加学生群体的多样性。

虽然朋友没有去埃克塞特,但我决心抓住机会,可是父母竟然不愿让我走。送走孩子去上学的想法在当时并不普遍,对他们和芝加哥东南部的许多人来说,这似乎是一种残忍的行为。但也有更深层次的原因。当时,我对着当门卫的父亲大喊大叫,问他为什么不让我去,他几乎流着泪回答说:"因为等你回来的时候,你会因为我是门卫而看不起我!"他的话和他脸上痛苦的表情仍令我记忆犹新。但我一心只想逃出去,拒绝回到老路上。妈妈坚信我只是在惹麻烦,还向我们的家庭医生抱怨。这位家庭医生知道埃克塞特,而且很有同理心。她劝说母亲应该放我走。我那时觉得是家庭医生的说服起了作用,但仔细想来,真正的原因应该更简单也更麻烦。当时家里残酷的经济状况迫使父母不得放手。他们总是担心失去房子,毫不掩饰地担心不得不把我和姐姐们送到亲戚家去住。如果我出去读书,那么他们就不用负担我的生活费了,家里也少了张吃饭的嘴。他们同意后,我以前的两位好老师带我去逛街,给我买了一些新衣服、一件冬季夹克和一台便携式打字机。在通用汽车厂造有轨列车的伯伯比尔借给父亲一辆蓝色皮卡,然后全家人开车送我到了新罕布什尔州。

离开那天,差不多是我16岁生日前后。这次逃离比我想象的更加崎岖和痛苦,也比那些向上流动的美国神话困难得多。为此,我终身背负着罪恶感。那时我的小妹妹在家只能天天吃热狗,甚至还要专门去祖父母家碰运气,看能不能吃点热狗以外的食物。而我,已经被推到了美国阶级的另一端。我发现自己正坐在气势恢宏的砖石和大理石建筑里上课,旁边是名为盖蒂(Getty)、费尔斯通(Firestone)、帕卡德(Packard)和库尔斯(Coors)的同学。我逃离的喜悦很快化为乌有。在这个高度细化种族和族裔却不强调阶级的国家,人们不知道这样的转变对一个白人工薪阶级女孩来说有多么的困难。抛开阶级不论,埃克塞特少数非裔美国学生从直观上就"与众不同",而我们几个白人工薪阶级的学生只是成了背景板。[5] 我经常想,那些中产阶级背景的非裔同学会不会和我一样,也因为无法逃避他人对自己的定义和误解感到愤慨。按照美国神话,如果我以前缺少的只是机会,那么现在机会来了,我应该没事了。但这一转型中的根本性脱节——我无法言表的巨大社会差异——造成了一种几乎无法忍受的破裂感。

  我在埃克塞特的混乱感，有时甚至是屈辱感，从无数的小事中显现出来。在课堂上，同学们的自信令我惊讶。他们相信自己的话很重要，也喜欢用我觉得陌生的方式表达抽象的想法。我花了整整一节课的时间鼓起勇气，试着参与课堂讨论。我脸红心跳，等到想说点什么的时候，却总是担心自己会用语法"不正确"的方言说话，或者被认为不够聪明。记得某天下午，我和室友们坐在宿舍外修剪整齐的草坪上聊天，其中有一位穿着昂贵预科生服装的同学，她来自康涅狄格州格林威治。这时，一位过时的、穿着聚酯纤维衣服的"小镇人"碰巧路过。这个来自埃克塞特工人阶级小镇的女人和我母亲有些相似之处，令我有些欣慰。而那位来自格林威治的同学却困惑地盯着她，大声问道："这个小镇人有毛病吧？"我陷入了不安全感中，心里一紧，什么也没说。

  记得室友们友好地分享着她们的家庭逸事，而当我准备也讲一些家务事时，总是会出现尴尬的冷场。我的故事是"负能量"的，它只会让人们感到不舒服或者暗自愧疚；所以我很快就学会了保持沉默。这种时刻结束时，我会去学校学大键琴的音乐练习室，找一个唯一真正私人的地方，一个人哭。我的混乱感最终变成了愤怒。怎么会有完全把特权当作理所当然的地方？当芝加哥东南部等地方的人们受尽苦难时，凭什么有些人可以享受这种安逸？我甚至一度想要憎恨我的同学和他们的父母。毕竟他们的父母不就是决定我父亲工厂命运的商界精英吗？当工厂上面的企业集团股份升值时，作为投资人的他们不就是直接获益者吗？但是，这没用；我不得不承认我喜欢我的许多同学。同学中有人是富有的杜邦家族的后裔，当他的父亲来看望我们并带我们出去吃饭时，我希望自己能看不起他。但是他的善良和细心令我羞愧不已。

我试着抗争，想找到可以讲述自己故事的其他方式。在创意写作课上，我写了一个几乎不识字的人的故事。我现在可以承认这个角色的原型是我的父亲，但我讲得比较夸张。因为即使母亲总是说父亲识字能力"有限"，我也从没见过他读书写信，但他其实一辈子都痴迷于阅读小报，并非只字不识。我痛苦地意识到班上有一个盖蒂男孩，于是以一种蔑视的精神写了这个故事。我想通过抓人眼球和暗中刺破他的特权来安慰自己。但他似乎对此泰然自若。作为一名奖学金学生，我需要向校友发表演讲。于是，我在3×5的卡片上写下了一篇我认为称得上是宣言的讲稿。这是一篇关于芝加哥东南部的文章，指出和我一起长大的人和那些上过埃克塞特这种学校的人一样聪明和有价值。在我看来，这算得上是一次大胆的进攻，尽管多年后再读时，还是显得过于胆小和礼貌。发表演讲的那天，我难以自持地哭了。后来，几位校友没有像我想的那样回应我的攻击，而是过来告诉我，我写了一篇多么好的演讲，他们为我感到骄傲。令我惭愧的是，虽然我的目的是激起他们的愤怒，但我竟然对他们的赞扬感到感激。对此，我困惑地笑了笑。后来，我意识到他们听不到我想讲的阶级故事——一个由16岁的孩子自我感觉良好地讲出的关于美国阶级不平等的不公正和愤怒的故事——因为它太容易被"美国遍地是机会"这一更普遍的叙事所吞没。对于众多相聚一堂的校友而言，我在埃克塞特的出现仅仅证实了这一点；对于思想自由的人来说更是如此，因为我的演讲承认了那些被落下的人。我像是一头困兽，找不到发泄愤怒的对象，找不到自己的声音，更无法被别人听到。

尽管在埃克塞特的那两年很艰难，但回到家里却更加困难。记得20世纪80年代初的一天，我回芝加哥东南部度假。在暑假期间，我做过很多工作，同样也包括了政府资助的CETA贫困青年就业计划。和其他许多青少年一样，我被指派为小学家庭教师。辅导课程设在我曾就读过的东区当地的文法学校，但其他大部分辅导老师都是从钢铁厂附近较贫穷的南区坐巴士来的非裔美国人。尽管学校的意裔美国人副校长对我很友好（他本身是贫穷的移民背景，小时候曾与四个兄弟姐妹睡在一起），但他显然害怕我的黑人青少年同事。学生到达前后会有一段较长的休息期间，他会强迫我们把头靠在桌子上安静地坐着，这样我们就不会制造麻烦。我不知道那些经常被这样对待的非裔青少年怎么能受得了。当时我坐在那里，头靠在我父母、祖父母和曾外祖父母用过的带墨水孔的木制书桌上，百感交集。几周前，我还在埃克塞特礼堂的大理石和红地毯上听到自己是美国未来的领导人之一。现在我却坐在桌子上，成了一个不被信任的对象，一个需要被控制的人。

这就是全部悖论。我现在意识到，白人工人阶级，包括我自己的家庭以及副校长，都是阶级的牺牲品。在我离开芝加哥东南部之前，我从未这样想过。但作为他们的一员，我不能用浪漫化的工人阶级道德正义思想来安慰自己。钢铁厂社区的体面，实际上也建立在对下层阶级的仇恨之上：仇恨那些生活在南方其他地区、比他们更穷的人，且多为非裔美国人。我不得不承认，在不同情境下，所有受害者都可能是施暴者。这让我想起了当时和埃克塞特室友的父亲一起出去吃饭的情景，我因为自己无法恨他而无比困惑。当我们认识到世界上几乎没有纯粹的恶棍或英雄，也没有一个绝对有利的位置来理解它的残酷和压迫，我们该怎么办？我能找到的唯一能承受这种张力的办法就是去分离它。我逐渐明白，一个人必须痛恨阶级不公正或种族主义，而不是痛恨体现这一点的人，否则你将痛恨全人类。虽然有些人通过宗教来解决这些难题，但我选择了人类学所培养的社会科学思维来实现这种分离。它既为挑战这种可憎的社会现实提供了方法，也为理解这种现实的生成留下了空间。与此同时，它亦默认了受害者与施暴者在这高度不平等的世界中共同的人性。

两个世界之间

两年来，我在埃克塞特和芝加哥东南部之间穿梭，这是两个互不承认、看似分离的世界。在假期里，我父母从不过问我的校园生活，假装这事不存在。而我则像变色龙一样试图再次融入社区。当我父亲怒斥我不要再用生僻词时，我重新开始用不合语法的句子说话，生怕新的说话方式会让他觉得我看不起他。我做了很多工作，一方面是为了赚钱，另一方面也是不想待在家里。母亲需要情感支持以应对家庭遭遇的创伤，但父亲的抑郁症似乎让她的精神负担更重了。少数不工作的时候，我会和老朋友们出去玩。我们喝酒度日、在附近开车、在停车场闲逛。每每这时，我都享受回来的感觉。借用中产阶级文学中对工人阶级的浪漫化表达，我告诉自己，这比埃克塞特更"真实"。但我确实越来越与这里格格不入了。尽管我不断努力在埃克塞特和家之间重塑自己，但关于我是谁、我怎么说话、怎么理解自己等等的事情，都在悄悄变化着。在邻居院里的一次聚会上，一个朋友的表弟带着他天主教高中的同学过来听我"说话"。"看，我说吧？"他用一种既嘲讽又钦佩的语气跟他们说。我不像他们认识的其他女孩；我是一个"聪明的"怪胎，你可以和我交朋友，但不能真正和我交往。

接下来的几年里，为了理解生活中这两个分裂的世界，我开始着迷于别人不寻常的阶级之旅。我苦苦找寻并如饥似渴地阅读那些讨论工人阶级的学术作品、新闻报道和小说。大学期间，我在 D. H. 劳伦斯（D. H. Lawrence）的《儿子与情人》中，读到这位英国煤矿工人受过教育的儿子的故事。成年后，我读了更多像卡罗琳·斯蒂德曼的《好女人的风景》、理查德·罗德里格斯（Richard Rodriguez）备受争议的《记忆的渴求》这样的书，或者是包含从工人阶级跃向中产阶级的职业人士生活史的系列编著。这些人被卢巴诺

(Lubrano)称为"阶级跨越者"。[6] 当然,并不是所有向上流动的人都会在生活的转变中受伤。记得某次埃克塞特的假期,我拜访了母亲的一位儿时好友。她和她曾任高级军官的丈夫在东海岸过着中上层阶级的生活。她对我去埃克塞特激动不已。在知道我没钱回家后,她还慷慨地邀请我去他们的海滩度假别墅玩。但令我吃惊的是,她并不同情年轻时结识的芝加哥东南部的工人。对她而言,那只是一个遥远而模糊的地方。显然,对一些人来说,美国的精英领导理念强化了他们理应出人头地的想法,而其他人则注定被淘汰。然而,关于阶级跨越者的材料证明了事实的复杂性。许多人描述了生活在两个世界之间的感觉和一系列与我类似的情感:渴望新的生活方式,对向上流动深深的矛盾心理,以及对不够忠诚和背叛家人朋友的恐惧。

根据卢巴诺的《边缘:蓝领的根,白领的梦想》中阶级跨越者们的故事,向上流动不仅对年轻人来说困难重重,对他们的父母和亲人也是如此。在美国,有一个普遍假设,即所有父母都渴望孩子实现向上的社会流动,这也是实现美国梦的国家叙事。然而,现实生活中的情况更为复杂。这些叙述与我的个人经历吻合:虽然许多父母确实望子成龙,但也有许多人希望孩子就在身边,融入家庭的社交世界,传承家庭价值。与精英教育机构定义的外部成功相比,在已知的社会世界中取得的适度成功似乎更能吸引一些家长。或许受过教育的精英们会对这些父母的"无知"频频摇头,但他们没能意识到,这种情感中可能包含着爱和对失去孩子的恐惧。

最后，卢巴诺收集的生活故事让我认识到，更阴暗的情感也是司空见惯的。多数时候，其他家人会嫉妒或怨恨那些因向上流动而"摆谱"的家人，还无所不用其极地让他/她陷入困境。而阶级跨越者对家人和老友的感情或许也不那么友善。许多人对工人阶级的习惯、价值观和品味感到不满或尴尬，努力和他们保持距离。简言之，这些故事对我来说证实了阶级流动既是一个紧张、摩擦和痛苦的话题，也是一个值得庆祝的话题。教育是这两个世界的权威守门人，它常常被象征性地放置在这种紧张关系的核心。虽然教育承诺和给予了很多，但它也得痛苦决断、约束自身。作为墨西哥工人阶级移民的儿子，理查德·罗德里格斯在他的自传中讲述了正规教育（尤其是精英教育）给工人阶级和非英语国家的儿童造成的断裂。[7] 他认为，教育让工人阶级儿童立志超越父母，这多多少少都侮辱了父母，把他们丑化为反面典型，而非正面榜样。中产阶级和上层阶级的孩子在学校和家庭生活之间找到了期望、规范和价值观的连续，而工人阶级的孩子则经历了观点和价值观的对撞。这些观点和价值观将学校和家庭生活完全隔绝。最后，罗德里格斯认为这段艰苦历程是值得的，因为它让他得以改变阶级，进入一个他以前无法涉足的世界。然而，他遗漏了一个更大的问题，即为什么这种激进的阶级差异首先会存在？他下意识的忽视，部分原因是将这种差异主要归因于种族差异。

虽说比起阶级，美国人更倾向于强调种族和民族，但我的亲身经历却提供了一种转折。与其说用肤色的差异（以及在罗德里格斯的例子里，语言的差异）来象征家庭和学校之间的分界，不如说我和大多数埃克塞特的同学都是白人的事实常常被认为消除了分裂的深度。虽然身为白人或没有种族"标示"的人，能享有一些少数族裔无法体会的特权，但对于向上流动的白人来说，仍有一种不被承认的不适感随之而来。对于我们这些"合格"的人来说，可能没有认识到其他形式的差异也是个人身份的组成部分。就我在埃克塞特的经历而言，似乎只有我一个人愿意承认自己生活在两个截然不同的世界里。而呼吁大家关注这种分裂，则要么被认为是一种侮辱（在家里），要么被认为是一种无礼（在埃克塞特）。

我的教育经历令我十分矛盾。一方面，在埃克塞特的受教育过程非常精彩、令人兴奋，从中能学到关于世界的知识，探索不同的思想。然而，另一方面，我们也难以摆脱教育与社会阶级传递之间不那么高尚的联系。我许多预科学校和大学朋友的家长都来自中产阶级，他们往往不加批判地把教育说成不折不扣的好事，或者说只是一种证书来源，是保持或更好地提高个人社会地位的关键。社会学家可能会补充说，教育营造了一个制度空间。在这个空间里，个人可以通过阶级来重塑自己、获得社会标记，而其他人也会通过这些标记来"解读"他们的阶级地位。毕竟学校是一个人作为"受过教育的人"（读作：中产阶级或以上）学习如何说话、思考和行动的地方。极负盛名的法国社会科学家皮埃尔·布迪厄（他是一位法国乡村邮递员的儿子）的观点深深打动了我。他认为正规教育真正的影响不在于大学所讲授的内容，而是对受教育者品味、价值观、文化以及某种特定世界观的潜移默化的同化。这恰恰标志着一个人的阶级属性。通过非正式的渠道，学生们从同龄人和教授那里知道了应该去欣赏怎样的电影、重视何种想法、喜欢哪类笑话、吃怎样的食物、如何着装，甚至（我想补充一句）如何在课堂上以适当的方式反叛。[8]

在精英教育机构的求学历程中，我感受到了需要表演阶级和智慧带来的双重压力。要在学界按照中产–中上层阶级的固有规范"聪明"行事，常常令我不安。因为很快就能发现，这种长篇大论，引用知识精英们熟知的作者、书籍或期刊，以及抽象的论证风格，不仅被视为阶级中的"聪明"，而且是真正的聪明。从这点上讲，正规教育可能具有破坏性。这不仅是因为教育通过减少他人机会的方式将一些人引入特定的生活航道，还在于它宣扬了一种普遍观念，即那些进入机构或接受其价值观的人真的更聪明。这就是为什么我认识的在芝加哥东南部长大的人自称为"中产阶级"而不是"工人阶级"的原因之一。这也是我父亲和其他钢铁工人对那些受过大学教育、定期来工厂对他们指指点点的年轻工程师如此痛恨的原因。被贴上工人阶级标签或被认作工人阶级，有种被当成傻瓜的感觉。对这一点的觉察，来自母亲读完第一章关于家族史的初稿后的尖锐评论："并不是沃利家族的所有人都是傻子。"她之所以这么说，是因为我把笔墨放在了父亲长期贫困的白人家庭背景上，可能无意中暗示了他们的愚蠢或懒惰，是对他们的侮辱。在一个精英统治的国家,这感觉是理查德·桑内特(Richard Sennett)和乔纳森·科布(Jonathan Cobb)所说的美国阶级"隐性伤害"的一部分。正因如此,许多工人阶级可能觉得最好不要讨论阶级问题。相反,宣称自己是中产阶级,反而成了一种与其他阶级背景的人弱化差异的方式。

我打小就对教育、知识和智慧等问题有一种矛盾又纠结的无望感。首先,我不太确定自己是否聪明。后来,我意识到这种怀疑来自斯堪的纳维亚移民(如我母亲的家庭)和贫穷白人(如我父亲的家庭)的文化倾向。对这两个群体而言,溺爱孩子、让他们自以为是或恃才傲物,都不是好的培养方式。而我的一些意大利裔朋友的父母和犹太朋友的家人则拥有截然不同的文化倾向。在他们的文化里,父母应该夸耀自己的孩子。在阿巴拉契亚有一个专门描述这一现象的俗语,叫作不要"超越自身界限"[9]。现在想来,我发现这种态度有一种内在的民主化倾向;但它也有一些破坏性。

中学三年级时,我撕心裂肺地经历了这种破坏性。我在第一次全国标准化考试中超常发挥,考出了让老师难以置信的分数。老师的大惊小怪令我既高兴又尴尬。但母亲却来到学校,坚持让我重考,因为在她看来我不可能考那么高。[10]这位意裔副校长感到不可思议,这位母亲竟然会觉得学校高估了她女儿的能力。我被关进了一间独立的考室重考,莫名有一种做错事的感觉。我再次考出了同样的分数。直到长大成人,我才明白母亲为什么会这样做:如果你的成长经历没有教你去相信自己的智力,那你为什么要去相信跟你有着密切关联的小孩？母亲也不断回想着这一刻。大概在二十出头的时候，我收到了母亲就这件事为我写的道歉纸条。我很感动，因为这些年我们都对此事只字不提。虽然成年后的我有能力去分析那些关于"阶级"的时刻，但这无法缓解我对自己根深蒂固的怀疑，怀疑自己没那么聪明。这种感觉困扰了我一生，即使成为精英大学的终身教授也无法消除。在我的一生中，这种怀疑让我和其他许多工人阶级的孩子低估了我们的能力，认为自己比不上那些背景更优越的人。讽刺的是，如果说我已经取得了一定的成功，那也是因为我要在"证明自己"的过程中克服恐惧，消除这种不安全感。

我对教育的矛盾情绪在埃克塞特的第四年时达到了顶峰。这是我生命中第二次疯狂想逃。在努力奋斗的预科环境中，我犯下了被认为是异端的错误：在室友的大学指南中，我冷漠地挑选了一所小型文理学院，准备去那里读书。尽管它声誉很好，但同学们还是让我把它当作"备选"学校。我也懒得跟他们解释，他们理解不了在芝加哥东南部的旧高中里，绝大多数学生甚至从没上过大学。我择校的主要标准是尽可能远离新英格兰和芝加哥，更准确地说，远离这两个地方所代表的阶级冲突。我不愿把这种选择当成逃避，而是想更勇敢地把它视作自己的一次自主选择。这将是我自己（现在看来只是可笑的小事）对精英地位系统的反抗，这个系统已经痛苦地植入了我的意识。但我的室友们鼓励我至少申请一所常春藤名校。她们争论道，埃克塞特的每个人都这样做了，申请一下又何妨呢？后来，假期回芝加哥东南部家里时，我跑到母亲当教堂秘书时准备《星期日公报》的教堂地下室，用那里的打字机写了一份哈佛大学的申请书。记得我是用一篇课上的檄文作的入学论文，那是我埃克塞特校友演讲的尖锐版。我把它叫作礼貌地敲了敲哈佛的大门（因为我没有保存申请书，事后很难判断）。大家在俗称的"黑色星期五"那天陆续收到大学录取通知书，他们提醒我当心薄信封而不是厚信封。当我从邮箱里拿出一封哈佛大学提供全额奖学金的厚信封时，情绪非常复杂。虽然我有些渴望接受这种证明，但更多的还是怀疑。我很难相信自己的成绩和分数比埃克塞特其他同学的都要好。我讽刺地想象，这个每个人挤破头都想进的大学录取了我这个被公然鄙视的人，实在是太离奇了。又或许，我很可能是再次成为多样性的象征？[11]

我跟室友们说自己被哈佛录取了，但我不打算去哈佛，他们都蒙了。他们还是劝我至少跟父母商量后再做决定。我走到公共休息室的小电话亭，拨通了家里的电话。我抱着万分之一的希望想要听到电话那头的表扬，但对方的反应果然不出我所料。父亲小心翼翼地问我是不是不想回家，不想像我高中同学一样去市中心的秘书学校上学。我知道，他在以这种方式婉转地表达对我的思念和爱。母亲则埋怨道，她已经跟朋友讲我要去波莫纳学院了。那是加利福尼亚州的一所文理学院，我跟母亲说过这是我的第一选择。祖母却只是想知道哈佛是什么。这是我埃克塞特的朋友永远无法理解的反应，也进一步加深了我所处的两个世界之间难以逾越的鸿沟。最终，我当着室友的面烧了录取通知书，这是我拒绝哈佛的一个仪式性的表态。她们围坐在我身边支持着我,抑或说,她们只是沉浸在这种越轨的感觉当中。

几天后,埃克塞特学院就业办公室把我叫了过去,让我给他们一个解释。每个常春藤名校都会留一个非官方的录取名额给埃克塞特这样的预科学校。他们想知道,既然我不打算去哈佛,那为什么一开始要申请这所每个埃克塞特学生都梦寐以求的大学?我大吃一惊,因为我从未想过这点。我以为这只是我的个人决定,是我小小的叛逆。他们真的有那么在乎吗?在埃克塞特,校领导一直提倡教育无差,去任何大学都有机会成才。但他们对我的气愤恰恰说明,那些提倡只是他们的计策,用来安慰被预科学校的激烈竞争搞得神经紧绷的年轻人。同时,这也表明想要通过进入精英院校实现阶级再生产是不现实的。我向他们详细说明了自己不去哈佛的理由。首先,我不愿意别人因为我上的什么大学而不是我是什么样的人而对我青眼有加。其次,我害怕因为进入这个精英世界而与这个世界以外的人决裂。一旦贴上了"哈佛"的标签,就意味着要么始终会被人高看一眼,要么永远有人虎视眈眈,等着把你拽下神坛。我告诉自己这都不是我想要的。但我不敢告诉自己的是:我或许没有信心一试。毕竟我不知道自己的内心是否足够强大,能否支撑生活世界的严重失调。

离开埃克塞特后,我打算像父亲那样貌视正规教育,以此来平衡这种失调。在波莫纳学院的几年里,我经常翘课,不参与课堂讨论,在各种派对上喝酒作乐……我只做点表面功夫来保住经济援助。毕竟我无法想象如果没有经济资助我会怎么样,去东区某杂货店的熟食柜台切火腿吗?虽然犹豫困顿,但这样的未来惊出了我一身冷汗。像大多数在埃克塞特读书的学生一样,那些有钱人家的孩子可以拿退学当儿戏,因为他们随时都可以回去。但对于像我这样人生坎坷的人来说,叛逆的代价是惨痛的。事实上,多年来,我一直有一种生活在悬崖边上的强烈感受;我担心自己在芝加哥东南部以外的生活随时都可能被剥夺,我最终会像父亲一样,陷入一个虚无缥缈的世界。目睹父亲的消沉令我感到天昏地暗。相比于父亲,我甚至跌落得更深。有一天,我去找学校的心理咨询师寻求帮助,想要聊聊我父亲和工厂倒闭的事。半个小时后,咨询师说我好像已经有自己的结论了,他也帮不了我。虽然我没有过多谈及社会阶级,但他显然也没有提。如果一个人的心理困扰违背了所有关于向上流动应该是什么感觉的国家叙述,那他应该怎样求助呢?

成为社会文化人类学家

为了理解这种内部世界的破裂,我进入了研究生院学习社会文化人类学,一门需要不断跨越社会边界的学科。但这并不是一条通天大道。我还是会做一些模糊的梦。有一次,我梦到自己成了新墨西哥州一所幼儿园的老师,还穿着一身牛仔去学骑马。在另一个梦中,我一辈子都在环游世界,打零工,在海滩上躺着,活在当下。这些可能性几乎都轻快地回避了现实生活中的许多阶级问题。与此同时,在决定申请参加肯尼亚农村高中支教的大学生项目之前,我和一个朋友在新奥尔良做了一段时间的服务员。东非的经历与我生活中的其他经历差别很大,我遭遇了一系列的"文化冲击"。但令人欣慰的是,相比于阶级差异,文化和种族差异多了某种合法性和重要性,让我可以向别人倾诉自己的遭遇,得到多数人的理解。于是,这次旅途比从芝加哥东南部到埃克塞特的旅途要轻松得多,毕竟后者是我生命中最混乱也是最难以言表的经历。

从肯尼亚回来后,我到纽约读人类学研究生。至今我才意识到,对一个中西部工人阶级家庭中向上流动的孩子来说,这是一个非常难得的选择。因为多数从工人阶级家庭走出来的年轻人都会选择"实用"职业,如商业或工程,这些职业能给他们的家庭带来更多实在的物质回报。我理解其中的逻辑:在校期间,我的祖父常常戏谑说我在浪费时间和金钱,相比之下,我的堂兄已经是一名高薪技工,有了房子、车子和家庭。他的态度不仅是一种反知识分子的态度,更是一代人对美国梦的坚信,他们相信没受过高等教育的人也能从美国梦中受益。不过我从没打算进企业。有了父亲和他同事们的前车之鉴,我不想跟企业有任何关系,也担心自己因此背叛了父亲。事实上,我对阶级的矛盾心理让我很难相信自己有朝一日会成为任何行业的中产阶级。我甚至坚持认为自己读研不是为了就业,而只是为了推迟偿还高额的学生贷款。

但刚入学，我就对人类学一往情深。它不仅关注人类差异和不同的文化世界，还强调研究日常生活中的不平等现象，让我摆脱了大学时代的不安感。虽然也有一些矛盾，但"阶级"的概念正是从读研期间开始彻底进入了我的意识。正如引言中提到的，我一度担心只有掌握了社会理论文本中关于阶级的晦涩讨论，我才能真正理解"阶级"，理解自己的生活。我花了更长时间才意识到，如果不通过学术研究来检验和过滤经验，人们就难以表达自己的经验，阶级也就只能隐含在某种难以言喻的感觉之中。虽然我和家人们的经历与那些社科书籍中的抽象描述相去甚远，但学界对社会阶级议题的关注和重视，给了我更多勇气。

我决定在返回东非攻读博士学位之前，完成关于芝加哥东南部去工业化的硕士论文。虽然对于一个没有家庭资源的人来说，成为一名学者所代表的漫长学徒期、债务以及就业无保障等前景令人望而生畏，但我或许也有一点享受这种经济上的不安全感吧。因为成为一名经济拮据的研究生，意味着我不必直面自己阶级地位的翻转。我努力不去想这件事，即研究阶级会让我变得专业化，而这又将直接扭转我自身的阶级。我也没能想到自己的阶级轨迹会影响我成为学者的道路。或许我以为，或者说希望，一直以来困扰我的问题已经被尘封在芝加哥东南部或埃克塞特了吧。

到头来，我发现我的阶级背景虽然造成了其他方面的紧张感，却意外地促使我成为一名专业的人类学家。长期以局外人的身份在不同世界间游走，我学会了提高警惕。我在中产阶级和中上层阶级中很警惕,因为刚进入其中时,我常常感到不自在,也很难琢磨其他人的生活规则。虽然中产阶级和中上层阶级的朋友可能自然而然地遵守某些社会规范,但我每次行动前都会仔细观察,以免因为行为不当而暴露了自己的局外人身份。在芝加哥东南部时,我也很谨慎。我会站在别处看家乡,让它自然地变得遥远和陌生。我有意识地做出改变,但有时也会克制这些改变,以免冒犯别人或让人觉得我在装腔作势。于是,我总是在新世界里隐藏旧我,在芝加哥东南部隐藏新我。最终,在破碎世界中求生所练就的自我意识,让我获得了人类学家的工具,即警惕的凝视。[12]

在坦桑尼亚的小岛上做博士调研时,我的阶级背景也让我感到莫名的舒适。这与我在专业的学术环境中经常感到的不安形成了强烈的对比。[13] 这或许很出乎意料。因为直观来看,我居住的非洲乡村与芝加哥东南部的环境完全不同。东非沿海地区的旅行作家往往会关注穆斯林居民的长袍和彩色头巾,海岸线上泥墙或珊瑚墙的房屋,或者村庄祖先曾经卷入过古印度洋的贸易世界。然而,在看似"异域风情"的面具之下,这个坦桑尼亚村庄和芝加哥东南部之间存在着意想不到的社会相似性。在这两个地方,不同种族的人口已经同化为一种"大熔炉"文化,居民们被扎根于当地的、几代人建立起来的紧密社会和家庭关系网绑在一起。与此同时,人们都很强调参加婚礼、葬礼和其他社会活动。在我因调研工作妨碍了履行社会义务时,他们甚至利用我的内疚感来羞辱我。这表明了居民对这些社会网络的重视,以及在困难时期对它们的依赖。无论在我居住的非洲乡村还是在芝加哥东南部,人们都是通过这样的社会网络来定义自己,而不是通过那些能让自己有更好出路的专业证书或学位证书。不仅如此,坦桑尼亚这个村庄的男男女女,和芝加哥东南部的男女一样,在日常谈话中都透出对当权者的嘲讽——这种嘲讽充分说明了他们觉得自己不在这种结构之中。此外,两地受教育程度有限的居民都被受过教育的精英看不起,只能被迫靠当地的权力中间人去接触看似难以渗透的政府官僚。换言之,对我而言,这个边缘但稳定的社区的社会状况似乎异常熟悉。

在东非调研时我还没意识到,我对该区域的研究问题也受到了自身阶级背景的影响。例如,我想弄清楚研究区域内的非洲人和欧美人之间的阶级或其他类型的不平等是如何发生的。我想了解"发达国家"或"发展中国家"的讲述如何成为一种国际性的阶级标志,以及为什么受过正规教育的"发展"专家总是贬低村民的知识。我还想了解东非沿海地区是怎样想象种族和族裔的。因为那里对种族的认识似乎和芝加哥东南部以及美国许多其他地区不同。在美国,白人和黑人都经常使用种族本质论来解释种族问题。[14]

当我开始研究芝加哥东南部时,这种学术训练既受益,又是一种情感支柱。田野笔记或后来的摄像记录,都能让我与芝加哥东南部和我的家庭拉开距离,从而更轻松地去感受那里的社会。但社会科学术语和假设有时会制造鸿沟,导致对话突然中断。记得读研时的一个假期,我和芝加哥东南部最好的朋友聊了一次。那时我对芝加哥东南部的一些社会状况进行了分析（我忘记具体是什么了），虽然有些犹豫，但我还是跟她"分享"了我的想法。回想起来，我表现出对自己分析能力的自豪，认为自己找出了事情的"真相"。我朋友对此不屑地反驳道："听起来我们就像是被你放在显微镜下的虫子。"我突然愣了，唯恐被她言中。但坦桑尼亚的田野调查让我学到很多，这也会改变我在芝加哥东南部的经历。民族志调研能从根本上提高人们对日常生活细节的敏感度，帮助人们以一种新的方式看待世界，甚至是看待曾经非常熟悉的地方。人类学家眼中的民族志，并不是从远处观察，而是参与对话。它是一种激烈的互动形式，一种关系。它要求研究者既要去接近他人、真正与他人亲近，又要能够站在一旁、用批判的眼光进行分析。当正确运用这一方法，批判的分析将增进理解，而非简单地标记差异。回到家中，我试着把这些理解应用到自己和家人身上。事实证明，这帮助我把阶级世界间的失调转化为了一种寻求理解的过程，一种和解的形式。总之，田野调查让我有机会与太过熟悉的芝加哥东南部保持距离，也让我得以去碰触那个不愿揭开的伤痛。

　　作为人类学家，我去过五湖四海的地方。但作为个体，我在家里似乎总是最有社交距离。美国的学术环境构成了芝加哥东南部以外的另一个地方，在那里，由阶级流动产生的隐性紧张关系有时以意想不到的方式继续出现在我身上，其主要症状是烦躁不安。作为教师，虽然打造符合自己社会规范的小课堂让我获得了一定的舒适感,但在公共课、学术会议或大学全体教员会议等阶级感极强的环境中,我总是十分尴尬。我甚至有意识地尽可能避免此类活动和场合。因为正是在这样的场合,为了证明自己的"聪明",我不得不使用那些似乎从来都不自然的学术术语,这让我倍感压力。比如,我很清楚标准英语和学术语境中需要的长单词不是我的第一语言。一旦我使用这样的语言,就像是给自己戴上了面具。每天都得表演聪明,令我筋疲力尽。因此初任助理教授时,下班回家后,我偶尔会在床上缩成一团。其他时候,为了缓解白天表演"阶级"的压力,我感到不得不在晚上以父亲的方式讲几句不合语法的句子、随口骂几句脏话,才能舒服一点。

我基本都简明扼要地进行学术演讲,并且把这视作自己的原则。但从很大程度上讲,这只是因为我从来没有学会自如地使用高深的"学术语言"(虽然读研时我试过,但没成功)。美国精英院校的人文学者和一些社会科学学者都比较重视欧洲那种强调修辞技巧的学术风格。我琢磨了好几年才发现,用复杂的语法表达一个简明的观点并不是做学术发言的唯一目的。学术发言的风格并不只是传达思想,更是充满了竞争性。越是以博学,甚至晦涩的风格将词语组织成章,就越令人钦佩。而如此拐弯抹角地说话,和美国工人阶级直截了当的风格形成了强烈的对比。就像永远无法彻底摆脱乡音的移民一样,我太晚进入高深的"学术世界",已经不可能彻底摆脱自己的"乡音"了。当一个人说话有口音时,别人会不自觉地对他产生某种刻板印象。即使大家都不知道为什么会这样反应，但总是会下意识地这样去想。类似的，其他情况下的"口音"也同样会遭遇刻板印象。例如，一些理论型的学者容易把这种直率的风格划归为头脑简单、过于浅白。

不知道我老去后会不会重拾母语，就像我丈夫的祖父临终前再次喃喃起儿时的德语一样。作为我和父亲之间的联系，我能把父亲满口脏话、乱七八糟、满是地方俚语但错漏百出、发音不标准的塑料英语重新讲出来吗？我有信心既"机智"又流利地使用这门曾经属于我自己的第一语言吗？

虽然当众的专业性发言对我来说是一项充满阶级性的活动，但写作却像避难所一样收容了我。这看起来似乎不合理，因为写作本身就是一种高度等级化的活动。但从小到大，我发现写作（还有阅读）能为自己创造一个超脱邻里家庭纽带的私人空间。在这个空间里，我可以写下不能说的话。尽管我的写作风格可能借鉴学习了那些与我阶级背景不同的作家们，但同他们的互动依旧是在我所熟悉的想象域中进行的。起初在我和姐姐合住的卧室里，后来在预科学校和大学的宿舍里，我会弓着腰坐在几张纸前，因自己不能将心中所想陈于纸上而垂头丧气。我感到不安，有时还会因为这种不自信仓皇而逃。但通过多年的写作，我逐渐学会了打磨语言，从而直抒胸臆。退一步讲，我至少相信自己能够在长时间的揣摩中不断接近我想表达的东西。我意识到，写作比其他任何方式更好地传达了我对这个世界的观察（有时是疏离）。不必为我写得比说得多感到惊讶，因为只有以字为媒介，我才能一泻千里。

我在中产阶级专业化环境中感到的不安，不仅包括言语交流，也延伸到情绪风格。在离开芝加哥东南部的前几年，每当我因为无法控制自己的情绪表达而愤怒时，我都要被阶级困局撕扯。其他阶级跨越者也常常提到中产阶级和工人阶级情绪风格的鸿沟，特别是在情绪紧绷的情况下。阿尔弗雷德·卢巴诺（Alfred Lubrano）一语中的："工人阶级嗓门大。"[15] 他和其他人描述了工人阶级的情绪总是偏向"有话直说、实话实说"，发现不对就果断挑战权威。像卢巴诺一样，我在一个大喊大叫的地方长大。在芝加哥东南部，叫喊的意义深远。有时这只是一种无差别的情绪表达习惯，有时人们以此宣泄沮丧，要求轻视自己的人给予应有的尊重。在家里，它又可能变成一种专横的育儿方式，使人们将权力和操控施加在家庭关系中，而非工作场所里。

父亲口中的钢铁厂，充斥着叫喊和冲突，连空气中都浸透着男性化的工厂文化。[16] 据他所说，来调查民怨的工会代表可能会在同事面前公然和工头高声对骂，甚至快要打起来。十分钟后，一旦离开别人的视线，他们又可能很快和解了。"这都是演给我们看的。"父亲对此感到困惑。[17] 在这个事件中，叫喊象征着工人们对工资与尊重的公开诉求。这是从长期的对工业的不满和工会斗争历史中形成的动力。这种情绪风格和C.赖特·米尔斯描述的供职于大型官僚机构的中产阶级雇员相差甚远。[18] 虽然精英们可能会觉得大嗓门有失文雅和礼貌,但对中产阶级官僚来说,这可能让他们丢了饭碗。如果我父亲和他的同事们看到这种迂回、接受现状、试图通过走后门缓解冲突的行径,一定会认为他们懦弱并对其不齿。

特别是在年轻的时候,我对过于直率、强硬或情绪化地陈述观点(换句话说,典型的工人阶级风格)会在中产阶级环境中引发不满感到困惑。当时令我困惑的是,人们很在意这种情绪化的争论方式,而不是单纯地把它看作一种表达风格。从那以后,我自己对这种风格以及它们可能如何升级冲突感到矛盾。我也不得不在生活中重新思考自己的无意识倾向,即认为不同阶级之间的所有紧张关系都是大卫与歌利亚的战争。在这场战争中,胜者为王,因为他们更强大。[19] 作为中产阶级,我学着重建自己的互动方式。现在的我与过去最大的不同,就是会加倍补偿并完全避免冲突,因为我永远不知道怎样会被认为是适当的反应,怎样又会被看作反应过度。我经常要求丈夫帮我检查写给别人的电子邮件,看看措辞是否过于直接。因为有时候我自己还是看不出措辞有何不妥。因为这样,丈夫取笑我已经完全变成一个服软的人了。当然,极少时候,我仍会闪现像父亲那样"千刀万剐的眼神"。不过,此刻我发现自己对曾经的工人阶级情绪风格和初识的中产阶级情绪风格一样陌生。就像许多人身困各种社会世界一样,人们也很容易在进退间迷失。

中产阶级环境给我带来的不安也延伸到了政治问题上。有时我的观点与中产阶级评论员不一致,甚至与我在其他方面认同的人也不一致。如人类学家所言,我们在社会上以不同的方式被"定位",而我总是为别人如何形容出身"工人阶级"的人而困扰。第一次意识到这一点是我以前在芝加哥东南部的时候。那是20世纪70年代末,我姐姐有个朋友叫芭芭拉(Barbara)。对于10岁的我而言,她最吸引我的是双关节的手指。无论她怎么努力接球,她的手指都会向后弯曲。因为这样,每次体育课分组踢球的时候,大家都不愿意选她当队友。相比之下,她们一家搬来东区的原因没那么有吸引力,但还是很有趣的。有传言说,她的父亲是一位中上层阶级的激进政治活动家,深受20世纪60年代反主流文化的影响。据说芭芭拉的教父是简·方达(Jane Fonda)的前夫汤姆·海登(Tom Hayden),不过当时我也不知道这是谁。虽然我不了解这是怎么一回事,但我记得芭芭拉的父母对芝加哥东南部居民的态度让我觉得被冒犯、不痛快。他们认为这里的居民需要"转向"更加革命的政治。我很奇怪,为什么跟我们素不相识的人要对我们指手画脚?福音派基督徒在我们社区挨家挨户地传教并因此惹恼大家的时候,我也有同样的感觉。这不就说明这些人一开始就觉得你有问题吗?

作为一名在纽约念书的研究生,我会将某种左倾政治浪漫化。这种政治折射出我在埃克塞特毕业后的愤怒,我很重视它提供的公开谈论美国阶级问题的途径。我还深深钦佩纽约的一些活动家和知识分子的政治信念,以及他们建立更公正的世界的决心。与此同时,我越来越不安地意识到虽然人们开始公开谈论"阶级"(用大写字母C),但对其他阶级的动态却缺乏自反式的关注：比如，为什么我在纽约结识的那么多中产阶级或中上层阶级的"激进分子"大多只关注怎样让自己脱离曾经接受的古板的教养经历？为什么人们对真正的工人阶级如此缺乏了解？我发现，当许多这样的积极分子真正结识工人阶级时，他们总会变成那个传递自身政治观点的人。他们更倾向于通过接触来确认自己对工人阶级的看法，而非反思自身的观点或许只是一点皮毛。最困扰我的问题是，为什么人们会如此强烈地想让"工人阶级"符合一套业已存在的政治信仰呢？

这些观察让我明白，美国的许多政治辩论实际上是中产与中上层阶级不同派系间的角斗，保守派、自由派以及双方的一小群激进分子都在为自己的社会愿景而奋斗。在我看来，甚至连"自由派"和"保守派"这两个词也似乎从中产阶级或中上层阶级的角度将世界分成对与错。但我认识的工人阶级并不是新闻媒体和一些学术报道勾勒出的简明政治类型。像我的曾外祖父、曾外祖母、祖父和祖母，他们的政治倾向在各层级间跳转，其运作逻辑和历史比专家乃至许多学者指出的要复杂得多。在这些角斗中，工人阶级和穷人似乎总是沦为他们夸口的筹码。保守派的行径总是有利于精英，伤害穷人和工人阶级。事后他们又会耍些花招，佯装成与"自由派精英"截然相对的社会中坚。而来自中产阶级和中上层阶级的自由派虽然经常肯定"弱势群体"的价值，但似乎又心有矛盾，特别是对白人工人阶级。

这种矛盾心理有两种表现，一方面，它倾向于浪漫化

"工人阶级",把工人看作更"真实"或者说"本真"的,甚至是应该的(deserving)。另一方面,也倾向于对工人阶级鸡蛋里挑骨头。很多自由主义者都认为白人工人阶级是性别歧视者和种族主义者。[20] 很多激进分子则认为,美国工人阶级不懂资本主义的本质和权力运作的真相。试问为什么美国工人阶级比其他国家的更缺乏革命意识?工人阶级是否被一种错误的意识误导?而这种意识可通过政治教育(如由富有同情心的上层阶级成员指导的教育)来纠正?虽然从更高阶级的视角来批判工人阶级或许有一定真实性,但这些夸大的言论并没有触及人类学家眼中的基本问题:工人阶级背景的人如何理解自己的行为?怎样的社会和历史动态会影响到可能发生作用的信念?工人阶级的个体真的会有一些值得讲述甚至出人意料的东西吗?像"穷人"一样,劳动人民是怎样一种复杂的人,可以对浪漫化和不近人情的批评都横眉冷对?最后,我发现自己仍在努力塑造一种政治视角,这种视角将忠实于我所经历的生活轨迹,并抵制关于"工人阶级"的各种根深蒂固的政治叙事。

终于,我也认识到,在一阵阵不安和尴尬的关于阶级的瞬间背后,是一种无法满足的渴望。我渴望像埃克塞特的同学们那样自信满满,他们自然地认为自己的行为准则或理解是符合社会公约的(至少我从旁观者角度看是这样的)。一些工人阶级出身的人或许为了避免因超越阶级舒适区而产生的不安和不适,所以他们一旦踏上向上流动的道路,就会有意自我破坏。一些或许是为了避免让自己陷入鱼离开水那样的绝望,于是把目标定得比中产阶级的人低,从而避开这样的尴尬时刻。我怀疑,之所以工人阶级出身的人通常会经商致富,是因为在这一领域中(对男性而言),工人阶级的直率恰恰是受人尊敬的品格之一。或者,这些人干脆彻底拒绝他们的过去,并竭尽全力地把自己与他们的出身区分开来。也许那些在转型中最成功的人,几乎没有遭遇向上流动与家人之间的矛盾情绪;或许他们的父母曾壮志难酬,如今落魄,于是把自己的梦想交到了孩子手上。当然,我自己在芝加哥东南部和埃克塞特之间迁移的经历是特定的社会环境造成的。最重要的是,这件事发生在 16 岁这个关键年龄——一个人既不是完全定型的成年人,也不是可塑性强的孩子。另外,它还发生在我们全家都向下流动、并且几乎无力支持向上流动的时候。虽然这些因素可能加剧了我的不安,但我严重怀疑,无论这种感觉会被如何诠释,一种生存焦虑和不安也在夜深人静时困扰着其他人。毕竟,有谁能轻易地把人生一分为二呢?

随着年龄的增长,现在困扰我的阶级问题已经与埃克塞特时期的不同了。那时我需要的是疏通冲突的生命世界,而现在,我需要从阶级经历的不同片段中形成一种连贯的生命和身份感。有人能完全克服由此产生的破裂感吗?离开芝加哥东南部后的大部分时间里,我都会梦到家乡。在一个梦里,我挣扎着穿过雪地走向 G 大道上的祖父母家。但想要走过去,不得不穿过人行道上狭窄却无底的裂缝,这些裂缝有可能把我吞没在幽闭恐惧症的深处。不过,多数时候,我会梦到一些乱七八糟的事情。我总是把这些梦解释为一种想要黏合生命中不同部分的尝试，从而创造出连贯的自我意识。有些梦不言自明，直白到令人尴尬。例如我梦见我的硕士论文委员会成员住在东区一座教堂的街对面。当我跟他们交流我的人类学观点时，他们提醒我小声点：街对面去教堂的人可能会听到，然后误以为我是在批判他们。我也梦见过一个东非女人的背影。她的腋下裹着一块五颜六色的康加布，正在一间茅草屋里用三块石头做饭。我认出她是比沙里法（Bi Sharifa），一位和蔼可亲但争强好胜的坦桑尼亚妇女。在我田野调查期间，她就像我的父母一样。我走到她跟前，和她打招呼，才发现她原来是我的祖母艾瑟尔。她苍白的脸上戴着一副猫眼眼镜，给了我一个我从小就觉得谜一样的微笑。

我仔细钻研了卢巴诺的阶级跨越者和其他为阶级身份发愁的人的陈述：我们是工人阶级、中产阶级还是两者的混合体？在理查德·罗德里格斯看来，教育造成的不同阶级世界之间的根本性脱节是不可避免的：他既感激自己脱离了童年的阶级世界，又怀旧地为之哀悼。激进经济学家吉布森-格雷厄姆（J. K. Gibson-Graham）[21] 反而认为个人可能同时来自多个阶级。在她们看来，我们每个人可能在同一时间拥有多个阶级定位。她们以一个澳大利亚男人为例，指出他是一名劳工和工会支持者，但也出租了一栋大楼，拥有租金收益，同时还经营着副业，享受着配偶的无偿劳动。他的妻子是一位成功的菲律宾商人的女儿，曾是一名护士，现在是一位被家人"征用"的全职妈妈。所有这些实例都体现出不同类型的阶级定位。

在我看来,我们的身份就像是由许多碎布拼凑而成的被子;即使要被迫从提供给我们的碎片中进行选择,我们也会重新拼凑并创造一个更大的图案和意义。就阶级而言,这意味着在我的记忆中,在我与世界的关系中,甚至正如我在下一章将描述的那样,在我身体里的化学成分中,我是工人阶级。然而,在教育、职业、居住以及我成年后养成的品味和习惯方面,我是中产阶级。我与两个世界的人都有千丝万缕的联系,并被他们塑造。去东非时,我是一个精英,有能力离开、接受医疗护理、获取金钱。因为语言和社会关系,我也与那个有权支配相对贫困地区的世界相连。许多碎片组成了我,它们的意义也随着我周遭的事物而改变。鉴于写这本书是为了以我自己的成长经历来谈论阶级,这种语言必然是混合的。

去工业化催生了无数关于美国阶级面貌变化的故事,包括本书中的故事。通过向上流动的棱镜来讲述故事,还揭露了阶级的其他层面。这里提供的关于向上流动的反叙述,就像上一章中关于去工业化的叙述一样,集中在断裂的时刻。这样一来,阶级和身份之间的深刻联系就暴露无遗,因为它们总在受到冲击时显露出来。像下一章讲述的阶级故事一样,这个关于向上流动的叙述也强调了我们对阶级的体验总是如人类学家所说,是"具身化"的。尽管阶级世界之间的流动所产生的张力对阶级跨越者来说可能是最明显的,但我怀疑这些故事是大多数人日常遭遇的强化版,只是他们没有意识到。毕竟,不管我们的阶级背景如何,我们都是"大多数"。在生命周期中,我们有出生的位置,也有转变的位置,有时是出于选择,有时不是,有时是同步的,有时是与我们的朋友、家人、社区和国家对立的。我们总在运动之中,灵魂的微妙差异和工作与社会地位的物质现实不断交互,现在与过去不断交互,从而持续地定义着我们自己。

认识到每个人都有来自自身特定阶级定位的故事,并不意味着"无论是富人还是穷人,我们都有'问题'"这样的文化相对主义。[22] 归根结底,我们讲述的故事之所以有力,由阶级催生的对未来的希望和恐惧之所以重要,正是因为它们跨越了不平等的关系。这也是它们对我们大多数人来说如此重要的原因。因为阶级最终是关于不平等的,这也意味着某些人有更大的能力让他们的观点被听到,去塑造主流叙事,并将他们的经验作为评判他人的标准。但是,关注在日常生活中如何体验阶级的细枝末节——通过不同阶级间的流动可以强化这种认识——可以帮我们更好地理解这些不平等如何呈现于世。虽然已有一些关于向上流动的传统解释,并且在缺乏自省的时候我也试图接受这些说法,但我的自身经历让我不得不对这些看似适用的解释提出质疑。它迫使我思考不平等问题是如何与"向上流动"的经验联系在一起的:那些我们原以为摆脱了经济约束的时刻,却极可能造成意料之外的断裂。

最后，也是最关键的一点，我必须问，为什么目前美国强调的向上流动的故事，是那种对埃克塞特校友来说非常好的个人成功故事，而不是美国梦之下，无数社区（如芝加哥东南部）实现向上流动的集体叙事？和19世纪的操作一样，个人成功的故事暗示着如果人们没有"成功"，就只能怪自己。这就损害了那些相对贫困的个体和工人阶级的利益。在这样的背景下，我父亲和其他许多人都对"成功"深感矛盾，甚至对他们深爱的孩子们的成功也是如此，这已经见怪不怪了。

第四章
羁 绊

虽然在外生活多年,但我经常回到芝加哥东南部。我的家人还住在那里,他们与我牵系在一起。但现在再回家,我长大的地方已经彻底变样了。想到在短短几代人的时间里,我的家族见证了卡鲁梅特地区钢铁工业的兴衰,感觉还是怪怪的。从我的曾外祖父移民抵美,在20世纪初工业快速扩张期间首次进入工厂,到我祖父在工会时代的挣扎,再到我父母那一代遭受的去工业化,他们的生命与一个行业的生命不可分割地交织在一起。历史证明,这种曾经被认为是美国经济基石的工业生活方式,比我们任何人想象的都要短暂得多。

然而,在屡次回乡后,我惊讶地发现,尽管老钢铁厂本身已经消失,但它们却持续地存在着。20世纪80年代早期,威斯康星钢铁公司倒闭后,我有时会和爸爸一起开车经过106街和托伦斯大道。当我们经过他工作了这么多年的工厂废墟时,他会痛苦地咕哝着他想把这个地方炸掉。那些杂草丛生的空房子似乎在嘲笑他。但直到2000年,也就是工厂关闭20年后,最后一栋触怒我父亲的建筑才最终被拆除。甚至到今天,像共和钢铁厂和美国钢铁-南方工厂这样的大片土地仍然大量空置。虽然这些年出台了各式各样的规划,但到目前为止,这些广袤的棕色地带已被公认污染过重,或转为新用途的成本太高。[1] 通过这片土地上公开的、裂开的伤口,以及更为无形的有毒遗产,钢铁厂仍然支配着芝加哥东南部。

现在,我重访芝加哥东南部,询问母亲有关威斯康星钢铁公司倒闭的故事,她温和地责备我:"那是很久以前的事了。事情已经变化了。你不能老想着过去。"尽管我很久以前就离开了,但对我来说,如果不对那段历史进行全面的清算,就不可能继续前进。我相信,对国家来说也是一样。国家没有意识到它需要回顾过去,重新评估如何以及为什么做出某些选择,考虑去工业化的原因和后果,以及它如何改变了美国的阶级面貌。如果没有这样的反思,去工业化造成的社会混乱和愤恨将继续造成人员损失,并以破坏性的方式围困美国的政治文化。

虽然我更愿意将我与芝加哥东南部的关系看作家庭或心理上的,但作为一个成年人,我不得不承认另一种根植于生物学的联系。社会理论家一般认为,阶级的"物质性"体现在银行账户余额,或者一个人的工作如何融入整个社会关系或经济生产中。但还有另一种受环境正义倡导者们关注,但很少被提及的物质性。[2] 虽然我可能早已远离芝加哥东南部,但不得不承认的是,像许多现在和从前的居民一样,我在那里度过的岁月变成了身体里的化学成分。正如芝加哥东南部的工业从未真正离开一样,即便我已经不住在那里了,那儿的土地、水和空气依旧成了我的一部分。手术留下的疤痕让我想到这些,也提醒我如果想要向前看,还得对环境进行清算。

目前为止,我已经讲述了一些特定个体的生活故事:我的曾外祖父、外祖母、父亲或我自己。然而,本章讲述的故事是关于一个地方的。芝加哥东南部和卡鲁梅特地区作为一个整体而非背景,走到了舞台中央。将这里作为一个地方进行讨论是合情合理的,毕竟正是生活或成长的地方塑造了我们生活中的许多阶级经历,让我们对邻居的背景和自己的日常生活习惯有了判断,还使我们记忆中的自己有一种稳定感和延续感。工人阶级研究学者认为,在芝加哥东南部这样的历史工业区,情况尤其如此。在那里,人们的工作岗位和世代建立的社交网络与特定的地理位置紧密相连。然而,在本章中,我以另一种方式关注地方。我将芝加哥东南部的景观视为一个物理和环境空间,它已经与居住在那里的人们的身体紧密相连。以这种方式讲述这个地区的故事,就得承认不仅是我们的心理,甚至我们的身体也拥有历史。它需要探寻土地与工业、污染物与疾病之间的联系。此外,它还需要思考阶级划分以及种族和性别是如何联系在一起的。

在本章,我还探讨了人们对芝加哥东南部可能出现的后工业时代的展望。近几十年来,主导美国公众讨论的自由市场倡导者认为,一个看似过时和崩溃的工业经济,将"自然而然"地被充满活力的新经济取代。而这种新经济，基本建立在服务、信息或其他所谓的朝阳行业之上。在这些讨论中，"经济"成为一种类似于自然的力量。如果不受约束，这种力量将根据自身的内在意志、以一种进化的方式向前发展。只有鲁莽的人才会挑战事物发展的自然道路。然而，我们需要解释新经济倡导者的呼声与芝加哥东南部等地的现实之间的巨大差距。在卡鲁梅特和其他许多老工业区，新经济的前景都没有出现。最接近这种展望的是20世纪90年代沿印第安纳州边界建造的湖边漂浮赌博船，它们带来了有限且有争议的收益。显然，那些受到去工业化影响的人并没有受益于这些未来的新经济展望。事实上，工人阶级几乎完全不在这样的未来中。

近几十年来，许多人都在想，芝加哥东南部辽阔的后工业荒地会变成什么样。当20世纪70年代末钢铁工业开始衰退时，该地区的垃圾填埋场和废物处理场已经开始迅速扩张。因此，一些居民担心卡鲁梅特地区将成为一个巨大的有毒废物坑。正如下文所述，该市市长曾一度建议彻底清除这一去工业化地区的绝大部分。近年来，城市官员采取了不同的策略，与社区活动家和环保主义者一起为卡鲁梅特地区提出了新的展望。这一新展望将该地区剩余的湿地和有毒棕色地带重新定义为公园宝贵的"开放空间"，并为今世后代的城市居民重新开发。尽管城市官员和社区活动家出于完全不同的原因采用了"可持续发展"的话语，但他们一致同意同时振兴湿地和工业湖滨的目标，既要创造娱乐空间，又要引进"清洁"产业和就业机会。尽管这些对芝加哥东南部未来的多重展望在性质上发生了变化，但它们都有一个共同点：需要重新审视这个曾经高度工业化地区的环境遗产。

在本书的前几章中，我用一种区别于霸权叙述的方式重新解读了美国移民、劳工、去工业化或社会流动。我认为，这些主流观点往往使包括我和家人在内的芝加哥东南部的一些人，对自己想要讲述的故事缄口不语。与前几章不同，在本章，我站在研究者的角度从多方面来探索芝加哥东南部的环境和未来。本章讨论了与身体和景观交织在一起的有毒物质、社区抗争，围绕环境问题出现的种族、族群分裂与联盟，还有受棕色地带影响的对该地区未来的一系列设想——从赌场到公园再到"开放空间"不等。与其说本章反驳了后工业时代的霸权主义叙述，不如说它最终强调了被遗漏的东西：在美国公众对未来的憧憬中，已经几乎不再有工人阶级的身影了。我认为，回过头去评估芝加哥东南部和其他后工业景观，也是去思考这些区域不平衡的过去和不确定的未来可能会给居民与整个国家带来什么，以及不能带来什么。

塑造身体

我最初对芝加哥东南部的"环境"产生浓厚的兴趣，是因为学术。20世纪90年代初，我正在写作关于芝加哥东南部钢铁工业倾覆的硕士论文，因而关注到了这里的污染之争。其实这里长期经历着工业污染，污染问题在卡鲁梅特地区也一直很敏感。跟大多数东南部的人一样，我从小就听说以前从钢铁厂喷出的氧化铁粉尘经常落到门廊上，弄脏晾在门口的衣服。许多钢铁工人，特别是那些从事操作焦炉等最危险工作的工人，都意识到了这项工作对健康的严重威胁。但大多数居民认为，污染是他们获取稳定、高薪工作所必须付出的代价。我们有一些老邻居是经历过20世纪30年代大萧条的，我父亲曾把他们的话奉为圭臬："烟越大越好，这样桌上才有吃的，孩子才不会饿着！"关注芝加哥东南部和美国其他老工业区的历史学家都记录了这一普遍现象，揭示出污染和繁荣之间长期存在的象征性联系。[3]

20世纪70年代起，卡鲁梅特和其他地方越来越担心工业污染的问题。[4] 然而，当时以中产阶级为先锋的环保主义运动，最终激怒也激励了芝加哥东南部的居民。钢铁公司发出危机警告，称强制遵守空气污染控制和其他环境措施将毁掉他们的所有业务。[5] 因此，芝加哥东南部的许多人开始担心工作不保，而之后钢铁厂的倒闭似乎证实了这种担忧。我还觉得一些像我父亲一样的人，对他们眼中的中产阶级和中上层阶级环保主义者有一种不满，因为这些人没有真的去关注工人阶级如何谋生或养活孩子。

然而，在我小的时候，并不是所有的污染都来自钢铁厂。环境法规严格限制了可倾倒入水的废物种类后，人们将大量废物堆放在陆地上。这意味着越来越多的垃圾从当地其他区域和全国其他地区进入芝加哥东南部。虽然早在钢铁厂倒闭前就存在这种情况，但去工业化加速了这一进程。20世纪70年代和80年代,垃圾填埋场将成为该地区为数不多的"朝阳"产业之一。我十多岁的时候第一次听说这个问题,当时一个高中朋友的妹妹会在夜里悄悄翻越铁丝网,记录非法倾倒。我自己家甚至也和这些垃圾场有过联系。在威斯康星钢铁公司倒闭后,我母亲在卡鲁梅特地区一家垃圾填埋场担任临时的办公室职员。那时我父母很满意这份工作,因为这里离家近,开辆小破车就能到。但这个垃圾填埋场甚至让对环境问题持保留态度的父亲也慌了。那时母亲穿着普通的衣服在用来办公的拖车里工作,但在外面干活的人都穿着防护服、戴着面具。虽然父亲不知道他们到底在处理什么,但时隔几十年,他仍然表达了他的担忧。

纵观历史,从早期钢铁厂社区的工业垃圾,到20世纪40年代至80年代间城市垃圾填埋了超过四分之一的卡鲁梅特湖,芝加哥东南部的居民长期生活在垃圾堆里。去工业化以后,这里仿佛更被看成了废物处理的地方。1989年,就连老威斯康星钢铁厂厂址也被规划修建新的垃圾焚烧炉(但并未成功)。由于买主不愿承担将有潜在危险的原工业用地转换为其他类型用地的法律责任,像芝加哥东南部这样已经被污染的社区往往最终会再次成为环境污染的受害者。

正是在20世纪80年代,芝加哥东南部日益严重的垃圾问题、爱河(Love Canal)* 及其他地方的有毒污染丑闻触目

---

* 爱河事件(Love Canal Tragedy)是20世纪70年代发生在美国纽约州尼亚加拉瀑布城的一起化学污染泄漏事件。

惊心,该地区终于密集地爆发了环境抗议运动。[6] 活跃分子包括当地的家庭主妇、教师、宗教领袖和其他人,其中女性居多。不足为奇的是,环保主义在芝加哥东南部大行其道与废物行业的性质有关。该行业没有多少就业机会,还降低了房屋的估值,切断了污染和繁荣之间的长期平衡。

虽然我更清晰地意识到了这些环境现实,但我还是毫无防备地遭遇了自身世界的第三次颠覆。1993年,我住在纽约,正在准备博士生考试和之后的东非田野调查。在一门关于女权主义和生物繁殖的研究生课程的鼓舞下,[7] 我决心对自己的健康"负责"。一直以来,我都向医生抱怨自己的严重痛经、经血过量和心里的不祥预感。但医生们总是对此不屑一顾,有一次甚至建议我去看心理医生。终于有一位医生半推半就地同意对我做一次探查性手术,主要是为了让我心理上"好受一点"。显然她不觉得会查出什么问题,但当她叫我进办公室并告诉我是子宫癌时,她和我一样震惊。她的同事们也都很震惊,因为得这种癌症的往往是绝经后或肥胖的妇女,而我当时27岁,体重110磅。

在子宫切除术前,我需要去见麻醉师。他把头伸进房间,看了我一眼,然后又出去了。因为他觉得自己肯定弄错了,进错了房间。护士们看着我的病历,也觉得自己查错了文件,又沉思了一会儿。他们在抽血和静脉注射时也异常温柔,这是对意外遭遇人生变故的一种默示的同情。当医生们对我的癌症感到困惑时,他们问我母亲是否服用了DES,一种会导致孩子患癌的用于预防流产的合成雌激素。但她没有。他们对我这种异常的情况百思不得其解。我身体里不是一层薄薄的沿着子宫内膜的癌细胞（这种模式对治疗反应很好），而是更厚的、集中在一个区域的肿瘤。纽约的一位专家告诉我，虽然极其少见，但近年来他也在一些年轻女性身上看到了类似的症状。虽然罕见得无法生成统计资料，但在这一情况下，这种疾病似乎更加来势汹汹。

我还是幸运的，我们在癌症进入淋巴系统之前发现了它。以失去生殖器官为代价，我将彻底告别痛苦，恢复健康。在芝加哥大学医院做了两次手术后，我回到东南部的家里疗养。在这期间，妈妈为我做饭，妹妹扶着我在黄昏中散步。我们经过了祖父母家、以前的文法学校和童年记忆中的其他地方。妈妈有许多年长的女性朋友也做过子宫切除术，她们端着砂锅菜来看望我，还告诉我少爬楼梯有利于恢复。父亲甚至同意到屋外的前廊抽烟。在这几个月的治疗和康复期间，我也在另一方面意识到了自己的幸运。虽然威斯康星钢铁公司倒闭后，我的家人长期没有医疗保险，但大学的学生保险支付了我看病的大部分开销。为了支付剩下的账单，我充分利用了自己的学生贷款。当朋友们主动提出帮我写信请求医生和医院免除债务时，我非常感动，那时债务豁免还是有可能的。

如我所想，我经历了癌症的不同阶段。此前我并不了解自己得了什么类型的癌症，它治愈的可能性是怎样的。所以我一开始的反应很正常，是恐惧，是一个不愿想象自己生命尽头的二十几岁年轻人的叛逆和不安。阿纳托尔·布罗亚德

(Anatole Broyard)在他的书《病人狂想曲》(*Intoxicated by My Illness*)中细致地描述了一些感觉,当你意识到死亡如幽灵般盘旋,你为此兴奋,感到生命因每一刻都充实而更有质感,想要珍惜活着的每个瞬间。虽然医生为我的癌症发愁,但事实证明它是可以治愈的。这意味着我可以体验这种感觉,却又不用像布罗亚德那样付出生命的代价。后来,我开始"管理"我的疾病,阅读和学习疾病知识,做选择,锻炼和高度关注我的身体。在这过程中,我获得了一种力量感,且最终明白了生命中什么是重要的,什么不是。

有时候这种开悟后的平静会被打破。例如,我暂时对坐飞机和坐车产生了恐惧。我现在意识到,这是因为每当进入这些时刻,生命的脆弱感又会重新浮现,再次打破人们默认的一种生存假设,即人会自然而然地活着。但总的来说,我通过了我所认为的"癌症考验",增强了生命力。从这个意义上说,我的癌症经历与过去十多年来困扰我的去工业化集体创伤形成了强烈对比。虽然我认为自己已经正视且放下了这场疾病的经历,但我抑制不住自己的好奇心,想要去追溯让医生都百思不得其解的患癌原因。就在那时,我正式开始了作为研究者的训练;之后几年,我就患癌原因写了一篇研究报告,用以探寻社会经济、政治、化学和生态效应,这些共同创造了芝加哥东南部的工业景观和我们这些生活在那里的人的身体。

我跟医生讲述芝加哥东南部的污染,并询问我的病是否可能与环境有关。他们不屑地笑了笑,说并没有证据可以证明这种关联，然后转移了话题。我父亲也对这个想法嗤之以鼻（就像他从来都不觉得吸烟和肺癌之间有什么联系一样）。对他来说，接受这种可能性意味着谴责他曾经的事业——钢铁厂。相反，他疯狂地猜测我得癌是因为 12 岁时，我在一场垒球比赛中被击中了胃。[8] 然而，坐在厨房桌子旁的母亲开始回想所有她认识的癌症病人——无论是年轻人还是老年人。她们那群在本地餐馆一起吃早餐的女性朋友，几乎都得过不同类型的癌症。不知怎的，她叹了口气，似乎感到事情有些不对劲。在接下来的几个月和几年里，我阅读了所有我能找到的关于芝加哥东南部污染的资料，以及有毒污染物和癌症之间的基本关系。今天，在我坎布里奇家里的地下室，还放着一个布满灰尘的纸板箱，里面装着我在 20 世纪 90 年代中期收集的关于这一主题的所有报告和文章。十多年后，我又读了更多新的、以前没有发表过的文章和报告。看着这个古老谜题的碎片慢慢拼凑起来，我有了一种奇特的苦乐参半的满足感。

我搜索到的抽象的学术报告和文章使我想起了一些童年故事——这些故事揭示了芝加哥东南部的景观经受了令人难以置信的变化，以及在这一地区流通或堆放的大量工业废物和其他废物。记得祖父讲过一个老邻居告诉他的故事。在很久以前的芝加哥东南部，这位邻居曾把一艘划艇绑在东区的后门廊上，然后划着它去共和钢铁公司上班。这个故事让人觉得很神秘，因为我小的时候，邻居的门廊离水面有近半英里远，我无法想象这里曾经是一个布满湿地的水世界。父母也曾回忆道：在神秘的下水道爆炸事件后，东区和黑格维什的街道上出现了井盖飞起的现象，这些爆炸后来被认为与共和钢铁公司的化学品倾倒有关。此外，朋友们也讲过他们在建筑工地打工的哥哥和叔叔的故事。当他们在我们街区边缘新的农场式房屋挖地窖时，看到有工友被烟熏晕了，有人怀疑这个地区是建在以前的工业垃圾堆上的。

通过这些叙述，我学会了以新的方式来看待卡鲁梅特地区的景观。我成长过程中脑海中所想的芝加哥东南部的"沼泽"，现在成了中西部最大的湿地综合体。这里仍然是候鸟的重要停歇地，它们拥抱密歇根湖海岸线，而不是飞越广阔的湖面。[9] 在19世纪末钢铁厂建立前，该地区主要作为狩猎和捕鱼的天堂而闻名。不仅是不太富裕、自给自足的猎人和渔民常来这里，从北芝加哥来观光的富裕游客也络绎不绝。[10] 乔治·普尔曼的工业示范镇位于卡鲁梅特湖的另一侧，他赞助了在湖面上举行的帆船赛。著名建筑师弗兰克·劳埃德·赖特（Frank Lloyd Wright）甚至在1898年为狼湖设计了一个"娱乐度假村"，位于东区、黑格维什和印第安纳州的惠汀之间。虽然没有真的建成，但该度假村计划囊括一个露天音乐台、田径场、船坞、浴场、花园和观看赛船的凉棚。[11] 随后几年，芝加哥东南部的许多湿地和水体将部分或完全消失。这张1915年的照片（图18）是铺设在海德湖上的轨道。曾经海德湖是一个将东区和黑格维什隔开的小水体，现在它已不复存在。奇怪的是，我从小就认为土地是由填充物组成的。这些填充物包括从已经工业化的卡鲁梅

图 18. 1915 年,在海德湖铺设有轨电车轨道(芝加哥东南历史博物馆授权使用)

特河底挖出的有毒污泥,还有炼钢固定产生的炉渣。这些填充物可能含有有毒重金属,会阻碍植被生长并影响人类健康。[12]

通过卡鲁梅特地区产生或处理的污染物,我学着观察这里的景观。据了解,钢铁厂的焦炉排放出大量的烟雾颗粒物,甚至早在 20 世纪初就引发了"禁烟"运动。[13] 而氰化物、酚类、萘(煤焦油中的一种成分)和硫酸(一种用于清除钢铁锈的"酸洗液")等物质都是炼钢的一部分。[14] 据我所知,钢铁厂周围的土地上曾沉积了大量的固体和液体废物。有时未经处理,就把它们倒进了卡鲁梅特河。这条河蜿蜒经过这里的工厂,是我年轻时与教会团体一起乘坐拖船的地方。[15] 二战后使用的包括多氯联苯在内的工业化学品,给已经含大量有毒工业污染物的钢铁厂造成了沉重负担。1991年,根据超级基金法,我父亲的工厂——威斯康星钢铁公司被宣布为CERCLA(即《综合环境反应、赔偿和责任法》)场地。此后,除了修复其他有害物质,工厂还对多氯联苯(焦炭燃烧过程中产生的多环芳烃)以及铅、砷、铬、锌和石棉进行了集中清理。[16] 此外,我发现芝加哥东南部与汽车、铁路、化工厂有关的污染物,主要作为钢铁工业的衍生物出现。其中包括一家主要生产含铅油漆以及砷基杀虫剂的油漆厂,该厂之后又发展了生产滴滴涕的副业。[17]

我还了解到,芝加哥市90%的垃圾填埋场,包括大约51个垃圾填埋场和423个危险废物处理场,都位于芝加哥东南部,该区域因此成为北美大陆最大的废物处理场之一。[18] 据了解,专家们担心由超级基金*资助的87英亩区域的化合物一直在泄漏。该区域被称为卡鲁梅特集群,正好经过威斯康星钢铁公司和我叔叔唐工作的英特莱克公司旧址。他们担心高浓度的多环芳烃、苯、甲苯、乙苯、二甲苯、氯苯和氯乙烯通过卡鲁梅特湖泄漏到卡鲁梅特河,甚至还泄漏到提供城市用水的密歇根湖。[19] 此外,该"集群"有废弃的焚化炉,它曾在20世纪70年代和80年代非法燃烧多氯联苯,那时我和姐妹们正在读文法学校或高中。[20] 在1999年,曾被黑手党掌控的结构不稳的帕克斯顿(Paxton)垃圾填埋场几

---

* 超级基金(superfund)是美国联邦政府的一项计划,旨在为有毒废物的清理提供资金:自1980年以来,超级基金已投入数十亿美元。

乎垮塌到石岛大道上，被媒体称作有毒垃圾的一次"雪崩"，民众被呼吁进行大规模疏散。[21] 在20世纪90年代，美国环境保护局对卡鲁梅特地区的25个超级基金场地进行了清理，并在州边界两侧设置了90多个有毒物质释放监测点。[22] 另外，我母亲工作的印第安纳州惠汀炼油厂，多年来允许1600万加仑的石油渗入地下。[23] 简言之，我了解了许多父亲不想听的东西。

多年来，人们最害怕的是这些有毒污染物会致癌。事实上，在芝加哥东南部的空气、水和土壤中发现的许多污染物都是已知或疑似的致癌物，包括多氯联苯、滴滴涕、多环芳烃、砷、铬、萘、苯和氯乙烯。但有毒物质可以通过多种方式影响身体。有些物质不仅致癌，也是内分泌干扰物，是一组模拟体内激素的化学物质。它们会造成动物和人类的一系列发育和生殖问题，特别是对胎儿和处于脆弱阶段的年轻人。[24] 传统的毒理学模型认为，毒物的剂量越大，其损害就越大。与此相反，内分泌紊乱专家认为，如果在发育周期的关键点上接触，即使是微量的激素影响物质，也会产生巨大的影响。例如，多氯联苯、滴滴涕、砷、多环芳烃、萘和氯乙烯等已知和疑似的内分泌干扰物，在研究中与甲状腺紊乱、流产、染色体不稳定、精子数量减少、早产和出生缺陷有着各式各样的联系。此外，在该地区发现的一些有毒污染物，包括与钢铁生产有关的铅和氰化物，以及苯、甲苯和滴滴涕，都会产生神经毒理学影响。其中一些物质，如多氯联苯和苯，还会影响免疫系统。[25] 总之，了解我们这些在芝加哥东南部长大的人的身体是如何"被塑造"的，意味着要研究这个工业景观是如何形成的，认识与空气、土地和水合而为一的化学物质。此外，我们还要增加原本缺乏的那些知识，即这些有毒物质如何单独作用又如何与其他物质相互作用，以及这些物质如何影响我们体内不同但相互作用的生物系统。

由于有毒物质必须进入人体才能发挥作用，所以我思考了我和其他与芝加哥东南部有联系的人可能与致病物质接触的途径。我想到，例如，当我父亲从威斯康星钢铁公司下班回来时，他是否把衣服上的多氯联苯或其他污染物残留带回了家？或者，当这些物质在附近的垃圾焚化炉中非法燃烧时，我是否从空气中吸入了？当卡鲁梅特河在风暴过后倒流并灌入密歇根湖时，我是不是喝了被污染的水？我是在享用松脆的油炸湖鲈时吞下了它们，还是在炎热的夏季，在被工业污染的水中游泳时通过皮肤吸收了它们？我是否在当地油漆厂"向外"转移滴滴涕时接触过它，或者在本地喷洒滴滴涕灭蚊时接触了它？还是说我的父母在怀我之前或者怀我的时候接触过这些东西？和其他许多人一样，在20世纪60年代中期和70年代初，我还是一个胎儿、一个婴儿、一个蹒跚学步的孩子，而那时像多氯联苯和滴滴涕这样的药剂都可以随便使用。即便在今天，问题还是没有减少。甚至在鲜为人知的新型化学品迅速进入的情况下，这些老式有毒物质的化学遗产仍然在芝加哥东南部留存。[26]

《不可避免的生态》（*Inescapable Ecologies*）是一本关于农

业化学品暴露的历史记述。琳达·纳什（Linda Nash）在书中强调了我们的身体是可渗透的，并且有个人的历史。每个人对此的反应不尽相同，这种反应会因生物历史的不同而变化。我们在生命的不同阶段经历了特定的有毒接触，有时过去的"打击"会让我们以后再接触到其他物质时有更强的反应。因此，想准确地指出我或许多邻居、亲戚的病因，必定还是困难重重。有太多可能的罪魁祸首，太多潜在的打击，在最初的接触和随后的疾病之间间隔时间太长，无法准确地确定我们患病的原因和机制。[27] 然而，正如我们会始终带着自身的阶级经验、带着与我们是谁相关的所有部分走过人生，我们的身体也带着这种化学品暴露的遗产，和我们一同走向未来。

贬值的景观：机场争夺战

芝加哥东南部的有毒污染和工业棕地，让这里的未来发展很受限。[28] 几乎没人愿意支付场地清理的费用或承担潜在的健康风险。20世纪80年代，随着芝加哥东南部钢铁业的大面积消失以及活动家们对普遍存在于此的污染问题的关注，芝加哥内部越来越认为卡鲁梅特已经成了一片无用的土地。这里曾被誉为城市工业力量的源泉，是建造摩天大楼和世界大战获胜的地区。但现在，许多市中心的人觉得这儿是个非生产性和让人生病的地方。对我这个人类学家来说，景观的退化怎么能如此轻易地被象征性地转移到生活在那里的人身上，让他们在此过程中被贬低甚至是被抹杀，这既耐人寻味又令人不安。

1990年，我从研究生院回家探亲，发现芝加哥东南部的许多居民都在闹情绪。因为新当选的市长理查德·戴利提议在芝加哥市的老钢铁厂街区建造第三个机场。市政府声称，该地区环境问题严峻，最优解就是先让居民整体搬迁，再用混凝土覆盖这里，最后在这儿建成戴利和芝加哥东南部期待已久的第三个机场。据报道，拟建的卡鲁梅特机场预计耗资108亿美元，占地8200英亩，将是伊利诺伊州史上最大的公共工程项目。该计划需要清除黑格维什的全部社区，东区和南迪林的部分社区，以及伯纳姆、卡鲁梅特主城和哈蒙德那些工人阶级聚集的城郊社区。将有8350个甚至更多的独户和多户住宅被拆除，多达四万名居民流离失所。[29]我父亲的房子也不能幸免。

现在想来，机场提案意味着，芝加哥东南部已彻底沉沦在后工业化时代。这里存在的唯一意义，竟然是为那些想要铲平它的人提供就业机会。不过，这一提案破天荒地激发了许多居民的斗争精神，特别是黑格维什那个古老而紧密的波兰裔社区里的人，因为这个社区将被彻底拆除。反对机场提案的人认为，市政府已经擅自同意在卡鲁梅特地区修建垃圾场（大多数人都觉得这当中少不了政客和垃圾公司之间你来我往的默契和腐败）。[30]他们怀疑地嘀咕着，建完垃圾场后，政府又把它列入了"清除计划"，现在连居民们的家园也要被清除了。要知道早在垃圾场修完时，就有一位黑格维什的下岗钢铁工人愤恨地说,这种行为就是把芝加哥东南部的居民也当成了垃圾。我们认识的一些人家感叹说,他们收了拆迁安置费,离开了这个即将消失的地区,到新的地方继续生活了。另一些家庭则对此愤愤不平。尤其是那些一辈子都在社区生活的老年人,他们难以想象去别处生活,对此会更加恼怒。这张照片(图19)上是一些当时纠察、抗议和抗争的人。

不可思议的是,就在这个和主流环保主义矛盾对立的地区,一些居民开始用中产阶级环保主义者提出的论点来叫停机场提案。[31] 草根组织散发传单,认为机场不应该建在芝加哥东南部,因为它将破坏该地区的大部分剩余湿地。这些组织控诉说,现有垃圾场的有毒废物将被混凝土封盖,而非清理干净,这就有可能污染地下水。一些居民甚至去"沼泽地"猎取濒危物种,从而向该提案提出法律挑战。事实证明,这里确实有一些濒危物种,包括富兰克林地松鼠、布兰丁龟和几个水禽物种。令人痛心的是,当地居民这才意识到,法律对地松鼠生存困境的重视要远超过对他们的家园和生命的关注。

我常思考,为什么机场提案比钢铁厂倒闭更能引发公众抗议?也许与钢铁厂的斗争超出了居民的能力范围?毕竟,有了钢铁厂,谁还能与之抗争?钢铁公司合并、搬迁、宣布破产,然后以新的名称重新开业,政客们似乎束手无策。新闻报纸认为,钢铁厂的倒闭是全球化势不可挡的产物。就像我父亲常说的:"小人物能做什么呢?"但机场提案是一个明确的目标，居民们可以按照老派的斗争方式团结在一起：市政厅就在这儿折辱他们。1992年机场提案夭折，一些评论家认为这一结果与民众抗议无关。然而，许多芝加哥东南部居民认为他们已经胜利了。这一胜利将对黑格维什及周边地区的环保行动主义产生更加广泛的影响。一些参与机场抗争的老手已经是反垃圾填埋场的积极分子。其他一些人也像我接下来要讲的一样，他们受到机场抗争中环境论战的激励，开始为芝加哥东南部的另一种未来愿景而奋斗。

图 19. 抗议在黑格维什拟建机场（芝加哥东南历史博物馆授权使用）

贬值的景观:垃圾填埋场的两边

虽然在机场抗争期间,我就开始收集芝加哥东南部有关污染和环保活动的资料。但直到患癌后,我才开始密切关注这些问题。我用几年时间收集了有关该地区环保行动主义的历史资料。我会这样做,主要是因为这也和我个人的健康息息相关。但慢慢地,我开始琢磨一个问题:环保行动主义如何强调和努力消除当地长期割裂的社会和种族分裂问题?

2005 年,我帮丈夫为一个总部在黑格维什的芝加哥东南部环保组织拍摄了一部纪录短片。这项工作让我们有机会近距离考察这一地区的环境问题,还能拍摄工业沼泽、湖泊以及从直升机上拍摄卡鲁梅特的工业棕地。2004 年的一天,在巨大的帕克斯顿二号填埋场(Paxton II)的罩盖上,我和丈夫架起了三脚架。这些垃圾填埋场就像芝加哥东南部平原上隆起的小山脉,成了这里海拔最高的地方(有些填埋场的填埋量已经远远超出了法律限制的范围)。帕克斯顿二号填埋场离我母亲工作过的垃圾填埋场不远,被当地人叫作垃圾山。我们开着伊利诺伊州环保局前雇员的吉普车,爬上了垃圾填埋场的陡坡。红尾鹰正乘着上升气流滑翔,在广袤的填埋堆上捕食老鼠。

从垃圾填埋场的顶部看去,芝加哥东南部的内部分割,这里与其他地区的区隔,淋漓尽致地体现在了眼前分裂的环境与社会当中。例如,在一个由工业、水和不同族裔、种族飞地组成的景观中,垃圾填埋场成为一条分割线,将主要是白人的黑格维什社区与主要是非裔居民的阿尔特盖尔德花园社区（Altgeld Gardens）分开。尽管近年来阿尔特盖尔德花园社区是巴拉克·奥巴马总统年轻时组织的，这里也因此声名鹊起，但我从来都不知道这儿。它跟黑格维什仅一步之遥，但黑格维什才是我们社会世界的核心。与芝加哥东南部历史上因钢铁工业而兴起的老街区不同，阿尔特盖尔德花园社区建于1945年，是芝加哥为二战归来的黑人退伍军人建造的公共住房设施。[32] 从垃圾填埋场的顶部可以看到，卡鲁梅特湖、毕晓普福特高速公路（Bishop Ford Expressway）、工业企业、垃圾填埋场和湿地等物理障碍，将阿尔特盖尔德花园社区与芝加哥东南部的其他地区从地理上隔开了。作为土生土长的本地人，我也知道，最难以克服的互动障碍是那种心照不宣的种族反感和与之相关的阶级恐惧，认为"中产阶级"钢铁工人家庭长期以来都与低收入住房相关。所以不出所料，阿尔特盖尔德花园的许多居民会认同以非裔美国人为主的西南部，而不是东南部。

这两个社区虽然被有毒污染区隔开来，却也因为污染造成的共同影响而联系在一起。几年前，我找到了阿尔特盖尔德花园社区的活跃分子谢丽尔·约翰逊（Cheryl Johnson），她的母亲是"环境正义运动之母"海泽尔·约翰逊（Hazel Johnson）。环境正义运动兴起于20世纪80年代末，它连接了人们的多重忧虑，包括对有毒污染和环境种族主义的关注，有时还有对职业健康的关注。[33] 此外，它还对中产阶级的环境保护主义提出了两个深刻的挑战。其一，环境正义运动将注意力从简单的"自然"转移到有毒污染物与健康的关系上；其二，它强调了少数族裔和低收入群体所遭遇的不平等的环境危害风险。最常与环境正义运动联系在一起的，是非裔美国人。虽然也有其他人参与其中，但也基本都是贫穷的工人阶级和中下层阶级。环境正义运动的活跃分子有相当一部分是妇女，特别是关心子女健康的母亲。[34]

2009 年，我拜访了阿尔特盖尔德花园社区。曾经的首席环境正义活动家海泽尔·约翰逊年事已高，不再接受访谈。但她的女儿谢丽尔讲述了母亲成为民权组织者和社区活动家的过程。丈夫因癌早逝的沉痛打击，让约翰逊从 20 世纪 70 年代开始记录该地区的高死亡率和疾病，包括癌症、生殖问题、哮喘、皮肤病和其他疾病。事实上，阿尔特盖尔德花园公共住房项目是在"污泥场"上建造的，后者容纳的都是 21 世纪初普尔曼铁路公司的污水。与其他社区相比，这里四面都是垃圾场和老工业区，污染源更为密集。1979 年，海泽尔·约翰逊成立了社区修复组织（PCR）。这也是多年来芝加哥唯一一个以非裔美国人为主的环保组织。[35] 20 世纪 90 年代，约翰逊逐渐声名远扬。2009 年我去了社区修复组织的办公室，虽然油漆剥落、破败不堪，但后墙上一排令人自豪的照片还是吸引了我的眼球。这些照片是海泽尔·约翰逊与美国历任总统握手的情景，她因为超强的演讲能力和让观众流泪的感染力而闻名遐迩。海泽尔先是被乔治·H. W. 布什（George H. W. Bush）邀请到白宫，后来 1994 年，她又站在比尔·克林顿（Bill Clinton）总统旁边，陪同他签署 128898 号行政命令（俗称"环境正义"法案）。该命令禁止以种族或收入歧视来进行具有环境危害的选址工作。

我也在2009年访谈了谢丽尔·约翰逊。她说，如果像她一样来自阿尔特盖尔德花园社区的黑人小孩想冒险进入全白的黑格维什，就会被人扔瓶子。但令她惊愕的是，她母亲坚持要把年幼的她带去参加那里的环保活动家会议。谢丽尔形容了她被迫前往黑格维什的紧张心情，以及会议上每个人都对他们很好给她带来的惊讶。她的感受也突出了该地区恶性种族主义的历史，像她母亲这样的领导人的勇敢品质，以及环境活动家为消除这些分歧所做的积极尝试。

1985年，约翰逊、社区修复组织与其他芝加哥东南部的白人、黑人和拉丁裔活动家一起，组成了一个社区环保组织联盟，其中也有来自黑格维什的团体。[36] 该联盟与垃圾填埋场、不正当操作的焚化炉（当时全国只有三个获准燃烧多氯联苯的焚化炉，这是其中之一）和其他污染问题做斗争。1989年，为阻止卡车进入广受争议的垃圾焚烧炉，芝加哥东南部联盟的活跃分子与绿色和平组织的环保主义者都以公民抗命罪被捕。他们还设法吊销了一个垃圾填埋场的许可证，逼停了一个准备在埃克姆/英特莱克钢铁公司附近的湿地上建立的垃圾填埋场。最终，该联盟成功地向市政府施压，要求暂停进一步的垃圾倾倒（鉴于垃圾公司资金雄厚，当暂停令定期更新时，这场战斗就会反复进行）。好景不长，这一环境联盟在这片分裂的土地上建立起的桥梁难以维系，联盟慢慢解散。观察家们模糊地提到了芝加哥东南部各团体之间的紧张关系，有些与竞争目标有关，有些可能与团体和社区之间的嫉妒和竞争有关。[37]

继与谢丽尔·约翰逊的会面后，我计划与另一位著名的芝加哥东南部的活动家玛丽安·伯恩斯（Marian Byrnes）见面。她长期从事环保组织工作，在芝加哥东南部的形象是与

图 20. 再次抗议垃圾场

众不同的。伯恩斯本人是一名受过良好教育的白人教师,也曾是民权活动家。她曾为政治家克莱姆·巴拉诺夫(Clem Balanoff)工作,后者是芝加哥东南部的一名州参议员,曾向芝加哥民主党机构提出一个极具挑战性的革新倡议。伯恩斯全面参与了该地区的各种环境抗争,并因为高度活跃而闻名于世。1985年,她组织了芝加哥东南部的保护伞环保组织CURE("公民联合起来重建环境"),据说她也曾协助组建社区修复组织。[38] 和约翰逊一样,她曾在1989年的焚烧炉抗议活动中因公民抗命罪被捕。她还领导了以联盟为基础的东南环境工作队。

人类学家可能会像海泽尔·约翰逊一样将玛丽安·伯恩斯称为"文化经纪人"。就伯恩斯而言,她参与的环境抗争既有中产阶级郊区居民的自然保护活动,又有激发工人阶级和贫困居民抗争意识的垃圾填埋场抗争和健康呼吁。她是芝加哥东南部工人阶级和贫困地区种族群体间的桥梁,后来她也串联起黑格维什的工人阶级或中下层活动家和南郊的中产阶级环保主义者。我以前访谈过伯恩斯,但那都是在东区和黑格维什的联盟办公室进行的正式视频采访。我当时还没有意识到自己的提问并不是为了影片的录制,而是为了我自己。我想要知道的,是关于她——海泽尔·约翰逊和其他活动家如何努力弥合芝加哥东南部激烈的种族分裂,即使这种努力只是昙花一现。一个公共景观的环境效应,能帮助芝加哥东南部战胜历史上如此严重的分裂问题吗?

我跟玛丽安约在她生活了大半辈子的地方见面,那是离威斯康星钢铁公司不远的南迪林杰弗里庄园（Jeffrey Manor）的飞地。杰弗里庄园建于20世纪30年代，与阿尔特盖尔德花园社区一样，也是城市住宅开发区，与周围的工厂社区基本隔绝。这块飞地原本是中产阶级的犹太社区，到20世纪60年代便主要由中产阶级非裔居民组成。与后来几乎所有的芝加哥东南部住房开发项目一样，这个项目也建在一个垃圾场上。尽管准备访谈时，伯恩斯已经住进了黑格维什的老年公寓，但我们还是约在了杰弗里庄园里一个她常去的天主教堂。除了牧师之外，她是唯一的白人教徒。她年老体弱，紧紧抓住非裔老邻居的手臂来稳住自己。教堂里进行着传统的天主教礼仪，却播放着与非裔居民福音派传统有关的音乐。这种种族和谐的场景让我惊喜不已，是我从未在芝加哥东南部见过的。然而，当我伸手与她握手时，玛丽安既抱歉又茫然地看着我：她已经忘记了我们的约会，而且我怀疑，她也忘记了我想要了解的大部分历史。通过简单的交谈，她表示自己正为往生做准备，无法谈论过去。不到一年，玛丽安·伯恩斯就去世了。再过一年，海泽尔·约翰逊也将离世。

20世纪80年代和90年代初以来，通过增强社区沟通，阿尔特盖尔德花园和黑格维什的环保抗争已经走上了不同的道路。社区修复组织活动家与各类群体建立了联系，不仅包括中产阶级环保主义者，还包括对环境种族主义问题以及公共卫生、社会正义和公共住房政策感兴趣的学者。他们试图扩展环境的概念，把所有增强社区健康、安全、经济和社会活力的东西都纳入其中，并以此与前几代人的民权问题关切相连。相反，黑格维什的活动家们受90年代初机场抗争的激励，试图以另一种方式阻止该地区的垃圾填埋和其他"不需要的设施"。他们与玛丽安·伯恩斯以及其他人合作，与中产阶级自然保护主义者结成联盟，并与城市规划者联手。我将在后文更加详细地介绍，他们的目标是将卡鲁梅特剩余的湿地和沙丘作为公园保护起来。虽然他们的中产阶级联盟伙伴主要关注保护和娱乐问题，但芝加哥东南部的活动家也坚持要创造新的清洁就业机会。他们认为，在赞美老钢铁厂街区的文化和历史遗产的同时，也要颂扬这里的自然遗产。

黑格维什和阿尔特盖尔德花园不同的运动路径，一方面与人类学家所说的居民们在社会和经济上的不同"定位"有关，另一方面也与他们可以提出的法律和道德论点有关。[39]黑格维什和阿尔特盖尔德花园有天壤之别，在黑格维什，白人和越来越多的拉丁裔工人阶级居民正在为保持"中产阶级"的体面而奋斗；在阿尔特盖尔德花园，非裔居民长期为获得工作机会而奋斗。少数族裔公共住房居民可以诉诸的策略和话语，也与白人工人阶级的房主不同。后者希望强调环境叙事，增加他们住房的价值。因为这些房产往往是他们唯一重要的经济资产。对不同背景的芝加哥东南部居民来说，无论是寻找负担得起的住房还是去其他地方重新开始，都有一定的难度。但这对非裔美国人来说明显更难，他们面临的住房和就业歧视要大得多。即使在钢铁工业的全盛时期，环境危害对芝加哥东南部钢铁工人的影响也不尽相同。非裔美国人被大量安排在像操作焦化炉那样的工作岗位上，这些工作的健康风险明显更高。[40]

虽然如此,我仍然对从帕克斯顿二号垃圾填埋场顶部看到的景象感到震惊。我意识到,即使这些运动总是被记者、学者和居民自己描述为不同的环境抗争,但它们实际上发生在同一个垃圾山的两边。例如,关于该地区的环境正义文献,几乎完全抹去了白人工人阶级的形象。或许只有那些关于种族的法律、道德和政治主张,才被视作最突出、最主要的议题吧。[41] 相反,以白人为主的环保主义者背靠中产阶级的环保主义关切,提出"开放空间和湿地"策略,将注意力从人们对老工业区健康问题的共同关切上挪开了。而这种共同关切,恰恰是两种团体之间的重要联结。是什么将这些团体联合了起来?这个问题至关重要。首先,双方都想阻止有毒污染,保护自己和孩子的健康,创造一个更具经济和环境活力、更重要的地方,使之成为家园。其次,双方都是在去工业化的背景下进行抗争。因为去工业化一方面切断了工作和污染之间的积极联系,另一方面造成了经济的螺旋式下降,使社区贬值,变成别人肆意污染的地方。

2005年,为拍摄环境短片,我丈夫需要找一些非裔或拉丁裔的领导人来录制访谈视频。然而,黑格维什的环保组织却找不到符合条件的受访者。这意味着早期在东南部环保组织之间建立的联盟,已经不复存在了。虽然解决问题的路径有所不同,但不同居民之间的共同关切仍然存在。在狼湖和与黑格维什接壤的粉角湿地(Powderhorn wetlands)公园,我们对里面的人进行了即兴的视频采访。一位非裔渔民讲述了在南方农村长大的他是怎样被教育的。他说,当越来越担心账单或其他生活问题时,你总是可以"把烦恼带到水里去",在户外找到一种平静的感觉。他带着邻居十几岁的儿子一起钓鱼,认为户外娱乐活动可以帮助孩子"远离烦恼",是十分重要的。他的观点反映出"自然娱乐"不只是白人中产阶级关心的问题。而地方活动家虽然把重点转向了开放空间和保护,但健康问题仍然是工人阶级白人的核心潜台词。

后来,这位非裔渔民和他的妻子来到了纪念日大屠杀现场附近的一个工会大厅,观看制作完成的环境短片。这个地方位于黑格维什和东区之间。其中,黑格维什以白人居民为主,东区则混居着拉丁裔与白人。当时,他们是房间里仅有的非裔美国人。这是长期的社会隔阂对该地区的分裂。那时的我很沮丧,因为这些分歧似乎又变得无法克服了。但就在本书付梓之际,我从新闻中看到,一个新的会议刚刚在那个工会大厅举行。来自黑格维什、阿尔特盖尔德花园、东区和其他地方的居民还有活动家聚集在一起,共同创建大芝加哥东南地区环境正义联盟。[42] 他们的目的是抗议一个新批准的煤气化工厂。该厂计划修建在街对面共和钢铁公司的部分旧址上,离我和姐妹们就读的高中只有几个街区。虽然支持者认为它将提供新的清洁能源技术,但该地区的活动家和居民认为,这将给当地带来新的环境健康问题。毕竟之前建成使用垃圾焚烧炉后,该地区的癌症、肺病和其他与工业污染有关的疾病发病率就变得出奇得高。[43]

虽然当地再次需要这种联盟,让我有了一种似曾相识的压抑，但重振环境联盟的消息还是令人兴奋的。基于芝加哥东南部居民的矛盾关系，我持续思考着是什么阻碍了这种多种族条件下的行动主义。困难的经济现实、偏见与恐惧，让那些被芝加哥东南部接纳或驱逐的群体长期处于紧张关系之中。而将社区、街区和公园视作特定族裔的"地盘"，一直都是当地的一种持续且强劲的趋势。

为了弄清楚是什么差异分割了芝加哥东南部，又是什么将不同群体聚集在一起，我们既要承认也要区分种族和阶级——它们的影响是平行的，相互强化的；它们沿着不同的轨道运行，相互碰撞，造成不同形式的不平等。如前所述，在美国，人们常常用种族差异来替代阶级，象征性地将黑皮肤等同于较低的经济地位，而白皮肤则等同于中产阶级或更高的地位。然而，正如社会学家朱莉·贝蒂在《没有阶级的妇女》（*Women without Class*）一书中所说的那样，将种族和阶级混为一谈后，它们会变得更难理解。当然，像芝加哥东南部这样复杂、零散的地方现状，也很难被理解。因为这些地方叠加着多种历史形态的不平等。种族和阶级的象征性混淆也将中产阶级黑人、穷人及工人阶级白人从视野中抹去。毕竟，当种族和阶级在概念上如此紧密地联系在一起时，那些在这种联结之外的人很容易被忽略。[44] 正如朱莉·贝蒂所指出的，学术界经常认为，思考种族、阶级和性别如何相互作用是有必要的。但在实践中，它们却总是被轻视。相反，人们倾向于强调其中的某一个范畴，或将它们视为整体，而不考虑它们所产生的不同作用。[45] 贝蒂反对这一倾向，认为需要考虑种族、阶级和性别这三者之间如何"互构"。换言之，它们是如何在动态互动中形成的？

从帕克斯顿二号垃圾填埋场的顶部看去，芝加哥东南部的断裂清晰可见，居民们的命运联系也一目了然。虽然垃圾填埋场和工业壁垒加剧了社区间的社会鸿沟，但废物和污染也将该地区与同一景观关联起来，以一种不平等的方式影响着本地居民的健康。

押注"新经济"

近几十年来，自由市场的叙事提倡保持一种自由放任的经济。虽然这是主流叙事，但市场并没有解决芝加哥东南部等地大量有毒工业棕地的问题。这些空间会如何变换，不仅取决于法律框架怎样规范对污染土地的再利用，还与未来的责任、土地清洁成本、健康受损民众的医疗服务密切相关。此外，政府将怎样对企业、个人和土地进行征税，也影响着有毒工业棕地的未来走向。未来并不总如人意，但它与公共决策密不可分。

尽管芝加哥东南部发展缓慢，但20世纪90年代初的机场抗争后，这里后工业景观的雏形逐渐显露。20世纪90年代中期，我回芝加哥东南部探亲时，第一次看到了这样的景观。在印第安纳波利斯大道上，我惊讶地发现了一个巨大的、闪烁的霓虹灯招牌。这里离我父母家只有几个街区，是芝加哥东南部和印第安纳州西北部的分界线。这块霓虹灯招牌，迎来了卡鲁梅特地区钢铁工业谢幕后的少数新兴产业之一，漂浮赌场。虽然位于印第安纳一侧，且获得了印第安纳州立法机构的批准，但这些赌场的主要客户仍是从北部飞驰而来的芝加哥居民。近几十年来美国的赌场陡增，它出现在一些老工业区，建立在被限制使用的有毒污染土地上。赌场不仅出现在东芝加哥和加里的印第安纳老钢铁城湖边，还建在宾夕法尼亚州伯利恒钢铁公司旧址等地。

当我和丈夫开始制作关于芝加哥东南部的纪录片时，我们将它命名为《零号出口》。这是从芝加哥高架路到印第安纳波利斯大道的出口匝道编号，也是下到钢铁厂社区的入口匝道编号。这似乎确切地道出了钢铁业衰败后，这里几乎为零的存在感。如今，0号出口也是哈蒙德赌场的入口，亦可以由此进入毗邻的湖滨码头。这个码头是为郊区居民的观光游船建造的。出口匝道现已加宽，并进行了景观设计，与华丽的霓虹灯相得益彰。

虽然印第安纳波利斯大道沿线的快速变化令我震惊，但我父母和祖父母那辈人似乎见怪不怪。他们早已见证了那里的巨变。父母年轻时，"林荫大道"（印第安纳波利斯大道）两旁都是加油站，为即将穿过州际线的车辆加油。我父亲16岁时也曾在其中一个加油站打工。那里也曾是令人兴奋的娱乐场所。小时候，我父母和他们的朋友会步行或搭公共汽车去"林荫大道"。他们不停怀念着那里的卡丁车、毛驴棒球赛、女子垒球联赛和一家冰淇淋店。这家冰淇淋店位于边界线上，吸引着往来的车辆。"那里真的很棒，感觉总也玩不够。"父亲留恋地回忆着。图21是1956年在城市更新中修建的芝加哥高架公路。它将把芝加哥东南部一分为二，使汽车能够在钢铁厂社区上空通行。此后，除了几个当地的加油站和香烟摊外，桥下的生意都变得很惨淡。而香烟摊的生意，也是靠一些芝加哥居民勉强支撑，因为印第安纳州的香烟税比芝加哥低。

图21. 1958年，修建中的高架公路（芝加哥东南历史博物馆授权使用）

现在，"林荫大道"上都是哈蒙德的赌场。虽然赌船以停泊经营为主，很少驶出码头，但它每年必须横向驶入密歇根湖一次，来证明自己的适航性和合法性。每当赌客进入赌船，工作人员都会装作这是观光船。他们抬起"舷梯"，禁止顾客在特定时间内离开。虽然在好莱坞影片里，赌博是风流倜傥的高富帅的娱乐项目，但事实却截然不同。我在印第安纳州西北部的赌船上看到，各族裔的老人和穷人都挤在老虎机边，包括肥胖的男人和坐在轮椅上、挂着氧气瓶的女人。老虎机上的人一手拿着酒，一手夹着烟。场子里烟雾缭绕，散发出多重成瘾的气息。最悲惨的是，在我看来，赌场充满了居民对希望的迫切需求。他们相信自己的运气有可能在创伤性的后工业经济中发生改变，或者至少能找一点刺激来抵消对这个世界的失望。参观赌船让我想起了父亲的一个近亲，他曾坐过牢，而且经常把彩票当作圣诞礼物寄给我们这些孩子。在这里，仿佛也有类似的对梦想的迫切需求。虽然在光亮的霓虹灯下，赌场允诺带人们逃离外部世界，但不知为何，它们反而强化了许多人想要逃离的东西。

20世纪90年代，新经济大行其道，赌场的扩张也遮蔽了这种新经济的风险和不稳定性。卡鲁梅特地区的居民对赌场的意义产生了争议，它究竟是带来新生的征兆还是进一步衰败的预示？我们采访过的赌场经理等人强调，赌场给印第安纳州西北部带来了就业机会和税收收益，弥补了印第安纳州零星的钢铁业逐年降低的纳税额。我的一些亲朋邻里也喜欢赌场。有几个人喜欢玩老虎机；其他人，尤其是有固定收入的老人，经常去赌船上吃免费的早餐和食物。一些人指出，由于赌场的税收，哈蒙德的街道第一次不再是记忆中坑坑洼洼的样子。然而，另一些人则表示反对。他们指出，自从有了赌场，惠汀和哈蒙德很多老餐馆都关门了。父亲听我说起这事后，给我讲了一个让他对赌场经济感到怀疑的故事。他说,他和惠汀一家五金店老板闲聊时,老板说他的很多固定客户都很麻烦。虽然他们有固定收入,但基本都把钱输个精光,根本没钱结清账单。老板不知道他的商店还能不能熬下去。其他邻居窃窃私语,讨论牧师把一车车的老人从教堂带到赌船上是否合适。一位邻居腹黑道,牧师们一定是被收买了。其他人则只说赌场的工作"对这里的人没有任何帮助"。与曾经的钢铁工业相比,这些工作岗位不多,而且其薪酬、福利或生活方式根本不能和前者相提并论。所谓的新经济无法取代过去的世界。

对卡鲁梅特地区赌场利弊的争论不只局限在印第安纳州这一侧。芝加哥东南部的钢铁厂倒闭以来,在各个时期都有人建议把这些棕色土地变成赌场。曾经有人提议在美国钢铁公司(南方工厂)旧址上建一个赌场,最近又有人建议把赌场建在我父亲工作过的威斯康星钢铁厂旧址上。2006年,本地报纸上报道了一场关于在威斯康星钢铁厂旧址上建赌场的辩论。一位女士说,开赌场是个好主意,"反正南迪林有一半的人都要赌博",而且芝加哥的赌场会分流一些人到这里来。她认为,与其把芝加哥的钱拱手让给印第安纳州,还不如把钱留在自己这边。另一位居民反驳说,"赌场对社区的危害不比帮助小,很多人甚至把房租都输光了"。此外,他主张对这些土地进行工业开发。[46] 其实芝加哥的赌场大多位于市中心而非东南部的工业废墟,对芝加哥东南部的经济影响未必有想象中的那么大。但这微小的可能性已经具象地显现了经济的变化。就像弗洛伊德的梦一样,只是这里的隐含意义通过经济象征而非性象征显现出来。它意味着,20世纪90年代及以后的新经济如何建立在风险之上,且这种风险会吞噬而非维持社区。虽然历史上钢铁行业的高工资、高福利是工人们长期斗争的结果,但它最终带来了稳定,甚至形成了中产阶级社群。而目前看来,对于这种去工业化的工人阶级景观来说,新经济最好的结果就是从玩老虎机的低收入群体身上搜刮钱财,用以修复印第安纳州西北部那些凹凸不平的街道。

新环境主义:从棕色地带到"开放空间"

二十多年来,黑格维什和一些周边地区的环保活动家一直在倡导另一个公共愿景,但它尚未实现。在20世纪90年代,芝加哥市长理查德·戴利曾想把芝加哥东南部的大片土地改建为新机场,但他的想法有了变化。当戴利接替他父亲并长期担任市长后,他的总体目标是将芝加哥打造成美国"最绿色"的城市之一。他的经济目标与这座原始的历史工业城市的转型密切相关。他试图将这里转变为一个有吸引力的、"宜居的"、环保的、士绅化的地方,同时满足中产阶级人士——居民和游客——的期望。这一目标包括在湖边开辟更大的娱乐空间和审美空间。[47] 游览现在的芝加哥市区,我也为其复兴的湖滨美景所吸引和震撼。那里有星罗棋布的公园、博物馆等其他公共空间。

然而,在这样的景象中,哪里是属于市内老工业区及其居民的呢？尽管在20世纪90年代和房地产市场蓬勃发展的新世纪头几年，城市官员们强调城市士绅化。但他们也有努力去吸引新的工业，这反映出他们对因去工业化而消失的工作和社区的认可。与此同时，虽然很吃力，但城市官员一直试图通过公开鼓励新的环境清洁产业来维持城市的前卫形象。

包括芝加哥东南部大型钢铁厂在内的城市棕地的未来，都与超级基金立法的法律约束有关。美国于1980年通过了CERCLA法案（即"超级基金"法案），该法案是美国具有里程碑意义的环境立法，正确地将环境清理成本归于工业污染者。但这也意外造成了许多老工业用地被废弃。因为公司不愿支付高昂的费用，购买者也担心将来会承担法律责任。城市官员和居民将这些空荡荡的有毒空间与城市衰败和税收流失联系在一起，认为它们导致了老工业区的经济下滑。为此，芝加哥在1993年启动了棕地倡议计划，成为修复老棕地的领跑城市。[48] 在20世纪90年代中期，比尔·克林顿总统还制定了一项联邦棕地倡议。该倡议降低了环境清理标准，减少了法律责任，为那些进入并再利用这些场地的公司提供税收优惠，同时向地方和州政府发放用于修复的种子资金。

这些修复工作大多在城市比较集中的区域。芝加哥东南部大量的棕色土地和穿插的湿地，给规划者带来了特别的挑战和机遇。芝加哥东南部新的公共展望实际上始于那些曾与戴利市长为敌的卡鲁梅特的环境活动家。1993年，也就是机场提案被搁置的第二年,来自黑格维什和芝加哥东南部其他地区的活动家与来自卡鲁梅特郊区的中产阶级活动家一起,提议将棕地改造成他们所谓的卡鲁梅特"生态公园"。这涉及芝加哥东南部和印第安纳州西北部的部分地区。一位黑格维什活动家也是钢铁工人的女儿,她年轻时曾在共和钢铁公司的办公室工作。她告诉我,她的观点如何在机场抗争中发生变化。熟悉了反对机场提案的环保主义者的论点后,她意识到芝加哥东南部工业区剩余湿地的广度和丰富度——她小时候经常和父亲、叔叔们一起去这些湿地钓鱼。其他工人阶级的居民对工业湿地也并不陌生,因为他们也长期去那里狩猎和捕鱼(见图22)。[49]

然而,正如黑格维什居民早先借助濒危物种来反对法律设置、拯救自己的家园,这些新的努力同样会为了自身目的而重塑更主流的环保主义叙事。在机场抗争的激励下,这些芝加哥东南部的活动家向市政府施压,要求他们给出一个更积极的区域规划蓝图,以免陷入人们对政府提议无休止的反抗。这种无休止的反抗就包括多数居民曾反对的垃圾填埋场建设。许多论点支撑着人们为"公园"而战。首先,居民主张这些规划代表了一种"违背自然的利用",并以此质疑废物行业扩建垃圾场和其他有害设施的要求。人们还指出,清理老钢铁厂和垃圾场,是让那些曾经对法律环境责任望而却步的新企业迁入的希望。只有新企业迁入,创造就业机会,年轻人才会主动留在社区,而不是被迫离开家乡,去外面追寻更好的工作和生活。活动家们雄心勃勃地要求将该地区指

图 22. 在惠汀的湿地捕鱼

定为国家公园，但他们的请愿书被国会拒绝了。尽管如此，他们还是在1998年成功地让卡鲁梅特地区成了"国家级遗址"。

将公园扩展到整个卡鲁梅特的想法，符合中产阶级环保主义者的关切，也符合戴利市长和其他城市环保主义者的期望，他们想在密歇根湖的南端创造一个连续的绿色空间。按计划，这片绿地将沿着芝加哥周边，从北部穿过市中心的公园到达东南侧，最后穿过印第安纳州西北部，延伸到加里以东的印第安纳沙丘。2000年，芝加哥市公布了为卡鲁梅特地区设计的新土地利用规划。为了应对城市的利益和来自当地活动家的压力，该计划从两个方面展开。一方面，它呼吁将三千英亩的东南部纳入芝加哥开放空间保护区的一部分，建成自然保护区（这对居民反对进一步的垃圾倾倒来说意义重大）。[50] 另一方面，它也倡议建立一个税收优惠的工业经济区，赋予三千英亩的棕色地带新的工业用途，鼓励该地区发展新的、更清洁的工业。虽然现在无法知道这一愿景有多少能成真，但这是工厂倒闭以来，市政府第一次对芝加哥东南部重拾信心。

为黑格维什环保组织拍摄记录短片时，我和丈夫充分认识到了这些社区活动家的努力。该视频既关注卡鲁梅特河的历史，也关注拟议的生态公园。虽然郊区中产阶级环保主义者与芝加哥东南部居民合作，强调湿地保护，但当地活动家也坚持要关注人和就业，强调老钢铁厂社区丰富的历史和自然遗产。抢在拆迁和拾荒者偷盗废弃金属前，当地活动家与芝加哥东南部历史协会一起不懈努力，拯救了埃克姆钢铁厂（原英特莱克公司）旧址上芝加哥东南部最后的大型钢铁工业建筑。他们的目标是在生态公园内建立一个钢铁遗产博物馆。2006年，黑格维什环保组织举办了一场短片放映会，播放我们拍摄的环境短片。包括老钢铁工人及其家人在内的约100名社区居民，聚集在共和钢铁厂附近的老工会大厅。当畅想打造钢铁工业遗产博物馆时，他们显然深受感动。著名的地方劳工领袖艾德·萨德洛夫斯基（Ed Sadlowski）在屏幕上解释说，"（博物馆）不是关于钢铁工业，而是关于生产钢铁的人。（建造博物馆）的要求不过分"。居民们纷纷点头。在地区工会的支持下，活动家们成功地集资购买了部分房产。但他们没能筹到后续的资金，所以钢铁遗产博物馆的想法在几年后夭折了。让城市其他地区的中产阶级民众为环保事业买单是一回事，让他们出钱记录工人阶级的工业历史，显然是另一回事。

吸引新的、更清洁的工业入驻该地区是一场硬仗，但已经迈出了一小步。现在的城市政府常常被迫通过激励措施来吸引工业，芝加哥市不得不参与激烈竞争，争取让福特公司在共和钢铁公司旧址的部分区域建造一个新的环境清洁供应商园区。福特公司在黑格维什和南迪林之间的托伦斯（Torrence）一直有一家工厂。2004年，新的供应商园区在附近建成，创造了1000个就业机会，增进了对环境问题持保留态度的本地居民对活动家的信任。福特公司还同意资助恢复供应商园区周围的湿地、打造由获奖建筑师设计的福特环境中心，以此来保护该地区的自然和文化遗产。尽管跟芝加哥东南部历史上庞大的工业相比，这样的胜利似乎微不足道，但它们意义重大，来之不易。

然而我们有必要退一步思考，这种愿景能否产生持久的影响。面对不断在别处寻找廉价劳动力的全球压力，工业——特别是清洁工业——会回到芝加哥东南部吗？并且，如果它回来了，是否会像钢铁工业那样，愿意支付体面的工资并让工人达到中产阶级的生活水平？还是说它会像印第安纳州西北部剩余的钢铁工业或芝加哥东南部扩大的集装箱运输贸易那样，机械化程度之高，以至于几乎没有工人？那种曾经将产业和工人联系在一起的纽带——无论是挖苦地还是希冀地，被称为家庭关系的纽带——还会出现吗？再者，如果"修复"了芝加哥东南部的环境，谁将最终受益？是当地居民，还是像有些人担心的那样，是更多寻找娱乐机会和物色湖滨房产的城市居民？最近的经济衰退又会带来什么影响？福特环境中心的建设已经放缓，目前尚不清楚是否会建成。由于将芝加哥东南部的工业棕地重估为开放空间的房地产热潮已经过去，而且市长已经改选，芝加哥市政府是否会继续致力于其对芝加哥东南部的新规划？最关键的是，如果它真的继续推进，当地活动家是否会继续拥有打造未来的话语权？还是说像过去一样，会有更强大的参与者来决定这个工业景观的未来？

在我对本书做最后的润色时，芝加哥东南部棕色土地的新规划正在酝酿之中（尽管目前还不清楚它们会不会像以前的许多规划一样实现或消失)。这些规划说明了对芝加哥东南部的未来有两种对立的展望。一个是前文提到的煤气化工厂，它获批建立在了老共和钢铁公司的部分旧址上，延续着数十年来将芝加哥东南部视为垃圾场的倾向，很有可能损害居民健康。尽管支持者称这种发展为"绿色的"（这是因为煤炭会被转化为更清洁的天然气，供其他地方使用），但居民活动家担心这种话语潜藏着具有欺骗性的双关含义。另一个更为积极的展望，也是社区活动家们支持的景象，是在卡鲁梅特打造开放空间，推动环境和经济恢复。这种展望是从根源上振兴该地区的一种尝试。

不过，即便是这种更积极的愿景，也常常被他人的计划所主宰。美国钢铁公司（南方工厂）曾经所在的矿渣岬角就反映了这一点。由于没有炼焦作业，占地六百英亩的美国钢铁公司（南方工厂）遗址的毒性，要轻于威斯康星钢铁公司和芝加哥东南部的其他老钢铁棕地。在过去二十年间，有人觉得空置的南方工厂棕地会变成赌场、杯子厂、学校和儿童博物馆等。这个地块现在被设想为"混合收入"住宅开发综合体的一部分，包括开发商称之为"湖畔"的购物中心和船坞。[51] 湖畔的规划或许比其他规划走得更远。2011年夏天，开发商为了提高该地块的知名度，将音乐会的中产阶级观众送到了南方工厂旧址上。他们为戴夫·马修斯乐队（Dave Matthews Band）的音乐会匆匆清理瓦砾，向那些可能从没来过这里的人介绍从这儿望去的芝加哥市中心美景。[52] 尽管许多人对开发这里喜闻乐见，但评论家担心，湖畔项目可能会变成一种士绅化形式,迫使原住居民外迁。某次回家时,我也注意到一些抗议南方工厂周边地产开发的手绘标语。另一些人也质疑开发建造的可能性。他们指出,芝加哥东南部距市中心和南方工厂都比较远,还毗邻被炸毁的建筑物和贫穷的南芝加哥。即便是经验丰富的地产商,也会因此被劝退。我自己也在想,试图降低环境清理标准的棕地项目,是否会导致长期的环境健康影响?讽刺的是,住在老工厂公寓和改造后的工业用地上的人,基本都是相对富裕的城市居民,而恰恰是这些地方的居民,面临着越来越大的健康风险。[53]

  小时候在芝加哥东南部兜风,我总听父亲讲这个我们称之为家的地方的故事。我永远也想不到,令我那个17岁新移民来的曾外祖父望而生畏的南方工厂,会变成眼前的荒芜。我也没有想到,中产阶级的专业人士会为了看一眼芝加哥市中心的壮丽景色,想要在这个生产了一个世纪钢铁的地方买房。不过,湖畔开发计划和在共和钢铁公司旧址拟建煤气化工厂的共同点是,他们都将工人阶级挤到了边缘。前者将这里重塑为一个具有环境吸引力的、成熟的士绅化空间,后者则继续将该地区视作垃圾场。在所有像芝加哥东南部这样的老工业区的未来构想中,最能说明问题的,也许是工人阶级空间的缺失。

其他束缚

2005年,当我和丈夫站在帕克斯顿二号垃圾填埋场上方时,我第一次亲眼看到了卡鲁梅特湖的水。这儿虽然离我家不远,属于该地区特有的地貌,但由于水体被围起来且没有公共通道,行人完全看不见它。在视野开阔的垃圾填埋场顶部,我可以看到大片的卡鲁梅特湖。它先是被城市垃圾填满,后来又在20世纪80年代变成了一个高尔夫球场,供富裕的游客使用。[54] 我可以看到东边的卡鲁梅特河,盘绕着两岸散落的工业遗迹。我可以眺望曾经的共和、威斯康星、英特莱克、易洛魁和美国钢铁公司的不毛之地,它们分布在南芝加哥、东区、黑格维什、南迪林以及阿尔特盖尔德花园等老工厂街区间。我可以看到在密歇根湖朦胧的蓝色中,那一抹国营电厂烧煤时的暗红色;看到空荡荡的老法斯塔夫啤酒厂大楼,母亲曾经在那里用桶给她的祖父汉森送过午餐。站在高处,我第一次目睹了童年时那片广袤的土地——美丽又致命,无论是工业还是自然,都令人叹为观止,既相互联系又深深分裂。

今天,许多当地居民都对芝加哥东南部变得"比以往任何时候都干净"感到遗憾。虽然遗留的废物、工业以及现已封盖的垃圾填埋场带来了持续的污染风险,但钢铁厂的消失,意味着这里的空气和水已经比我们这代人印象中的更干净了。他们遗憾的是,为了这种更干净的环境,人们失去了大量的工作、希望和生命。不仅景观的贬值有时会象征性地转移到当地人身上，居民有时还会被追究个人责任。在父亲去世前的一次家庭聚会上，我表哥正在上学的儿子问我父亲是否在钢铁厂工作过。父亲回答"是的"以后，他开始跟父亲讲钢铁厂有多脏，这大概是从学校的环保课程学到的，但他的批评是针对我的父亲。不知为何，父亲被他视作行业污染的一个罪魁祸首。即使是来自城市其他地区的成年人，如果他们对卡鲁梅特地区更干净的环境乐见其成，也只会看到钢铁厂造成的污染，而否认它的其他作用。我至今还记得父亲受伤的表情。他和自己父母那几代人的工业生活方式可以如此轻易地被否定，不仅被认为是过时的，还成了破坏性的，没能带来一个有价值的社会世界。在那个场合，父亲再次缄默，每当无力反驳那些紧紧缠绕着我们的主流叙事时，他就会沉默。

尽管环境更干净了，但我强烈怀疑，许多芝加哥东南部的居民会像我父亲一样，绝不愿意因失去钢铁厂而付出这样的代价。然而，如果我们这些从小在那里长大的人，知道生活在大量的污染物中会对健康产生怎样的影响，我们会愿意付出这个代价吗？当然，关键问题是，为什么这种困境总是被视为一种选择：工人阶级要么从事对个人和家庭健康有害的工作，要么拥有一个没有工作但更健康的环境？它看起来像是一种选择，像是一场失业者和患病者之间的激烈较量。但事实上，正如我自己的家人深知的那样，我们往往两者都是。虽然我的一些同事可能会说，"可持续发展"的概念已经被强大的利益集团收编，变得毫无意义。但我认为它仍有一个关键的优势——至少可以提醒生活在类似芝加哥东南部地区的人们，不应该在工作和健康的环境之间做选择。

母亲告诉我，我们终将继续向前。想要将芝加哥东南部大片土地建设为机场的计划早已被搁置，而该地区本身也一直试着以一种摇摆的方式向前发展。但机场和垃圾填埋场争论的环境问题仍然存在，事实是：想要继续向前，就必须清算这段历史与工业、垃圾填埋场和现存遗址之间的持续联系。这里的有毒污染昭然若揭，它不仅关乎个人的身体，还关乎不平等的划分，这些不平等的划分影响了芝加哥东南部的居民。在工业史上，我们也可以看到这种分化。可以说，有毒污染在区域内的分布差异，工人在赖以谋生的工作中接触到污染源的比例失衡，经济限制，家庭和社区的积极牵引……多重因素一起将人们困在了重污染地区。居民们暴露在污染物中，既分裂了彼此，又让他们同呼吸、共命运。类似的，芝加哥东南部空气和水体中的工业污染，既区分了这里，又将它和其他地方联系起来。承认这些联系，意味着我们不仅要关注芝加哥东南部，还要放眼别处。

放眼别处，要求我们看清社会阶级在这类环境辩论中的角色：阶级怎样影响着人们对现代工业棕地和本地居民的看法，令他们把后者视为早期工业时代的倒退；相应地，阶级又如何让人们在工作和健康只能择其一的伪命题中痛苦挣扎。[55] 这默认了景观的贬值和工人阶级生活的贬值是融合在一起的，而后者主要隐含在对去工业化进程的认可中。它也意味着美国工人阶级将缺席新经济的未来。虽然芝加哥东南部拟定的绿色开放空间规划积极且具有环保吸引力，能帮助人们超越就业与环境的二元对立，将后工业景观视作未来的一部分。但即便这样，工人阶级也只能通过间接地服务市中心的有钱人和郊区的中产阶级来改善生活。因为新经济是由他们的娱乐兴趣和经济实力推进的。于是，当地活动家只能继续努力，尽可能地与这些压力谈判。我想说的是，回过头来，我们要反思这样的现实，反思在被社会大环境无视时，工人阶级社群如何挣扎着前进。

虽然我自己的健康暂无大碍，但这个地区有毒污染的历史不仅是景观的一部分，也是我身体的一部分。我们身体的可渗透性凸显了阶级的物质性，人们对这一点的认识尚不充分。它一直伴随着我们，就像我们的生活虽然朝着不同的方向发展了，但阶级背景仍然是我们的一部分一样。正如老钢铁厂的有毒遗产继续塑造着卡鲁梅特地区的未来，我的阶级背景带来的身体遗产也继续塑造着我自己的未来。在芝加哥东南部生活时，家庭纽带一直被认为是最重要的。然而，我的身体与芝加哥东南部景观的联系，意味着我无法孕育家族的后代。患癌后的几年，每每想起祖父母和曾外祖父母的生活，我都不禁思考我能把自己的家庭故事传给谁。最终，我必须回到多元的代际关系中去。

结 论
守望新生

虽然钢铁厂的倒闭早已令父亲心如槁木,但他真正的死亡是在2005年,也就是威斯康星钢铁公司无故驱逐工人25年之后。他的死亡不仅标志着家庭内部的世代更替——我的儿子没有体会过他外祖父的经历,还标志着全社会的更新换代。那些和父亲一样的人陨落了,带着他们对中产阶级队伍不断壮大的期望陨落了。与之相反,不断扩大的社会不平等却成为20世纪末和21世纪初的标志。

父亲载着年幼的我悠闲地开车经过的街区,在他去世前后变得面目全非。在老钢铁厂所在的有毒棕地上,旧时工人家庭的木制板房和砖砌平房七零八落,日益破旧。雪莉·李·林肯(Sherry Lee Linkon)分析了一系列讲述出生在去工业化环境中的"下一代"的小说,她问道:去工业化的半衰期是什么?[1] 这也是一个值得向芝加哥东南部提出的问题。

20世纪80年代,在芝加哥东南部的大部分工厂倒闭后,去工业化对这里的影响有了一种特殊的表现形式。朋友的父母和邻居的故事似乎都有一个集体主题的变化。故事都围绕着他们如何失去了工作、汽车、房屋和梦想，也许更隐晦的是，他们深深地感到世上再没有什么可以依赖了。工厂倒闭初期，一些人为了再就业离开了这里。但大多数人像我的家人一样，留了下来。就像老一辈那样，家人和朋友患难与共，相互支持着度过困难时期。虽然失业和苦难常常考验着人际关系，但这种长久的社会关系对大多数人来说是很难轻易割舍的。[2]

在那之后的几十年里，去工业化更加显著而持久地影响着人们。那些我打小就认识的人的生活逐渐变得分崩离析，我的家人们也陷入了这种分裂。父亲那边的一些堂兄弟再次陷入赤贫。他们住在拖车里，只能靠最低工资工作，或依靠非正式经济来维持生活。相比之下，母亲那边的一些表兄弟已经设法搬到了附近的郊区。少数几个老技术工人升迁到越来越依赖计算机技术的岗位；还有一个人重回大学读书，现在是一名商人。无论哪边家庭，单身和离异的母亲都最不堪一击。但毋庸置疑的是，所有人都生活得比我父母那代人更不稳定。新经济下的工作不再是铁饭碗，医疗和住房成本从千禧年开始飙升，这让中产阶级、工人阶级和穷人都倍感压力。客观来说，高风险既是人们追梦的机会，也是人们期望落空的罪魁祸首。[3]

这一趋势非常普遍。在美国，教育是目前唯一明确的向上流动途径。因此，东南部一些高中毕业就进厂做工或当家庭主妇的人，在过去几年陆续重返校园。那些选择就读天主教学校而不是陷入困境的当地公立学校的人，在这个方向上获益更多。另一些人想方设法去外地找到了工薪阶层的工作——不过工资往往比较低，福利有限，而且保障较差。有能力这样做的往往是白人。为了新工作，他们陆续搬离芝加哥老厂区，形成人们统称的"白人群飞"现象。这个说法淡化了与种族因素交织的经济因素。像我的一些表兄弟那样，很多人已经搬到了远离芝加哥的工人阶级和中下层阶级郊区，或者跨过州界去了印第安纳州。无论去了哪里，他们都以老钢铁厂的社会网络为基础，形成了新的社区。[4]

这些年每次看望母亲和妹妹时，我会回到东区。在那里，我看到了留下来的人既有经济不稳定的群体，也有经济稳定的中产阶级。后者包括一些退休老人，他们与工厂社区的关联被保留在住所、日常生活和那些不愿想起的记忆中。尽管退休人员顶着福利缩减和高额医疗费用的压力，但他们——通常是他们的家人——至少继续靠钢铁厂的养老金维持着部分生活。他们都是将死之人，但现在这类人的数量甚至比我刚开始写这本书时还要多。当地典型的中产阶级是警察和消防员，他们是工厂社区的传统精英。作为工会的一员，享受政府的工资待遇，拥有稳定的福利，这些精英因工作与城市边界相连。而对许多妇女来说，医疗卫生部门的工作才是最稳定的。[5]

许多留在芝加哥东南部的年轻人生活得更不稳定。和那些生活在所谓铁锈地带其他地方的人相比，如宾夕法尼亚州、俄亥俄州和密歇根州等地的工业小镇或底特律和克利夫兰等城市的居民，芝加哥东南部的年轻人在某些方面是幸运的。作为一个老工业区,芝加哥东南部对经济变化的承受能力比很多地方都好。它仍算得上是充满活力的城市,所以这里的学区和市政服务没有像以前的一些工业小镇那样崩盘。一些像我妹妹那样的东南部居民,已经设法在芝加哥市中心找到了工作,当然通勤时间很长。而老工厂社区的一些繁华地带,已经成了在芝加哥商业中心工作的人的市郊住宅(bedroom communities)*。大多数芝加哥东南部的居民已经沦落到在几个越来越不稳定的行业打工,如残存的工业工作、当地的服务经济、非正式经济,以及某些地方的毒品经济。除了后者,其他所有的选择(包括市中心的办公室工作)都比之前工会钢铁厂的工资更低,更不稳定。这种现实情况让人们对工作饥不择食,并且严重依赖家庭。在这种情况的初期,妇女们就意识到,无论是否愿意她们都必须出来工作,分担养家糊口的压力。身兼数份工、获得大家庭的支持,家里有能拿退休金、能照顾孩子的老人,都变得至关重要。这不仅是对中产阶级生活的追求,更是对生存下来的渴望。

　　钢铁工业的消失也意味着向芝加哥东南部移民的意义发生了根本性转变。近几十年来,最新一批移民已经大量从墨西哥迁入,他们几乎都在东区定居。这是芝加哥东南部最大的社区,以前主要以白人居民为主。而这些墨西哥移民,是第一波与钢铁行业无关的移民。他们眼中的美国深受重工业

---

* 市郊住宅(bedroom communities),或称为卧室社区、睡城,主要是大都市周围承担居住职能的卫星城市。他们多位于通往中心城市的主要交通干线上。

工作流失的影响，包括工业岗位向全球低工资地区的流失，讽刺的是，这些流失地也包括墨西哥。[6] 虽然芝加哥东南部的族裔关系长期处于紧张状态，但如今的固定居民和新墨西哥移民之间的紧张关系具有深刻的讽刺意味。毕竟，正是各种被简称为全球化的力量，让他们破天荒地成了邻居。正是20世纪80年代和90年代的自由市场趋势，如《北美自由贸易协定》的签订，搅乱了墨西哥农村地区的经济，把许多人推向了移民之路。[7] 美国企业将盈利方式从生产和重工业转移到更有利可图的高级金融或朝阳企业等，也是全球化力量的另一个侧面。

然而，在其他方面，当代与过去的动态十分相似。就像早期的钢铁工业使工人群体相互对立一样，当代资本主义对低端工作的"竞争"，也令各族裔继续相互角逐。不过如今的竞争是通过非正式经济以及针对新移民的低工资工作扩张来实现的，这加剧了剩余工人阶级涌动的暗潮。[8] 最大的不同是，现在实现群体间转换以及令双方都成为中产阶级的途径更少了。

简言之，城市种族紧张和"接替"（succession）的旧模式，仍在继续。这是很早以前由芝加哥大学的社会学家们提出的概念，只是它现在有了新的凄凉感。也许这源于一种静谧的绝望感，因为当一些人紧紧抓住转瞬即逝的中产阶级地位时，其他人正竞相争夺。在20世纪90年代，一些新的砖砌平房出现在东区的边缘地带。但对于维持中产阶级的繁荣来说，这种小区域的影响很有限，不足以扭转整体经济的衰退形势。此外，现在极少有那种能将分裂的居民紧密相连的牵制力和共同经历。以前，虽然钢铁工业剥削并加剧了各族裔间的分歧，但它也迫使居民们一起工作。像我认识的一些人说的那样："不管他们喜不喜欢，都得在工厂里相处。"现在基本上已经没有类似的经历能够让人们跨越鸿沟、相互认同了。对于在老钢铁厂社区生活过的人来说，现在不仅出现了经历上的分裂，还有一种令人不安的社区分裂。虽然种族紧张关系揭示了这些经济和社会的断层，但它未能说明令我们国家陷入这种境地的过程。

芝加哥去工业化对非裔美国人的打击最大。虽然很多非裔美国人工作降级，开始从事薪资较低的服务或文书工作，但一些非裔妇女仍能像她们的白人同行一样，在医疗保健等行业找到工作。无论是对成年男性还是对小男孩来说，重工业工作的流失反复熄灭他们向上流动的希望。在这个长期被种族主义撕裂的社会中，就连沿着经济阶梯向上流动都变得十分艰难。[9] 在20世纪90年代，这样的现实助长了帮派组织在毒品经济上的吸引力，它们撕裂了社会学家眼中安全而稳定的老工厂社区的部分区域。[10] 这种转变使某些地方成了无人区。驱车穿过与美国钢铁公司（南方工厂）旧址相邻的非裔聚居区，几栋摇摇欲坠的木屋和砖砌平房稀稀拉拉地分布在广袤的空地上，很难想象这里也曾连墙接栋。随着工作岗位和住房存量的减少，城市中心会给人一种人口锐减的感觉。这种现象在底特律和其他一些去工业化地区甚至更加严重。根据最新的人口普查，芝加哥市的非裔人口有所下降。这是因为黑人和白人一样，为了获得更多的工作机会，不断前往芝加哥周边的工人阶级郊区，其他人则开始南下找工作。这与上一代非裔美国人北上从事工业工作的大迁徙截然相反。[11]

在20世纪80年代和90年代，随着去工业化在全国范围内扩大，一些观察家轻视地认为重工业工作的流失只是白人男子面临的问题。事实上，这忽视了在汽车和其他行业工作的大量女性，也忽视了男性家庭成员的失业给从事低薪工作的女性造成的额外负担、压力和责任。这些想法也忽略了这样一个事实：在60年代末，超过一半的非裔都市蓝领受雇于制造业。[12] 尽管黑人在70年代之前一直受歧视，无法在钢铁厂获得较好的工作，但这类工作还是为许多非裔美国人提供了强大的经济支柱。[13] 最近的一篇调查文章指出，芝加哥的去工业化全面激励了非工会化和非正式劳动，加速了制造业工作外包给"临时"工人的趋势，这让所有劳动者的工资进一步被压低。研究者再次提到，非裔群体在去工业化中的收入损失是最大的。[14]

虽然芝加哥东南部工厂的工作环境比较严酷，但人们仍然会为失去这份工作扼腕叹息。毕竟，工厂和工厂社区曾像一个大熔炉，接纳并聚集了不同背景的人和家庭。年复一年，工厂带着大家共奔锦绣前程。到头来，父母那代人坚信的进步、繁荣的未来，却和我们曾坚信的钢铁厂一样，短暂易逝。重工业的衰败已然成了加剧社会鸿沟的有力推手，而这一鸿沟正日益影响着整个美国社会。许多贫困地区和工人阶级地区的学校系统混乱，加上大学学费不断上涨，所以很多人都不可能接受更高水平的正规教育。情况既是如此，要怎样做才有可能改变这个结果呢？在这种情况下，对许多美国人来说，向上流动的道路已经被切断了。失去实现美国梦的关键梯级将造成什么后果，是美国未来会持续面对的问题。所以，芝加哥东南部和其他地区去工业化的半衰期还有待确定。

周而复始

2005年，我父亲走得很艰难。这对他和那些爱他的人来说都很难。在十年前治疗我的那家医院，他被诊断为肺癌。他的病是多年吸烟导致的，我怀疑多年吸入钢铁厂的致癌排放物也加重了他的病情。[15] 由于体内的癌细胞不断扩散，他最终变得皮包骨。2004年的最后几个月，止痛药缓解了他的痛苦，他再次轻松打趣地说话，甚至还有心情开玩笑。这都将是我珍贵的记忆：父亲笑着讲述那些熟悉的故事，比如在德国酒吧打架，或者在芝加哥市中心和朋友一起去文身。有时，在他比较清醒的时候，他谈到了阶级不平等（虽然他不会这么说）。他这时的行为超越了芝加哥东南部的种族分裂，而种族分裂的观念总在其他时候支配着他的思想。他尤其对自己在医院看到的一对南区来的非裔夫妇念念不忘。因为付不起医药费，妻子被强制赶出了医院。"这怎么可以，"父亲给医生、护士、来探望他的朋友和亲戚等每一个愿意听他讲话的人说,"在一个如此富裕的国家怎么会发生这样的事情?"虽然没能明确表达,但这件事似乎让他明白了他所抨击的更大的力量。在生命的最后几周,我们的谈话不断回到这一不公正的悖论上。

虽然我更想让父亲留在美好的记忆里,但疼痛来袭时,他总会陷入痛苦。痛苦过后,我、姐妹们和母亲就会疯狂地乞求、劝说或威胁他,让他服用止痛药。在意识越来越混乱的时候,他开始相信是这些药物导致了他的痛苦。在生命的最后几周,他的死亡开始与他母亲的死亡融合在一起。他才十几岁的时候,母亲就去世了。他回忆起母亲脑溢血昏迷时,护士们去为她吸出痰液。这是50多年前的事,而且他从未跟我们讲过。他似乎是在重温那段时光,不知道他正在感受哪一个身体——自己的还是母亲的。在这些超现实的时刻,时间失效了,他们最后的日子融为了一体。

在父亲去世的前几周,我去纽约和丈夫一起待了几天。当我回到芝加哥东南部家里时,父亲正在接受临终关怀。虽然他已经不能说话了,但他似乎对我的回来感到欣慰。我姐姐很好地表达了这一点:"知道我们都安全在家,他现在可以休息了。"在一个他几乎无法控制的世界里,一位父亲为照顾他所爱的人而奋斗,他始终为家人忧心,直到生命的尽头。我和妹妹轮流在他床边守候,这时他的喉咙里开始发出死亡的声音。当他吐出最后一口气时,我紧紧握住他枯瘦的灰色手掌。真实的死亡与好莱坞电影里的完全不同。我突然庆幸自己读过19世纪的小说,那时候欧洲人更亲密地体验过死亡。小说中提道,灵魂在巨大的叹息声中离开身体。回忆起这些话,我有了一种奇怪的被安慰的感觉,也感到自己与处于非常不同时代和地点的人们联系了起来。尽管走向死亡的过程中可能会有很多阶级的烙印,但在最后的时刻,它是一种超越阶级的体验。

在父亲去世后的几年里,我以另一种方式成为中产阶级。很久以前,通过曾经接受的教育,我在社会和文化方面已经成为中产阶级。这是一个痛苦的过渡,但我基本已经被同化了。然而,在经济方面,我继续以研究生助教和年轻助理教授的身份住在熟悉的地方。事实上,我的亲戚理解不了为什么一个受过这么多教育的人还没有车,还要住在这么小的公寓里。父亲去世后的第二年,我获得了大学的终身教职。我很遗憾不能与他分享这个消息。他不会在乎这是在一所好学校,因为这种地位的追求是中产阶级世界里的竞争,他既不关心也不了解其中的规则。然而,知道我有一份稳定的工作,会让他的灵魂得到慰藉。后来,我丈夫在波士顿找到了工作,我们也结束了漫长的双城时光。利用大学的住房福利,我们在坎布里奇买了一个中产阶级的房子。它在一栋维多利亚时代的老房子里,十足的凌乱感使它别具一格。我们喜欢自己的那一半房子,粉刷、清洁,一点一点地修整。不过我很庆幸父亲不会看到它,因为这里离坎布里奇的精英们精心打理的殖民地住宅和维多利亚式豪宅不远,会让他感到不舒服。他永远不会理解为什么"必须"有一个危险的壁炉,为什么墙上有奇怪的民间艺术,或者为什么要住在这么大的地方。真正会让他烦恼的是我有一个让他显得格格不入的家：这是一个物理上的提醒，提醒我们俩生活之间的断裂和积累的距离。

住进新家的第一年，也是我生命中的第一次，我经常会在夜里惊醒，或者躺在床上深陷一种难以形容的沉没感。我有一种深深的不安，仿佛自己已经失去了港湾。工人阶级的自我认同以及随之而来的怨恨，是我存在的一部分。我仍然对那些背后操纵者感到愤恨，恨他们取消我父亲工厂的抵押品赎回权，恨他们冷酷无情地做出经济决定，恨他们让我不相信金钱、资本主义和权贵。但现在我想知道，在成为中产阶级的过程中，我是否已经成为我所憎恶的那部分人。在这种难以形容的沉没感之下，是一种深深的内疚感。我终于把父亲抛在脑后了吗？既然他已经不在了，既然我不能再否认我的中产阶级存在，那么我所生长的世界——那个在我心里保留了一部分、虽然曾与之抗争却也珍惜着的世界——是否还是被我抛弃了？前些年让我纠结的伦理问题又回来了：凭什么有些人的生活比别人好？我又有什么权利过得比别人好？中产阶级常说这种差异是应该的，是努力工作得来的。对此我也知道，就像我父亲可能会说的那样，都是胡扯。任何劳动者都知道，在这个世界上，艰苦的劳动并不意味着平等的回报。我丈夫温和而公正地责备我：但是，你为什么要活得好像你不值得拥有什么？难道你只是为了报复自己，就要故意拒绝中产阶级的生活吗？我一直压抑着的恐惧最终浮现在我的意识中：但如果我开始相信自己值得，结果会怎么样?我会变成另一个人吗?这会不会是对我父亲的终极背叛?从我去埃克塞特起,他就担心的那种背叛?我会不会从此认定父亲的生活是精神贫瘠的,从而隔断我们的生活世界?

回想父亲这一生,很显然,他的烦恼并不都缘于钢铁厂的倒闭。他的一些创伤来自家庭,另一些则是在工厂倒闭前与阶级有关的创伤。甚至在我还很小的时候,他的焦虑就经常体现在家庭中。家里的东西坏了,他就大发雷霆,害怕自己的世界失去控制。然而,他觉得自己没有能力去解决这些问题。这在工人阶级世界里会受到严厉的控诉,因为他们总是认为,一个男人修理房屋的能力代表着他照顾家庭的能力。所以我们楼上浴缸的水管破裂时,父亲坚决不同意请别人来修理,因为这是对他男性气概的侮辱。于是,十年来,房子从完好到破败,我们都没再用过这个浴缸。后来,正是工厂的倒闭击溃了他的防线,揭开了他的弱点。我曾在年轻的时候做过一个梦(不记得是在威斯康星钢铁公司倒闭之前还是之后),梦见自己被狼袭击,然后拼命用棍子打跑了狼。当看到身后的父亲时,我向他求救。结果转身一看,他在露出一个悲伤和羞怯的微笑后,就消失了。这并不是因为他不想帮忙,而是因为他没有力量和沉着的心态来帮忙。我继续独自与狼作战,并成功地打跑了它们。然而,只能靠自己的那种沉没感完全淹没了我的满足感。尽管这个梦困扰了我好几年,但我还是不愿直视它背后那过于直白的含义。虽然父亲爱我,但我还是觉得自己被背叛了,因为他没能成为我们社会所期望的那种保护家人的父亲。我打从心底里不想承认这种背叛感。阶级的不公平之一，就是那些资源有限、生活困难的人很难成为别人（包括他们自己和他们的孩子）所期望的那种父母。

我也常扪心自问，在选择过一种他无法理解的生活时，我算不算背叛了他？我是不是抛弃了他？记得在他去世前的几个月，发生了一件平凡但很有意义的事情。为了照顾正接受化疗的父亲，我和丈夫会定期住在妈妈一个朋友家楼上的空公寓里。那里和我父母家只隔了几个街区。一天下午，父亲难得感觉不错，就到楼上的公寓来看我们，而不是等我们去找他。当他坐在那里喝茶、吃甜饼干、闲聊全球局势时，他看起来安详而满足。虽然他永远不会承认，但我知道，这就是他这辈子真正希望从我这里得到的一切：让我过上他可以参与的生活。也许就是住在附近，给他一个温馨的家，让他可以逃离夫妻的争吵，享受父女间的安静时光。我同情我们两个人的困境：父亲被他的心魔所困，无法给我我想要的东西；而我也无法给他他想要的，因为我几乎是为了自救才不得不离家出走。在美国，那些向上流动的空洞叙述根本没有提到这种痛苦的困境。只有当我开始寻找其他"向上爬"的工人阶级的叙述时，我才发现了类似的故事。他们都和我一样，需要抚慰被这种经历折磨的灵魂。

在本书初稿完成后的几个月里，我再次思考自己腹部的疤痕和缺失的生殖器官，这些疤痕标志着我的身体来自芝加哥东南部和它的有毒遗产。我和丈夫不久后就会去越南领养一个孩子，带他回来一起生活。虽然他的中间名是我父亲的名字"查尔斯"（我父亲和我丈夫的父亲都叫这个名字），但我父亲的孙子永远不会认识他。我在想，儿子或许会思考远方不知名的亲戚的生活和挣扎，他也可能会想知道他有一个素未谋面的外祖父。不过他至少可以看到这些故事和视频片段，就像我有曾外祖父的回忆录《至死方休的生存挣扎》一样。我想知道，随着儿子年龄的增长，他将借鉴和讲述什么样的叙事和反叙事？虽然我和丈夫在新英格兰为他和我们自己创造了一个新的家，但对孩子来说，"家"的意义会如何延展？他会不会觉得必须循着将他与许多人和梦境关联起来的线索，去探访湄公河三角洲的稻田和繁华的城镇，去拜访我丈夫家在威斯康星的家庭农场，或者去感受芝加哥东南部死寂的钢铁厂？这些地方是否像我们想象的那样毫无关联？坐在胡志明市（曾经的西贡）一个酒店的房间里，我从房门外的商业报纸上了解到了越南快速扩张的钢铁工业——亚洲经济大潮的产物，看到了钢铁生产向"发展中"世界的转移。将来，当我们和儿子再次访问越南时，这些新的工厂会不会已经创造了像芝加哥东南部那样的社区？还是说它们已经转移到其他工资更低的地方，只给当地留下了类似的持续性伤害？

连接我与芝加哥东南部的关系网也在扩张，我开始和不同的时间、地点产生联系：我外祖母一直在联络的曾外祖父的瑞典亲戚；祖父从小生活的伊利诺伊南部农场和煤矿；我父亲早逝的母亲一家所在的波希米亚工厂。同样，通过芝加哥东南部，钢铁巨头和企业领导人遥远的办公室开始与我有关，因为是他们的决策影响了我们的生活；世界各地的拖拉机和建筑开始与我有关，因为它们所用的钢铁是我的家庭成员辛劳制造的；芝加哥市周边产生的废物开始与我有关，因为这些废物通过东南部的景观渗入了我的身体。

我的儿子也将同样被一个跨越时间和地点的关系网所束缚。我和丈夫第一次带他回芝加哥看我母亲时，有一件事让我印象深刻。这个 18 个月大，精力充沛、风度翩翩的小男孩，把我长大的房子当成了自己的家，好像他也在那里生活了一辈子。他高兴地尖叫着，玩着我父亲曾经收集的木雕汽车和飞机。这些玩具摆放在一块公告板下，板上钉着的公告正骄傲地宣布父亲是我母亲组织的瑞典会社中最年轻的成员。我正向隔壁邻居鲁本的一个朋友介绍我的孩子，看似遥远的种族和地方之间更令人不安的联系再次迅速浮现。隔着后院的铁丝网，我们正向他们介绍儿子的身世，而鲁本的朋友没能藏住他一瞬间的痛苦表情。在炎热的夏日，他依然穿着反文化的 60 年代风格的破旧军装，我和丈夫大概猜到了他是一名越战老兵。尽管他的表情很痛苦，但他仍隔着链条围栏轻轻地抚摸着我们儿子的手。然后他开始聊战争，聊他和他在南芝加哥的其他青少年朋友打算在胸前抹铅来逃避征兵，但没有成功（因为谣言说这会导致肺部 X 光片上出现类似肿块的标记）。最后，他在岘港和柬埔寨当上了海军陆战队突击队员。他告诉我们那场战争有多可怕，给我们讲了他三次受伤的故事。他说他认识 36 个年轻人，都是来自南芝

图23. 南芝加哥的越南战争纪念壁画（芝加哥东南历史博物馆授权使用）

加哥的墨西哥裔美国人，都死在了越南。在这场战争中，工人阶级的身体成为美国军队的主力，芝加哥东南部为此遭受了不成比例的痛苦；墨西哥裔社区更是如此。虽然我们不知道我儿子的亲戚为哪方战斗或同情哪方，但我们的家庭和邻里纽带将我们与所有这些"姻亲"的痛苦联系在一起，已知的和想象的，跨越遥远的海洋，也跨越芝加哥东南部的铁丝网。

我也在思考塑造我自己经历的那种有毒的环境遗产，并怀疑我儿子的亲戚和同胞可能会有更戏剧性的经历。在越南，二噁英释放的橙剂影响了整个湄公河三角洲，影响了居民和士兵。这在南芝加哥瓜达卢佩圣母教堂附近的越战纪念壁画中有直观的描述，如图23所示。除此之外，我还关注越南的工业资本主义发展造成的更加微妙的环境污染，因为这和曾经在充满活力的早期芝加哥东南部发生的事情很像。正如老钢铁社区居民的健康状况逐渐从属于经济扩张的节奏，近年来越南爆炸式的经济生产也在其城市和农村造成了一波又一波的污染，因为大部分不受管制的农业和工业化学品渗入了土地、水和食物供应链。我儿子的身体里也像我一样携带有毒物质吗？他的身体会不会也以这种不可知的方式与他出生的地方联系在一起？甚至成为阶级分化的国际性产物，成为芝加哥东南部历史上那种不受约束的资本主义扩张的国家社会主义版本？我曾外祖父和许多其他移民到这些钢铁厂社区的人的生活，将遥远的地理区域联系在了一起，我们家族后几代人的故事也将如此。

　　思考这些跨越空间和时间的联系时，我的思绪一下被拽进了曾外祖父和他的回忆录《至死方休的生存挣扎》。想到他在生命的最后阶段如此辛苦地打字，我看到了自己和他的共同点。和他一样，我也感到必须要写下我在芝加哥东南部的生活记录。其中大部分原因是个人的，芝加哥东南部仍然是一个与我息息相关的地方。在我的成长过程中，我对这里又爱又恨，既认同又疏远。我感到受困于它，但也重视它紧密的社会关系网络，它把我认识的人联系在一起，并赋予我们生活的意义。就像我想象中曾外祖父试着去理解移民生活的断裂一样，通过写这本书，我也试图理解并平静对待我现在的生活轨迹与从前的断裂。这种断裂既是跟家人、朋友和以前的邻居，也是跟我自己。写这本书让我的两面能够进行对话，即让钢铁工人的女儿和中产阶级的学者这两个身份相互理解，慢慢弥合相互间的断裂。

然而，正如我在本书开头所说，这种个人欲望不能脱离它们所处的社会动态。撰写这本"自传"让我有机会将我的两面结合起来，一方面传递出作为社会科学家所学到的东西，另一方面也分享作为一个在芝加哥东南部长大的工人阶级孩子的记忆、想法和感觉。它鼓励我思考社会阶级的经验是如何体现的。因为我的阶级经验始终在我的心理、习惯和身体的分子中，随着我生活的变化，在不同的社会和经济领域移动。它让我有机会思考那些和我一起长大的人的故事怎样背离了关于移民、劳工、去工业化和向上流动的霸权主义叙事，让我在思考的过程中提出其他的解释，它让我有机会讲述那些需要表达爱、愤怒和给出解释的故事。

这本书不是简单的个人叙述，而是提出了人们不愿面对的更大的问题——阶级。多年来，这个问题不时困扰着美国的观察家们，但他们却总是回避。正如本书所言，在芝加哥东南部的世界里，阶级既无处不在，又总是被回避。主导钢铁厂男性化和工会化工作场所的"小人物"与管理层"大人物"（已经过分简化了）的语言，不一定会延续到我们的其他生活中。尤其是现在许多居民希望能真正融入美国的生活，而不是永远当个挣扎的边缘人。正是这种阶级语言的缺乏，让我无法在看似不同的阶级世界之间表达出自己迫切想说的东西。

在 21 世纪开始的几年，难免会有这样的结论：我们早就应该对美国的阶级观念进行一次全国性的清算。自三十多年前威斯康星钢铁公司倒闭以来,这个国家经历了一场深刻的变革。曾经收缩的不平等水平经历了惊人的扩张,因为一种更具侵略性的资本主义已经凸现。在这一时期,对二战后的一代人来说非常重要的安全目标被重新视作对创新的拖累。而芝加哥东南部等地的大规模失业和混乱也被视为常态,不再引起人们的注意。

这几十年里,由于保守派重塑民粹主义,美国的社会阶级问题变得更加困难。他们声称要赞扬"美国工人",同时又否认阶级的社会经济现实和新的侵略性资本主义的代价。[16]在保守派手中,这种民粹主义的类型不是利用阶级怨恨来吸引注意力,而是转移对阶级的注意力。接下来的几年里,凡是那些往上爬的人因失去经济梯级而产生的无形的愤怒,都会被冷酷地转移到其他话题上,包括种族和"家庭价值观"。这种方式回避了我们关心的伦理道德问题,即是谁在新经济中受益?又是谁会为新经济所伤?对公共辩论的躲避,令人们难以从根源上理解和纠正日益严重的阶级不平等问题。如果没有一个能够解释这种经济现实的阶级概念,那清晰的怨恨就会滋长出一种无由的愤怒。这种愤怒无法改变它所抨击的世界,因为它甚至无法为自己辩护。

研究去工业化的原因和影响,需要理解阶级的不平等,而不是将其当作烟幕来转移人们的注意力。去工业化以一种难以修复的方式破坏了美国梦,并在很大程度上让美国发现自己正陷入不断加剧的不平等中。发生在芝加哥东南部等地和像我父亲这样的人身上的故事,一直是这个国家转型的中心。尽管在2008年金融危机之后,美国阶级格局变化带来的社会和经济影响变得更加明显,民众的不满情绪也不断上涨,大量的书籍也试图重新定义美国在过去几十年里失去了什么,[17] 但这种重估的深度怎么样,目前还不清楚。不过,显而易见的是,强大的利益集团更想避免这种反思。最明显的例子是,自由市场保守派的新敌人已经变成了公共工会——教师和公务员,这是少数几个坚守下来的阵地之一。在这里,工薪阶级可以继续找到稳定性,抵御日益增长的不安全感。

在这个意义上,对一种"合适"的阶级语言的需求是一个社会性的需求。然而,这将是一个什么样的阶级概念呢?从历史上看,社会阶级往往被看作由经济条件决定的集体。

图24. 我的父亲查尔斯·沃利在芝加哥湖畔

然而，以这种方式定义的阶级往往忽略了其他形式的个人和集体身份，如种族和性别。它们也有力地塑造了我们是谁，并以强有力的方式影响了阶级在我们日常生活中的表现。传统的阶级概念也淡化了赋予我们生活意义的文化世界。然而，如果一个阶级概念过分专注于我们如何根据文化、种族和身份来区分自己，而没有充分考虑到那些塑造我们生活轨迹的不平等经济关系，就会失去成为社会分析工具的关键优势。我们的目标必须是将两者结合起来，使阶级的概念既是理解世界的重要分析工具，又是改变世界的必要行动框架。最后，重塑阶级概念是必要的，这不仅是为了用积极的愤怒取代美国国内某些群体的自我毁灭，同时是想挑战其他群体的脱离或利己主义，而且也是为了找到任何可能的前进之路。

找到一条前进的道路，意味着要认识到，即使面对全球经济压力（我们美国人就助长了这种压力），我们也可以选择自己想要带来的未来。尽管在本书付印时，关于制造业可能会振兴的讨论再次出现，但这一强调的背后代表着什么，我们尚不清楚。它是为了吸引体面的工作，还是因为美国工人阶级的权利被剥夺，似乎可以再工业化，所以工业和政策带头人越来越倾向于把美国视作另一个"低工资"终点。[18]同样，关键不在于做哪种工作，工业工作也不能被浪漫化，而在于这些工作能否培育出一个可以支付基本生活工资、支持家庭和社区的社会。

本书有关芝加哥东南部钢铁厂的生活故事，又周而复始:从曾外祖父在20世纪初进入钢铁厂,到我父母在翻天覆地的去工业化世界中挣扎,再到现在,我们四岁的儿子在他外婆的房子里好奇"钢铁厂是怎么倒闭的"。我们应该相信,讲述一代代人的故事,是看清美国已经失去了什么、又将如何前进的必由之路。如果说终有一天,我们将克服集体困境、开始谈论阶级、自信地说话,那么在我看来,这个时刻已然来到。

注 释

引 言

[1] 该钢铁厂曾经属于国际收割机公司，后者于 1977 年将威斯康星钢铁厂卖给一家名为恩维洛迪纳公司的子公司。在收购协议中，国际收割机公司贷款 5000 万美元给恩维洛迪纳公司。作为抵押，后者须保留前者对威斯康星钢铁公司煤矿和铁矿的权利。三年后，国际收割机公司先发制人地执行了对威斯康星钢铁公司矿山的索赔要求，派出海岸警卫队的船只召回工厂的矿石船。相应地，威斯康星钢铁公司的另一个主要贷款方大通曼哈顿银行取消了对财产的抵押品赎回权，将工厂推向了破产。在《生锈的梦：一个钢铁社区的艰难岁月》中，大卫·本斯曼和罗伯塔·林奇认为，国际收割机公司和大通曼哈顿银行之所以如此突然的行动，是为了避免在对工厂资产提出要求时出现法律延误。这种延误对于进入破产法庭的工厂来说，几乎是家常便饭。David Bensman and Roberta Lynch, *Rusted Dreams: Hard Times in a Steel Community* (Berkeley: University of California Press, 1987). 对威斯康星钢铁公司倒闭这一复杂而混乱的事件的进一步讨论，见本书第二章。

[2] 据推测，这种癌症与卡鲁梅特地区的普遍污染有关，这一点在第四章中有所讨论。

[3] 近几十年来，人们对美国社会经济不平等的扩大进行了大量的讨论。更多的媒体讨论可见 "Ever Higher Society, Ever Harder to Ascend," *Economist*, special report, January 1, 2005; David Leonhardt, "What's Really Squeezing the Middle Class?" *New York Times*, April 25, 2007; David Cay Johnston, "Income Gap Is Widening, Data Shows," *New York Times*, March 29, 2007; Chrystia Freeland, "The Rise of the New Ruling Class: How the Global

Elite Is Leaving You Behind," *Atlantic*, February 2011, 44-55; Robert Pear, "Top Earners Doubled Share of Nation's Income, Study Finds," *New York Times*, October 25, 2011。更多的学术讨论可见 Thomas Piketty and Emmanuel Saez, "Income Inequality in the United States, 1913 - 1998," *Quarterly Journal of Economics* 118 (2003): 1-39; Emmanuel Saez, "Striking It Richer: The Evolution of Top Incomes in the United States," June 17, 2010, http://www.econ.berkeley.edu/~saez/saez-UStopincomes-2008.pdf; Kathryn Neckerman and ForenciaTorche, "Inequality: Causes and Consequences," *Annual Review of Sociology* 33 (2007): 335 - 357; Hugh Gusterson and Catherine Besteman, *The Insecure American* (Berkeley: University of California Press, 2009)。关于高管涨薪的讨论，可见 Eric Dash, "Executive Pay: A Special Report," *New York Times*, April 9, 2006; Karen Ho, *Liquidated: An Ethnography of Wall Street* (Durham: Duke University Press, 2009)。

[4] 像《华尔街日报》和《经济学人》这样的"保守派"出版物也一直在呼吁关注美国国内流动性不足的问题。具体可参考相关文章: "Ever Higher Society, Ever Harder to Ascend"; David Wessel, "As Rich-Poor Gap Widens in U.S., Class Mobility Stalls," *Wall Street Journal*, May 13, 2005。19世纪末的流动率很高，但那似乎是穷人为了改善物质条件而发生的从农村到城市的地理流动和迁徙。他们实现流动主要是因为商业和工业的进步，而不是通过高等教育。由于当今的向上流动与教育密切相关，而后者与完善的学校制度和父母丰富的文化资本有关，因此人们越来越难做到从底层工作开始向上爬，社会流动也变得更加停滞。虽然美国人总觉得美国社会更有活力，欧洲更被阶级束缚，但现在欧洲或斯堪的纳维亚国家的社会环境，实际上比美国更有利于向上流动。

[5] 相关数据皆来自美国劳工统计局。类似数据也可见文章 Barry Bluestone, "Foreword," in *Beyond the Ruins: The Meanings of Deindustrialization*, eds. Jefferson Cowie and Joseph Heathcott (Ithaca: Cornell University Press 2003), xxi; Cowie and Heathcott, *Beyond the Ruins*, 14。一些观察家认为，去工业化是被夸大了，甚至只是一个虚构的"神话"。他们其实是想强调近几十年来，制造业的工作岗位和工业产量基本保持不变。然而，这种说法忽略了制造业工作岗位在整个劳动力中所占比例的骤降。在继续发展制造业的地方，机械化程度的提高减少了人们的工作机会，导致了降薪和工会减少。与此同时，那些总是威胁着要关闭工厂的管理层也让工人们回馈

工厂,毕竟他们曾享受过工厂的高工资、高福利和工作条例带来的好处。简言之,无论厂商是否认为管理层的做法构成了"去工业化",对工人、他们的家庭和社区来说,这就是去工业化。

[6] "半衰期"一词出自雪莉·李·林肯(Sherry Lee Linkon)"Navigating Past and Present in the Deindustrial Landscape"(该论文在伊利诺伊大学芝加哥分校 2011 年 6 月 23 日举办的工人阶级研究会议上报告)。

[7] 有大量关于讲故事和叙事的学术文献。对这一说法特别有影响的作品包括:Patricia Ewick and Susan Silbey, "Subversive Stories and Hegemonic Tales: Towards a Sociology of Narrative," *Law and Society Review* 29 (1995): 197-226; Mary Jo Maynes, Jennifer L. Pierce, and Barbara Laslett, *Telling Stories: The Use of Personal Narratives in the Social Sciences and History* (Ithaca: Cornell University Press, 2008); Allesandro Portelli, *The Death of Luigi Trastulli and Other Stories: Form and Meaning in Oral History* (Albany: State University of New York Press, 1991); Personal Narratives Group, eds., *Interpreting Women's Lives: Feminist Theory and Personal Narratives* (Bloomington: Indiana University Press, 1989); Elinor Ochs and Lisa Capps, *Living Narrative: Creating Lives in Everyday Storytelling* (Cambridge, Mass.: Harvard University Press, 2001); Mary Steedly, *Hanging without a Rope: Narrative Experience in Colonial and Post-colonial Karoland* (Princeton: Princeton University Press, 1993)。许多学者都强调要谨慎地运用个人叙述,包括警惕叙事的浪漫化倾向。例如:Judith Stacey, "Can There Be a Feminist Ethnography?" *Women's Studies* 11 (1998): 21-27; Lila Abu-Lughod, "Can There Be a Feminist Ethnography?" *Women and Performance* 5 (1990): 7-27; Ewick and Silbey, "Subversive Stories and Hegemonic Tales"。此外,就像埃里克(Ewick)和西尔贝(Silbey)主张的那样,个人叙事的本质不应被视为对权力的颠覆、对个体经历的坦白或民众真实声音的表达。讲故事本身遵循着社会惯例,由特定的社会类型所诱发,并可能模仿当权者喜欢的故事线来展开。

[8] 在学界,霸权通常被理解为一种以非强力手段形成的间接支配。在安东尼奥·葛兰西(Antonio Gramsci)的理论基础上,后结构主义理论家埃内斯托·拉克劳(Ernesto Laclau)和尚塔尔·莫夫(Chantal Mouffe)将霸权定义为对社会关系和实践强加的阐明性原则。他们认为,霸权不是关于两个预先设定的主体之间的外部关系,而是关于这些主体彼此之间的话语构成。可见 Ernesto Laclau and Chantal Mouffe, "Recasting Marxism:

Hegemony and New Social Movements," *Socialist Review* 12 (1982): 91-113。这篇文章也指出，霸权不涉及既定群体间的关系，而是关注如何通过与他者的关系来建构这些群体。

[9] Carolyn Steedman, *Landscape for a Good Woman: A Story of Two Lives* (New Brunswick: Rutgers University Press, 1986).

[10] 对于阶级"隐性伤害"（hidden injuries）的经典讨论，可见 Richard Sennett and Jonathan Cobb, *The Hidden Injuries of Class* (New York: Knopf, 1972)。

[11] Sherry Ortner, "Reading America: Preliminary Notes on Class and Culture," in *Recapturing Anthropology: Working in the Present*, ed. Richard G. Fox (Santa Fe, N. M.: School of American Research Press, 1991), 163-190.

[12] 对于围绕工人阶级白人种族动态的其他分析，可见 John Hartigan, Jr., *Racial Situations: Class Predicaments of Whiteness in Detroit* (Princeton: Princeton University Press, 1999); Marianna De Marco Torgovnick, *Crossing Ocean Parkway* (Chicago: University of Chicago Press, 1997); Jonathan Rieder, *Canarsie: The Jews and Italians of Brooklyn against Liberalism* (Cambridge, Mass.: Harvard University Press, 1985)。

[13] 这并不是说美国人不谈论社会阶级。他们只是被当权者欺骗了，没有认识到阶级的重要性。这里的观点绝对不是一个"错误意识"的观点。相反，阶级话题在美国的某些时期一直有讨论难度，是有历史原因的。尽管如此，刻意回避阶级话语会将公共讨论引向特定的方向，这对于目前这种不平等现象日益严重的时代而言，是相当危险的。

[14] 见 Karl Marx, *Capital*, ed. David McLellan (Oxford: Oxford University Press, 1995); Marx, *The Marx-Engels Reader*, ed. Robert C. Tucker (New York: W. W. Norton and Company, 1972); Max Weber, *From Max Weber: Essays in Sociology*, eds. H. H. Gerth and C. Wright Mills (New York: Oxford University Press, 1946); Weber, *The Protestant Ethic and the Spirit of Capitalism* (New York: Charles Scribner's Sons, 1958)。尽管一些社会学家用韦伯的方式去除了阶级的批判性内容，代之以对"地位"的去政治化关注，但其他社会学家还是将讨论引向文中提到的更有趣的方向。关于马克思主义和韦伯主义阶级观点的辩论概述，可见：Mark Liechty, *Suitably Modern: Making Middle-Class Culture in a New Consumer Society* (Princeton: Princeton University Press, 2003); Ortner, "Reading America"; Julie Bettie,

Women without Class: *Girls, Race, and Identity* (Berkeley: University of California Press, 2003)。

[15] 在试图结合马克思和韦伯的过程中，布迪厄提出了很多极富影响力的理论。其中包括"品味"和"区分"的标志等文化手段如何造成阶级不平等，人们如何通过"惯习"或自身经验带来的持久倾向来将阶级具身化。具体可见：Pierre Bourdieu, *Outline of a Theory of Practice* (Cambridge: Cambridge University Press, 1977); Bourdieu, *Distinction: A Social Critique of the Judgement of Taste* (Cambridge, Mass.: Harvard University Press, 1984)。

[16] 关于阶级表演，可见：Bettie, *Women without Class*；关于代际的挑战，见 Ortner, "Reading America"。

[17] 关于人类学的文化概念和"贫困文化"论之间的差异，一些不错的讨论可见：Bettie, *Women without Class*; M. L. Small, D. J. Harding, and M. Lamont, "Reconsidering Culture and Poverty," *Annals of the American Academy of Political and Social Science* 629 (2010): 6-27。

[18] 除了已经谈过的那些理论家的尝试外，还有许多尝试可以重新定义阶级，帮助形成一个复杂的阶级概念。例如，在英国，从历史学家E. P. 汤普森到文学评论家雷蒙德·威廉斯（Raymond Williams），再到英国文化研究代表人物斯图尔特·霍尔（Stuart Hall）、迪克·赫布迪格（Dick Hebdige）和保罗·威利斯（Paul Willis），将文化内容引入资本主义分析的努力（借鉴安东尼奥·葛兰西）引发了英国学术界关于阶级的"文化"转向。就人类学家而言，保罗·威利斯的经典著作《学做工》（*Learning to Labor*, Aldershot, UK: Gower, 1977）极具影响力。在后结构主义理论的路径下，也产生了一些对社会阶级问题有影响力的思考。例如理论家埃内斯托·拉克劳和尚塔尔·莫夫批评了"经济主义"、对意识形态性质的描述，以及我们如何在许多马克思主义理论中构成阶级主体。可见：Laclau and Mouffe, "Recasting Marxism"。此外，J. K. 吉布森-格雷厄姆这两位研究方向高度一致的经济学家，将后结构主义和女权主义理论结合起来，努力挑战将资本主义视作一种总括性的普遍力量的表述，提出人们可以同时处在多个阶级位置，并承认经济实践同时包括了资本主义和非资本主义元素。具体可见：J. K. Gibson-Graham, *The End of Capitalism (as We Knew It): A Feminist Critique of Political Economy* (Oxford: Blackwell, 1996)。朱莉·贝蒂对日常生活中的阶级、性别和种族的共同构成进行了

敏锐的民族学分析,并对话后结构主义理论。可见:Bettie, *Women without Class*。最近,"新工人阶级研究"的范式为关注阶级的经验部分、个人叙事的重要性以及基于地点的分析提供了空间。例如:John Russo and Sherry Lee Linkon, eds., *New Working-Class Studies* (Ithaca: Cornell University Press, 2005)。最后,对"弹性积累"制度下资本主义性质变化的马克思主义分析,亦深刻地影响着当代阶级关系。可见:David Harvey, *The Condition of PostModernity* (London: Basil Blackwell, 1989)。

[19] 关于这一议题的精彩讨论,可见:Bettie, *Women without Class*。

[20] 虽然人类学一直较少关注社会学范畴内的美国社会阶级问题,但也有一些人类学文献讨论了阶级问题。例如:Sherry Ortner, *New Jersey Dreaming: Capital, Culture and the Class of 1958* (Durham: Duke University Press, 2003); Ortner, "Reading America"; Katherine Newman, *Falling from Grace: Downward Mobility in the Age of Affluence* (Berkeley: University of California Press, 1999); Micaela di Leonardo, *The Varieties of Ethnic Experience: Kinship, Class and Gender among California's Italian-Americans* (Ithaca: Cornell University Press, 1984)。亦有人类学研究关注了与去工业化有关的阶级问题,可见:June Nash, *From Tank Town to High Tech* (Albany: SUNY Press, 1989); Kathryn Dudley, *The End of the Line: Lost Jobs, New Lives in Post-industrial America* (Chicago: University of Chicago Press, 1994); Judith Modell, *A Town without Steel: Envisioning Homestead* (Pittsburgh: University of Pittsburgh Press, 1998); Gregory Pappas, *The Magic City: Unemployment in a Working-Class Community* (Ithaca: Cornell University Press, 1989)。人类学家对美国城市社区中种族和阶级交叉问题的研究,可见:Steven Gregory, *Black Corona: Race and the Politics of Place in an Urban Community* (Princeton: Princeton University Press, 1998); John L. Jackson, *Harlemworld: Doing Race and Class in Contemporary Black America* (Chicago: University of Chicago Press, 2003); Ida Susser, *Norman Street: Poverty and Politics in an Urban Neighborhood* (Oxford: Oxford University Press, 1982)。关于当代不平等加剧背景下的个人叙述,可见:Kath Weston, *Traveling Light: On the Road with America's Poor* (Boston: Beacon Press, 2009)。

[21] 我后来在"新工人阶级研究"中发现了一种范式,如前所述,这种范式更关注阶级的经验部分。见 John Russo and Sherry Lee Linkon,

"What's New about New Working-Class Studies?" in *New Working-Class Studies*, eds. John Russo and Sherry Lee Linkon (Ithaca: Cornell University Press, 2005), 1-15。

［22］虽然迈尔霍夫专门论述了作为发展阶段的老年，但我认为，这一点更普遍适用，见 Barbara Myerhoff, *Number Our Days* (New York: Simon and Schuster, 1972)。

［23］这样的典型案例是著名的口述历史学家斯图兹·特克尔（Studs Terkel）的大量研究，例如 *Working* (New York: New Press, 2004)。

［24］人类学一直非常强调"社会定位"（social positioning）或"在场"（locatedness），认为作为研究者所在的位置决定了我们的观点以及与研究对象的互动。关于"定位"或"在场"的重要理论成果，见：Donna Haraway, "Situated Knowledges: The Science Question in Feminism and the Privilege of Partial Perspective," *Feminist Studies* 14 (1988): 575-599; Lila Abu-Lughod, "Writing against Culture," in Fox, *Recapturing Anthropology*, 137-162。

［25］Deborah Reed-Danahay, "Introduction," in *Auto/Ethnography: Rewriting the Self and the Social*, ed. Deborah Reed-Danahay (New York: Berg Press, 1997), 9; Alisse Waterston and Barbara Rylko-Bauer, "Out of the Shadows of History and Memory: Personal Family Narratives in Ethnographies of Rediscovery," *American Ethnologist* 330 (2006): 397-412. 尽管不一定使用"自我民族志"这一术语，但其他做类似研究的社会科学家也在更大的社会关系中探索和分析自我和家庭。包括：Carolyn Steedman, *Landscape for a Good Woman*; Neni Panourgia, *Fragments of Death*, *Fables of Identity: An Athenian Anthropography* (Madison: University of Wisconsin Press, 1995); Kirin Narayan, *My Family and Other Saints* (Chicago: University of Chicago Press, 2007); Pierre Bourdieu, *Sketch for a Self-Analysis* (Chicago: University of Chicago Press, 2008)。

［26］布迪厄在他的作品 *Sketch for a Self-Analysis* 中并没有使用"自我民族志"这一术语，但这一作品与许多自我民族志的研究十分相似。他彻底否认这是一部"自传"，而是强调需要在社会环境中分析自我，这也是他长期以来强调的反身性理论的一部分。

［27］Waterston and Rylko-Bauer, "Out of the Shadows"。

第一章

[1] 1903年,为了庆祝迪林收割机公司的到来,它被更名为南迪林。迪林收割机公司后来成了国际收割机公司,长期持有威斯康星钢铁公司。见 David Solzman, *The Chicago River: An Illustrated History and Guide to the River and Its Waterways* (Chicago: University of Chicago Press, 2006), 173-174。

[2] 更多干草市场爆炸案的情况,可见:Robert Spinney, *City of Big Shoulders: A History of Chicago* (DeKalb: Northern Illinois Press, 2000), 107-113; Dominic A. Pacyga, *Chicago: A Biography* (Chicago: University of Chicago Press, 2011), 94-99。

[3] 关于畜牧场的讨论,可见:Pacyga, *Chicago*, 60-62; Spinney, *City of Big Shoulders*, 56-62。

[4] 对普尔曼讨论,可见:Spinney, *City of Big Shoulders*, 93-96; Pacyga, *Chicago*, 122-124。

[5] 关于特伦布尔公园暴乱的讨论,可见:Arnold R. Hirsch, "Massive Resistance in the Urban North: Trumbull Park, Chicago, 1953-1966," *Journal of American History* 82 (1995): 522-550。

[6] 我在这里给"白种人"加了引号,以表明我对这个词的保留意见。在许多社会科学和大众文学中,"白种人"是工人阶级白人的代称。虽然它准确地反映了芝加哥东南部许多居民的移民背景,但这个用法也表现出将阶级问题归入种族/族裔问题的倾向。它没有看到两者往往同时发挥作用,而非单一问题的影响。

[7] 这是"新工人阶级研究"采用的立场,见 Russo and Linkon, "What's New about New Working-Class Studies?"。

[8] Ortner, "Reading America"。

[9] Erika Johnson, "Scandinavians Preferred: Nordic Ethnic Identity, Gender and Work in Chicago, 1879-1993" (PhD diss., Michigan State University, 2010)。

[10] 芝加哥东南部的历史相当少。我十分感谢本地历史学家罗德·塞勒斯对这块田野处女地的无所不知。他的知识来自书面档案资料、对居民的采访、照片、文物收藏以及在芝加哥东南历史博物馆进行的其他工作。本书参考的背景资料几乎都来自该博物馆,那时候这些资料还没有在

网络上共享。包括：David Brosch, Marcia Kijewski, and Robert Bulanda, *The Historical Development of Three Chicago Millgates* (Chicago: Illinois Labor History Society, 1972); James R. McIntyre, *The History of Wisconsin Steel Works of the International Harvester Company* ([Chicago?]: Wisconsin Steel Works, International Harvester, 1951), 此外，还包括与工业相关的大量口述史材料。已发表的有关芝加哥东南部历史的材料，可见：多米尼克·A. 帕西加的 *Polish Immigrants and Industrial Chicago* (Chicago: University of Chicago Press, 1991); 罗德·塞勒斯和多米尼克·A. 帕西加提供的芝加哥东南部历史照片（Charlestown, S. C.: Arcadia, 1998）；以及罗德·塞勒斯的 *Chicago's Southeast Side Revisited* (Chicago: Arcadia, 2001)。此外，一个由罗德·塞勒斯和其他老师督导、与华盛顿高中学生合作的东南部历史项目，也为本书提供了有用的信息，具体可见链接 http://www.neiu.edu/~reseller/sesidewlcme.html。

威廉·科恩布鲁姆（William Kornblum）的 *Blue Collar Community* (Chicago: University of Chicago Press, 1974) 是关于工业工作的经典社会学研究。他是20世纪70年代去我父亲工作的威斯康星钢铁公司做的田野调查，关于该地区隐秘的环境历史，可见：Craig E. Colten, *Industrial Wastes in the Calumet Area, 1869–1970: A Historical Geography* (Champaign: Hazardous Waste Research and Information Center, Illinois Department of Energy and Natural Resources, 1985)。关于跨越印第安纳州界的卡鲁梅特河的历史，特别是加里（Gary），可见：S. Paul O'Hara, "Envisioning the Steel City: The Legend and Legacy of Gary, Indiana," in Cowie and Heathcott, *Beyond the Ruins*; Andrew Hurley, *Environmental Inequalities: Class, Race and Industrial Pollution in Gary, Indiana, 1945–1980* (Chapel Hill: University of North Carolina Press, 1995)。关于芝加哥历史的简明概述，可见：Spinney, *City of Big Shoulders*。对其他钢铁厂社区的部分讨论，可见：Jack Metzgar, *Striking Steel: Solidarity Remembered* (Philadelphia: Temple University Press, 2000); Robert Bruno, *Steelworker Alley: How Class Works in Youngstown* (Ithaca: Cornell University Press, 1999); Sherry Lee Linkon and John Russo, *Steeltown, U.S.A.: Work and Memory in Youngstown* (Lawrence: University Press of Kansas, 2003); Thomas G. Fuechtmann, *Steeples and Stacks: Religion and Steel Crisis in Youngstown* (Cambridge: Cambridge University Press, 1989); Judith Modell, *A Town without Steel*。

[11] 例如布雷纳德大道（Brainard Avenue）、南芝加哥大道（South Chicago Avenue）和印第安纳波利斯大道（Indianapolis Boulevard）的弯曲道路最早都是美国本土的道路（罗德·塞勒斯访谈，芝加哥东南博物馆，2004年8月）。

[12] 北芝加哥轧制厂公司是伊利诺伊钢铁公司的前身。1880年，它在芝加哥南部建立了一个工厂。该工厂被称为南方工厂，以区别于该公司在芝加哥北部的其他业务。1889年，芝加哥的几家钢铁厂和北芝加哥轧制厂旗下的两家工厂合并重组，建立了伊利诺伊钢铁公司。在卡内基于1901年转投美国钢铁公司之前，他拥有南方工厂的控股权。因此，南方工厂也曾被称为卡内基钢铁公司（Carnegie Steel）。位于艾恩代尔/南迪林的埃克姆/英特莱克工厂有更复杂的历史。1905年，一个焦炭厂在托伦斯大道（Torrence Avenue）上成立，被称为副产品焦炭公司。同年，联邦熔炉厂建在了107街和伯利（Burley）上。埃克姆钢铁公司（Acme Steel）在河谷镇（Riverdale）有一家独立运营的工厂。1915年，联邦熔炉厂和副产品焦炭公司合并；1929年，他们与其他公司联合成立了英特莱克钢铁厂。英特莱克钢铁厂和埃克姆钢铁公司于1964年合并为英特莱克钢铁公司。易洛魁钢铁厂最初位于东区95街以南的卡鲁梅特河东侧，就在95街大桥和97街附近的多座跨河铁路桥之间。但那里地方较小，没有更多空间给公司扩建，所以它在1910年后搬到了美国钢铁公司（南方工厂）对面的卡鲁梅特河口。易洛魁钢铁厂后来成为美国板材和管材公司，再后来发展为扬斯敦板材和管材公司，最终成为扬斯敦钢铁公司（Youngstown Steel）。感谢芝加哥东南历史博物馆的罗德·塞勒斯给我们解释这段复杂的历史。

[13] 芝加哥在线百科全书，标准石油公司的条目，2011年9月21日访问，http：// encyclopedia. chicagohistory. org/pages/2863. html。

[14] 1869年，乔治·哈蒙德（George Hammond）在他的肉类包装厂附近建立了哈蒙德小镇。该小镇就在芝加哥东南部的印第安纳州边界上。冬日结冰的狼湖和卡鲁梅特湖会源源不断地为铁路食品运输商提供冰块，以确保运输过程中的食品质量。但是，哈蒙德打破传统，协助开发了铁路车厢制冷技术，芝加哥包装业的肉类得以被安全地运回东部。见 William Cronon, *Nature's Metropolis*: *Chicago and the Great West* (New York: W. W. Norton and Company, 1991), 233–235; US Department of the Interior, *Calumet Ecological Park Feasibility Study* (Omaha: Midwest Region National

Park Service, 1998), 14。

[15] Pacyga, *Polish Immigrants*, 3. 关于芝加哥移民人数的相关统计，可见：Spinney, *City of Big Shoulders*, 124; Lizabeth Cohen, *Making a New Deal: Industrial Workers in Chicago, 1919 - 1939* (Cambridge: Cambridge University Press, 1990), 17。

[16] 关于南方工厂中突出的工作伤亡问题，可见：Pacyga, *Polish Immigrants*, 90 - 94; William Hard, "Making Steel and Killing Men," *Everybody's Magazine* 17, no. 5 (1907): 579–591。

[17] 讨论贫困白人从阿巴拉契亚迁移到中西部工业中心工作的论述，常常忽略一个有启发的观点，可见：Hartigan, *Racial Situations*。

[18] 提到用南方工厂的钢材建造摩天大厦的文献，可见：Solzman, *The Chicago River*, 160。

[19] 关于钢铁工人工作时间的介绍，可见：Brosch et al., *The Historical Development of Three Chicago Millgates*。

[20] 在这一时期，庞大的美国钢铁公司已经同意加入工会；然而，"小钢铁"的小型工厂，包括著名反工会人士托马斯·格德勒领导的共和钢铁公司，坚持并试图破坏新兴的工会运动。见 John P. Hoerr, *And the Wolf Finally Came: The Decline and Fall of the American Steel Industry* (Pittsburgh: University of Pittsburgh Press, 1988); Michael Dennis, *The Memorial Day Massacre and the Movement for Industrial Democracy* (New York: Palgrave Macmillan, 2010)。

[21] 约翰·霍尔（John Hoerr）指出，在宾夕法尼亚州莫农加希拉河谷的钢铁厂地区，贬义词"hunkies"被用来不加区分地指代任何斯拉夫人。见 Hoerr, *And the Wolf Finally Came*。类似的评论可见：Margaret Byington, *Homestead: Households of a Mill Town* (1910; reprint, New York: Arno Press, 1969)。

[22] 在欧洲移民中断的时期，管理层把其他种族群体视作劳动力和罢工者的来源。例如，在1919年劳资双方的钢铁大战中，管理层利用非裔美国人进行破坏（Pacyga, *Polish Immigrants*, 237; Spinney, *City of Big Shoulders*, 168）。还值得注意的是，非裔美国人基本上被排除在早期的工会工作之外，所以他们可能无法与白人工人共情。这一时期，大量墨西哥人也被装进火车车厢里运来，还以类似的方式被使用。白人中也有类似的移民历史。在钢铁工业早期阶段，拜因顿（Byington）指出斯拉夫人也扮

演了类似的角色,并严重遭受了宾夕法尼亚州本地白人和早期移民的种族化对待和憎恨。见 Byington, *Homestead*。

[23] Hoerr, *And the Wolf Finally Came*.

[24] 拜因顿对宾夕法尼亚州霍姆斯特德(Homestead)的钢铁厂地区在世纪之交的描述,以及 Steven Mintz and Susan Kellogg, *Domestic Revolutions: A Social History of American Life* (New York, Free Press, 1988)中对该书的重新分析,都是讨论工人阶级家庭生活的关键组成部分。讨论指出,典型的钢铁厂工人家庭都生活在贫困线以下。他们说,在这些家庭中,收留寄宿者或洗衣服约占家庭收入的四分之一,而大儿子的工资约占家庭收入的三分之一。见 Byington, *Homestead*; Mintz and Kellogg, *Domestic Revolutions*, 84。

[25] Edith Abbott, *Women in Industry: A Study in American Economic History* (New York: D. Appleton and Company, 1910); Joanne Meyerowitz, *Women Adrift: Independent Wage Earners in Chicago, 1880–1930* (Chicago: University of Chicago Press, 1988); Johnson, "Scandinavians Preferred"; Lisa Fine, *The Souls of the Skyscraper: Female Clerical Workers in Chicago, 1870–1930* (Philadelphia: Temple University Press, 1990). 有趣的是,费恩(Fine)指出,这一时期芝加哥的女文员更有可能是工人阶级移民的子女,而在其他城市,这些人更多是土生土长的中产阶级女性。

[26] 关于工人阶级的生活如何与家庭经济联系在一起的讨论,可见:Mintz and Kellogg, *Domestic Revolutions*。其他学者注意到,从19世纪末到20世纪初,一些妇女开始倾向于以更独立的方式挣钱,例如:Meyerowitz, *Women Adrift*。约翰逊(Johnson)讨论了年轻的瑞典女性离家移民到芝加哥的现象,她们最后往往为富裕家庭做家政服务。见 Johnson, "Scandinavians Preferred"。

[27] 相关讨论可见:Mintz and Kellogg, *Domestic Revolutions*, 86。

[28] 当然,从卡尔·马克思开始,学界就对工业工作的"异化"展开了长期的讨论。然而,最近的民族志研究关注了曾经被忽略的产业工人如何以他们的工作为荣,如何与同事建立有意义的社会联系,对既有研究提出了一定的挑战。敏锐的讨论可见:Dudley, *The End of the Line*。在我自己的经历中,家庭成员和邻居可能会同时表达两种观点,却不承认自相矛盾:一个人可以为工作和出色完成了工作感到自豪(毕竟除了这样做,还能怎样让工作变得更有意义呢),但也承认这种工作很危险,很热,有

时会让你变成行尸走肉,而且你不一定希望孩子去做这种工作。

[29] 芝加哥东南部的家庭生活完全是典型的异性恋。孩子们在学校里有任何被认为是同性恋的行为,都会遭到嘲弄。可想而知,对于同性恋者来说,当时的环境有多么的束缚。虽然我的个人或家庭故事没有涉及相关的故事,但有一小部分讲述同性恋工人阶级或工人阶级背景的人的研究,是有启发性的。例如一篇综述文章:Christopher Renny, "Shame and the Search for Home," *Feminist Studies* 30, no. 1 (2004): 178-192。

[30] Kathryn Kish Sklar, "Hull House in the 1890s: A Community of Women Reformers," in *American Visitas: 1877 to the Present*, eds. Leonard Dinnerstein and Kenneth T. Jackson (New York: Oxford University Press, 1995); Linda Gordon, "Social Insurance and Public Assistance: The Influence of Gender in Welfare Thought in the United States, 1890-1935," *American Historical Review* 97, no.1 (1992): 19-54; Jane Adams, *Twenty Years at Hull House* (1910; reprint, New York: New American Library, 1960).

[31] 人类学家朱迪思·莫德尔(Judith Modell)在她关于宾夕法尼亚州霍姆斯特德的研究中注意到一个类似的现象,即无论男女,都在他们的生活故事中淡化了女性的有偿工作。这种工作在女性的故事中普遍存在,同时也被认为是"例外"。Modell, *A Town without Steel*.

[32] 一些人认为,宾夕法尼亚州钢铁厂社区的早期德国和瑞典移民,为了区别于与新政有关的种族移民群体,会投票给共和党。例如 Jack Metzgar, *Striking Steel*。种族和性别因素很可能是这种政治定位的一部分。

[33] 例如 Johnson, "Scandinavians Preferred"。

[34] 借助约瑟夫·豪威尔(Joseph Howell)的研究来讨论工人阶级成员的"艰苦生活"与"定居生活",可见:Bettie, *Women without Class*, 13。

[35] Johnson, "Scandinavians Preferred".

[36] 虽然非裔美国人确实住在芝加哥东南部的一些地区,如南芝加哥的厂门(Millgate)和布什(Bush)地区以及杰弗里庄园(Jeffrey Manor),但在20世纪60年代,非裔美国人主要集中在南区更北边的社区。

第二章

[1] 东海岸的老工业和工厂首先进入了后来被称为"去工业化"的

阶段，因此一些人认为去工业化在20世纪60年代或更早就已经开始。对于工业中心区的核心工业来说，70年代末和80年代初是关键的几年。在这几年里，工厂停工变得很普遍。在钢铁行业，匹兹堡-俄亥俄地区的老工厂在70年代末开始倒闭；在卡鲁梅特地区，威斯康星钢铁公司在1980年率先倒闭。去工业化的概念本身主要是通过以下文本引起学者和更广泛的公众关注的，*The Deindustrialization of America*, by Barry Bluestone and Bennett Harrison (New York: Basic Books, 1982)。一些关于钢铁业陨落的学术文献，可见：Bensman and Lynch, *Rusted Dreams*; Modell, *A Town without Steel*; Linkon and Russo, *Steeltown, U.S.A.*; Thomas G. Fuechtmann, *Steeples and Stacks*。对于钢铁业倾覆的深度新闻报道，可见：Hoerr, *And the Wolf Finally Came*。一些更广泛的关于去工业化的文献，可见：Cowie and Heathcott, *Beyond the Ruins*; Dudley, *The End of the Line*; Steven High, *Industrial Sunset: The Making of the North America's Rustbelt, 1969-1984* (Toronto: University of Toronto Press, 2003); J. Nash, *From Tank Town to High Tech*; Pappas, *The Magic City*。

[2] 杜德利工作时曾在威斯康星州基诺沙市待过。在那里，中产阶级商人和一些学校教师都是这种情况。后者对那些受教育程度较低的人比他们赚的钱更多感到不满。此外，唾手可得的高薪工作让学生贬低了教育的意义，见 Dudley, *The End of the Line*。

[3] 这应该是在1933年禁酒令结束之后。据说该机构在禁酒令时期曾是一家地下酒吧，禁酒令解除后仍继续营业。

[4] 关于芝加哥东南部的社会和代际联系密度，可见：Richard Taub, *Paths of Neighborhood Change: Race and Crime in Urban America* (Chicago: University of Chicago Press, 1987)。

[5] 我父亲成年后才遇到组建工会的问题。当时他17岁，在印第安纳波利斯大道上的一个加油站打工。一些身材高大、令人生畏的人进入加油站，命令他们停止加油。接着他们威胁老板，如果他不立即让员工加入工会，就会对他施暴。虽然父亲是笑着说他们怎么加入工会的，而且第二天他就加薪了，但他在讲述这个故事的时候却有着深深的矛盾心理。那些年，他和其他邻居有时会不安地注意到CIO的一些附属机构和黑手党暴徒之间的相似点。在威斯康星钢铁公司工作之前，父亲曾在东区的共和钢铁公司工作，是美国钢铁工人联合会的成员。在20世纪50年代和60年代，工会日益成为主流机构。像我父亲这样的基层成员想接触到工会领导，就

跟直接接触工厂管理层一样难。威斯康星钢铁公司的代表是进步钢铁工人工会（PSWU），一个"公司"工会。PSWU 的律师是爱德华·弗多利亚克，他长期是这里的"区长"，多年来深陷腐败丑闻，2010—2011 年还在监狱服刑十个月。作为 PSWU 的律师，弗多利亚克还收到了工厂老板恩维洛迪纳提供的竞选捐款，见 Bensman and Lynch, *Rusted Dreams*, 55。

［6］在 Hoerr, *And the Wolf Finally Came* 中，有关于钢铁行业"高"工资的详细讨论。霍尔以每小时 30 美元作为行业平均工资的参考，但必须注意的是，工人实得工资只有这个数字的一半或更少。为了解释这一差异，必须承认，约一半的工资数字包括了 70 年代钢铁工人稳步扩大的福利。这些福利有许多是假设性的，或者说是只有在某些情况下才会生效的保险（在周期性行业裁员的情况下才会生效，主要是为了稳定工人工资的福利，或延长资历高的工人的休假时间）。因此，这种福利可能永远不会被申请或支付，并不能代表钢铁工人的收入。此外，加班多的熟练工人的工资大大歪曲了"平均数"，不能代表更多普通工人的工资。最后，在威斯康星钢铁公司的案例中，该厂的钢铁工人在最后几年被强制加班。这是工会的一种让步，通过增加灵活性来帮助该行业，使公司不必雇用额外的工人。因此，像我父亲这样的工人在他们工作生涯的最后一两年里赚到的钱，要远远多于"平均"工资。因此，引用工厂倒闭时的平均工资是有问题的。

［7］以下关于威斯康星钢铁公司衰败和它倒闭背后的复杂机制的讨论，在很大程度上借鉴了这本书：Bensman and Lynch, *Rusted Dreams*。我还参考了：Gordon L. Clark, "Piercing the Corporate Veil: The Closure of Wisconsin Steel in South Chicago," *Regional Studies* 24 (1990): 405-420；以及一位劳工律师为威斯康星钢铁工人撰写的回忆录：Thomas Geoghegan, *Which Side Are You On? Trying to Be for Labor When It's Flat on Its Back* (New York: Farrar, Straus and Giroux, 1991)。《芝加哥论坛报》、《芝加哥太阳时报》和当地报纸《卡鲁梅特日报》上有许多文章记录了该工厂的衰败和结果，提供了更多的信息。

［8］相关讨论可见：Clark, "Piercing the Corporate Veil"。

［9］Bensman and Lynch, *Rusted Dreams*, 51.

［10］可见：Bensman and Lynch, *Rusted Dreams*, 50。

［11］在接受《芝加哥论坛报》采访时，恩维洛迪纳公司首席执行官罗恩·林德（Ron Linde）指出，他们的商业计划是对一家大公司进行高

杠杆收购，该公司不仅可以为他们提供生产基地，而且可以提供"现金流"（后者可能用于其他利益）。William Gruber, "Fearless Buying: Tiny Firm Tackles Ailing Steel Outfit," *Chicago Tribune*, August 7, 1977.

［12］例如 Ho, *Liquidated*。

［13］High, *Industrial Sunset.*

［14］下面的叙述主要参考这本书中的讨论：Bensman and Lynch, *Rusted Dreams*。

［15］本斯曼和林奇指出，有两张工资单被跳票。但其他钢铁工人，包括"捍卫工作"委员会的活动家弗兰克·伦普金（Frank Lumpkin）和我的父亲，都说跳票的次数要多得多。可能弗兰克·伦普金一直在保存支票，等着在某个长假中把它们兑现；结果他有12张工资单被退回。根据本斯曼和林奇的说法，大通曼哈顿银行冻结了工资账户，提出担保贷款人应先于雇员获得赔偿。1981年，大通银行试图将威斯康星钢铁公司的存货搬走出售，但被愤怒的纠察队阻止，他们同意进行谈判。其结果是，工人们最终得到了被拖欠的工资的四分之三。Bensman and Lynch, *Rusted Dreams.*

［16］例如，在1951年美国钢铁公司成立50周年时制作的一份文件中，美国钢铁公司经理强调了钢铁对国民经济的核心地位和该行业所发挥的爱国主义作用。对这两点的强调，对应了"美国正准备抵御目前的共产主义侵略威胁"（即朝鲜战争，美国钢铁公司当时正在为朝鲜战争增产军事装备）的历史背景。该文继续说："以这样或那样的形式，这些钢铁几乎被美国的每一个行业所使用。美国钢铁公司在很大程度上帮助了美国的建设，使其成为今天的强大国家……我们感到自豪的是，美国钢铁公司在战争和和平时期都尽其所能地为这个国家服务。"见 US Steel, "Steel Serves the Nation"（US Steel Golden Anniversary Publication, 1951）。

［17］Brosch et al., *The Historical Development of Three Chicago Millgates*; and McIntyre, *The History of Wisconsin Steel Works.*

［18］这个话题成为我硕士论文的主题：Christine J. Walley, "Steel town Stories: Deindustrialization on Chicago's Southeast Side"（MA thesis, New York University, 1993）。

［19］关于各种本地政治家的作用，可见书中的概述：Bensman and Lynch, *Rusted Dreams*。在国家层面，美国总统吉米·卡特对工厂关闭的反应不温不火。High, *Industrial Sunset*, 161.

[20] Bensman and Lynch, *Rusted Dreams*, 55.

[21] Robert Bergsvik, "Rally Marks 9th Anniversary of Wisconsin Steel's Closing," *Daily Calumet*, March 29, 1989. 前一年，约翰·F. 瓦西克（John F. Wasik）称这个数字为600人，见："End of the Line at Wisconsin Steel," *Progressive* 52（1988）：15。另见朱莉·普特曼（Julie Putterman）和芝加哥钢铁工人研究项目关于工厂倒闭的心理影响的报告：*The Cost of Unemployment*（Chicago：Hull House Association and Local 65 United Steelworkers of America, 1985）。

[22] "弹性积累"部分是指企业通过使劳动力更加"灵活"来扩大利润的战略，即通过外包、分包、雇用兼职工人和其他措施，使企业能够降低工资和福利，并更容易甩掉工人。Harvey, *The Condition of Postmodernity*.

[23] 这个炼油厂最初是在标准石油公司的所有权下建造的，后来，被出售给英国石油公司（BP）。

[24] 对失业人数的估计远没有想象中那么简单。大多数工厂没有像威斯康星钢铁公司那样突然倒闭，而是在最终关闭之前逐渐减少了工作。那么问题来了，如何选择一个历史时刻来计算丧失的工作机会：是在芝加哥东南部的就业高峰期，还是在更接近工厂实际关闭的时间点？在我的估算中，我使用了文献和媒体报道中最常使用的各种工厂的数字（尽管我看到的数字有高有低）。

[25] 特别是，由那些感觉被自己的工会背叛的威斯康星钢铁工人组成的"捍卫工作"委员会非常活跃。它负责集体诉讼，为国际收割机公司赢得了和解，并在一定程度上恢复了损失的养老金。该组织的领导人包括非裔美国人和拉丁裔钢铁工人，特别是精力充沛、备受尊敬的弗兰克·伦普金。

[26] 如：Martha M. Hamilton, "Jobless Benefits," *Washington Post*, February 19, 1981。

[27] 化名。

[28] 海格认为，美国工会无意中促成了企业的叙述，即去工业化在很大程度上是外国进口和全球竞争的必然结果（而不是说，随着经济的金融化，企业本身的内部转型）。工厂倒闭时，美国工会可以试着帮助其成员的少数方法之一，就是认为问题在于外国进口的贸易失调，从而根据《贸易调整法》（TAA）申请增加福利。因此，工人和工会往往通过反对"外国"进口的民族主义言论来争论工厂倒闭问题。这排除了美国的自由

主义者和左翼人士,因为他们会把这种民族主义语言与越南战争期间默认的工人阶级保守主义联系起来。High, *Industrial Sunset*, 135-137.

[29] "罗瑟恩模式"是学术界对去工业化的主流观点,认为去工业化主要不是全球化的产物(这里的全球化被狭义地理解为国际经济交流,而不是跨越跨国公司生产过程的全球分工)。根据罗瑟恩模式,去工业化源于经济生产力的提高(即技术对工人的替代)以及"经济发展"水平的提高。在这种发展主义的说法中,一个国家被认为达到了工业"成熟"的地步,制造业工作被服务部门的工作所取代。根据罗伯特·罗瑟恩(Robert Rowthorn)和拉马纳·拉马斯瓦米(Ramana Ramaswamy)的说法,"去工业化不是一个消极的现象,而是已经发展起来的经济中工业活力的自然结果"(David Brady and Ryan Denniston, "Economic Globalization, Industrialization, and Deindustrialization in Affluent Democracies," *Social Forces* 85 [2006]: 297-326)。换句话说,在这个还原模型中,去工业化只是国民经济达到"更高"经济成熟度时的一个过渡阶段,是成长的痛苦。

[30] 尽管正如经济学家巴里·布鲁斯通(Barry Bluestone)和贝尼特·哈里森(Bennett Harrison)在1982年指出的那样,在国外投资的美国公司越来越多地成为自己的"外国竞争对手"。

[31] 约翰·霍尔对美国钢铁业高管产生的一些错误和强烈的对立情绪进行了详细的讨论(尽管他也对劳工进行了批评)。见:Hoerr, *And the Wolf Finally Came*。芝加哥东南部的居民有时也会讲述一些工人滥用"制度"的逸事,例如他们在工作中睡觉或以其他方式试图摆脱工作(另见Modell, *A Town without Steel*, 58-60)。老工人也可能将年轻一代的职业道德与他们自己的职业道德进行对比。然而,对于这样的描述,有几点需要注意。首先,正如霍尔指出的,这种疏离感必须放在钢铁工人和钢铁行业管理层之间对立的历史背景下。在二战后的几年里,劳资双方的对立被"解决"了,即用高工资和高福利来换取管理层组织工作生产的能力,而工人对生产决策的投入可能会减少工作的疏离。(工会对于协助提高"效率"也很紧张,因为他们担心这会导致工作岗位的流失。)第二,正如本·汉普尔(Ben Hamper)经典的汽车工人回忆录 *Rivethead*(New York: Warner Books, 1992)所展示的那样,20世纪70年代中产阶级青年中的药物滥用现象,在工人阶级青年中也有发现。尽管工厂和工业工作的巨大压力也导致前几代人大量饮酒,但滥用问题似乎在年轻工人中特别普遍,尤其是那些还没有抵押贷款和紧迫家庭责任的年轻人。

最有说服力的是,凯瑟琳·杜德利(Kathryn Dudley)在《生产线的尽头》(*The End of the Line*)中对汽车工业的车间文化进行了敏锐的人类学分析。其中,工人通过找到装配线任务的捷径来展示自身技能,吹嘘他们能够通过超越任务和管理,积累"休闲"时间。与其说这是不关心工作的例子,不如说这些行为是车间文化所定义的"技能"的精湛展示。这种分析解释了汉普尔的自我描述,他对自己精湛的铆接技术感到非常自豪(他因此被称为"铆钉头")。同时,他也为自己找到方法超越任务和时间、能在工作中创造休闲时间感到自豪。另见社会学家大卫·哈勒(David Halle)对化工厂工人以及工作场所的社会性和创造"休闲"的重要性的讨论。David Halle, *America's Working Man* (Chicago: University of Chicago, 1987)。还应注意的是,即使有关工厂表现出较高的工作质量和效率,公司关闭工厂并迁往低工资地区的情况也很普遍(两个例子,见 Dudley, *The End of the Line*; Steve May and Laura Morrison, "Making Sense of Restructuring: Narrative of Accommodation among Downsized Workers," in Cowie and Heathcott, *Beyond the Ruins*, 259–279)。

[32] 芝加哥东南部与其他一些铁锈地带地区不同,这里几乎所有的居民都是工人阶级。而威斯康星州基诺沙这样的城镇或俄亥俄州扬斯敦(Youngstown)这样的城市,都有自己的精英阶级。在后一种情况下,受教育程度较高的居民可能认为工业的衰败是积极而不是消极的,这是因为他们希望有一个更"优等"的后工业经济。而且,凯特·杜德利充分地论证了这种态度是出于对工业工人能拿到相对高的工资的怨恨。工业工作因为不要求高等教育,被视为配不上"中产阶级"工资。见:Dudley, *The End of the Line*。关于扬斯敦那些并不怀念工业化时代的地方精英,见:Linkon and Russo, *Steeltown*, *U.S.A*。关于宾夕法尼亚州的霍姆斯特德,见:Modell, *A Town without Steel*, 58–60。

[33] 1981—1982年,美国钢铁公司花费9100万美元对南方工厂的8号高炉进行了重新排查(这个高炉从未被点燃),还拥有一个超现代化的棒材厂。尽管如此,南方工厂1981年开始大裁员,把利润用于多元化打造而非钢铁厂的现代化建设,耗资60亿美元收购了马拉松石油公司。然而,收购马拉松石油公司意味着美国钢铁公司也生成了30亿美元的债务负担和支付高昂的利息。1984年,美国钢铁公司说,如果南方工厂的员工同意降薪,州政府愿意提供税收和环境优惠,建造一个新的轧钢厂。州政府和工会都同意了,但美国钢铁公司在建设方面停滞不前,令人们严重

怀疑它的真正意图（尤其是在1981年利润上升到13.3%的时候，它还在继续减少对南方工厂的投资）。后来，美国钢铁公司提出了另一轮的让步要求，但被工会拒绝了。随后，美国钢铁公司在芝加哥报纸上刊登了整版广告，将铁路厂的损失归咎于工会的自私。讨论可见：Bensman and Lynch, *Rusted Dreams*; Bluestone and Harrison, *The Deindustrialization of America*, 6。

[34] Bensman and Lynch, *Rusted Dreams*, 87.

[35] 如：Jefferson Cowie, *Stayin' Alive: The 1970s and the Last Days of the Working Class* (New York: New Press, 2010)。

[36] 这里的讨论建立在以下叙述之上：Bluestone and Harrison, *The Deindustrialization of America*; Harvey, *The Condition of Postmodernity*; Donald Bartlett and James Steele, *America: What Went Wrong?* (Kansas City, Mo.: Andrews and Mc-Meel, 1992); Ho, *Liquidated*。

[37] 该公司后来在2001年恢复了美国钢铁公司的名称，当时该公司的钢铁控股权再次作为一个独立的企业被剥离出来。

[38] 埃里克·达什（Eric Dash）在《纽约时报》上发表了一篇题为"Executive Pay: A Special Report"（April 9, 2006）的文章。文章指出：1940年，半数高管的收入是普通工人工资的56倍以上；2004年，半数高管的收入是普通工人工资的104倍以上。类似讨论可见：Ho, *Liquidated*; David Owen, "The Pay Problem," *New Yorker*, October 12, 2009, 58-63。

[39] David Cay Johnston, "Income Gap Is Widening, Data Shows," *New York Times*, March 29, 2007. 文章还指出，"新的（税收）数据还显示，最顶尖的30万美国人集体享有的收入几乎与最底层的1.5亿美国人一样多。就个人而言，最顶尖的群体获得的收入是下层人平均收入的440倍，比1980年的差距几乎翻了一番"。对于其他可与19世纪的经济不平等相媲美的措施，可见："Ever Higher Society, Ever Harder to Ascend"; Freeland, "The Rise of the New Ruling Class," 48。2011年，美国国会预算办公室指出，在过去30年中，收入最高的15%的人在国家财富中的份额增加了一倍多。Pear, "Top Earners Doubled Share of Nation's Income"。

[40] 关于制造业工作岗位在劳动力中所占比例下降的信息，是由美国劳工统计局汇编的。感谢玛丽·伯克（Marie Burke）和卡特琳娜·斯卡拉梅利（Caterina Scaramelli）收集这些信息。

[41] 关于米塔尔的讨论，可见：Martin Baker, "He's Got the Whole

World in His Hands," *Observer*, February 5, 2006; "Lakshmi Mittal," BBC International News Profile, BBC, July 3, 2006, accessed online on June 19, 2008, http://news.bbc.co.uk/2/hi/business/5142202.stm。也可见：Eric Sergio Boria, "Borne in the Industrial Everyday: Reterritorializing Claims – Making in a Global Steel Economy" (PhD diss., Loyola University, Chicago, 2006)。

[42] Bluestone and Harrison, *The Deindustrialization of America*; Bartlett and Steele, *America: What Went Wrong?*

[43] Cowie and Heathcott, *Beyond the Ruins*, 14.

[44] 导致这种经济转型的一些放松管制和其他政策选择，包括里根时代对反托拉斯执法的废除，资本投资规则的改变，允许公司在很少的监督下进行合并，税法的改变，以及破产规则的改变。例如，联邦税法的变化允许公司扣除购买贷款的利息，从而帮助刺激了杠杆收购的浪潮。此外，公司被允许进行净经营亏损扣除。根据这一规定，它们可以扣除过去的经营损失，包括关闭工厂和收购的债务利息，继而可以用来扣除未来收入的联邦税。破产法的修订使公司在破产时（相对于清算）更容易运作，使公司有可能用收购新公司时产生的收入来抵消破产子公司过去的损失。其他税法政策，如"转移定价"，有助于补贴跨国公司的增长和工作岗位及资产向其他国家的转移。此外，投资规则的其他变化，允许养老基金、共同基金、储蓄和贷款以及保险公司从事风险更高的投资，产生了大量的资本流动。这种资本流动有助于企业适应经济向金融交易的转变，包括接管、兼并和收购，而不是生产。为了从生产方面和华尔街方面深入了解这种变化，可参考：Bluestone and Harrison, *The Deindustrialization of America*; Bartlett and Steele, *America: What Went Wrong?*; Ho, *Liquidated*。

[45] Kathleen Thelen, *How Institutions Evolve: The Political Economy of Skills in Germany, Britain, the United States, and Japan* (Cambridge: Cambridge University Press, 2004).

[46] 然而，奥巴马总统最近呼吁美国制造业的"复兴"，而且在2012年选举前的准备工作中，公布了一项制造业倡议。见 Kathleen Hennessey, "Obama Hails Job Report, Pitches Manufacturing Initiative," *Los Angeles Times*, March 9, 2012。但目前还不清楚这些政策最终会对工人多么友好，也不清楚低工资和工会化率的下降是否会被用作制造商返美的一个卖点。换句话说，低工资是否会被视为美国新的所谓比较经济优势的一部

分。例如，这份报告阐述的：Harold L. Sirkin, Michael Zinser, and Douglas Hohner, *Made in America, Again: Manufacturing Will Return to the U.S.* (Boston: Boston Consulting Group, 2011)。关于一些批评，可见：Mike Alberti, "On Manufacturing Policy, White House Remains in the Grip of 'Ratchet-Down' Consultants," *Remapping Debate*, January 18, 2012, http://www.remappingdebate.org/article/manufacturing-policy-white-house-remains-grip-%E2%80%9Cratchet-down%E2%80%9D-consultants。我所在的麻省理工学院一直在大力参与奥巴马政府的先进制造业伙伴计划（AMP），旨在促进美国制造业的重建；见 Peter Dizikes, "Rebuilding American Manufacturing," MIT News Office, November 30, 2011, http://web.mit.edu/newsoffice/2011。

[47] High, *Industrial Sunset*, 122-130.

[48] 然而，在过去几年中，加拿大中部地区出现了工业工作岗位的流失。一些人认为这与加元的过度增值有关。加元的价值从 2002 年 62 加拿大分兑换 1 美元攀升到 2012 年加拿大元高于美元。这一转变部分归因于加拿大石油等商品出口的影响。其结果是，加拿大用于出口的制成品已经变得非常昂贵（很像 20 世纪 80 年代美国的情况），导致最近安大略周围的工业岗位大量减少，制造业萎缩 22%。见 "As Dollar Climbed over Past Decade, 500,000 Factory Jobs Vanished," *Guardian*, March 1, 2012。

第三章

[1] 例如这篇专栏报道 "Meritocracy in America," *Economist*, January 1-7, 2005; Wessel, "As Rich-Poor Gap Widens in U.S., Class Mobility Stalls"。

[2] Alfred Lubrano, *Limbo: Blue-Collar Roots, White Collar Dreams* (Hoboken, N.J.: John Wiley and Sons, 2004).

[3] 现在关于这方面的学术文献已经很丰富了，如：Sennett and Cobb, *The Hidden Injuries of Class*。对于马克思主义理论的后结构主义修正，见：Laclau and Mouffe, "Recasting Marxism"; Gibson-Graham, *The End of Capitalism*。思考阶级、劳动和使用个人叙事的有用的新范式，见：Russo and Linkon, "What's New about New Working-Class Studies?"。关于阶级成为我们日常行为或"惯习"的一部分，见 Pierre Bourdieu，也许是最有影响的 *Distinction and Outline of a Theory of Practice*。也可见布迪厄的

Sketch for a Self-Analysis,它通过矛盾重重的个人叙事,讲述了通过教育向上流动的故事,与本研究有很多共鸣。关于人类学对种族、性别和阶级交叉的看法,见:Ortner,"Reading America";Bettie,*Women without Class*。关于这些交叉点和城市的人类学讨论,见:Gregory,*Black Corona*;Jackson,*Harlemworld*。对去工业化的讨论,见:J. Nash,*From Tank Town to High Tech*;Dudley,*The End of the Line*;Pappas,*The Magic City*;Modell,*A Town without Steel*;Katherine Newman,"Introduction:Urban Anthropology and the Deindustrialization Paradigm," *Urban Anthropology* 14 (1985):5 – 20;Micaela di Leonardo,"Deindustrialization as a Folk Model," *Urban Anthropology* 14 (1985):237-257。

[4] 关注阶级的文献充分讨论了这种在跨阶级接触中的不适感。如:Bourdieu,*Distinction*;Lubrano,*Limbo*。

[5] 这并不是说我们只能作为整体的"我们";我怀疑,我们的存在只是让别人对我们这些俗气或不"酷"的人感到有些疑惑。我还应该注意到,这种情况和当代的精英预科学校有很大差别。近年来,后者变得越来越多样化。然而,在沙姆斯·汗(Shamus Khan)的《特权》(*Privilege*)一书中,他对圣保罗预科学校的研究指出,多样性的作用其实是创造出一种欺骗性的想法,即认为美国社会的不平等问题已经解决。这忽略了社会经济不平等的基本现实,并且这些现实已经愈演愈烈。换句话说,少数人象征性地向上流动成为解决更大的结构性不平等的替代物。Shamus Khan,*Privilege:The Making of an Adolescent Elite at St Paul's School* (Princeton:Princeton University Press, 2011)。

[6] D. H. Lawrence,*Sons and Lovers* (New York:Modern Library, 1999);Steedman,*Landscape for a Good Woman*;Richard Rodriguez,*Hunger of Memory:The Education of Richard Rodriguez:An Autobiography* (New York:Bantam Dell, 1982);C. L. Barney Dews and Carolyn Leste Law, eds. *This Fine Place So Far from Home:Voices of Academics from the Working Class* (Philadelphia:Temple University Press, 1995);Jake Ryan and Charles Sackrey, eds., *Strangers in Paradise:Academics from the Working Class* (Lanham, Md.:University Press of America, 1996);Michelle M. Tokarczyk and Elizabeth A. Fay, eds. *Working-Class Women in the Academy:Laborers in the Knowledge Factory* (Amherst:University of Massachusetts Press, 1993)。

[7] Rodriguez,*Hunger of Memory*.

［8］ Bourdieu, *Distinction*.

［9］ 请看公共广播公司（PBS）的电影：*People Like Us: Social Class in America*, directed by Louis Alvarez and Andy Kolker (2001)。

［10］ 朋友们问我，这种反应是否和我是一个女孩有关。我的感觉是，这不是。在我成长的白人工人阶级中（就像许多非洲裔美国工人阶级一样），当时在性别方面，人们更容易接受女孩在学业上取得成功或表现得更"聪明"。对男孩来说，把更多的参加体育活动的时间拿去阅读和学习，是"没有男子气概"的，会被仇视同性恋的人嘲弄。这与精英教育背景下的情况正好相反，即使是像人类学这样一个相当有性别意识的学科也不例外。在人类学中，仍然存在着男性主导"高级理论"讨论的趋势，而女性往往从事详细的民族志田野工作和分析等劳动强度更大的"苦力活"。

［11］ 沙姆斯·汗暗示，精英预科学校中弱势背景的学生在大学录取中表现非常好，因为他们已经向大学展示了他们可以适应精英教育机构。而且录取他们的风险要远远小于录取那些一直生活在弱势环境中的学生（Khan, *Privilege*, 189）。虽然汗主要讨论的是非洲裔美国学生，但我感觉类似的逻辑也同样适用于我自己的录取。

［12］ 莱拉·阿布-卢戈德描述了这种现象对多种族和文化背景的"混血"人类学家的重要性。我想说的是，像我这种阶级上的"混血"，也有类似的故事要讲。Abu-Lughod, "Writing against Culture".

［13］ Christine J. Walley, *Rough Waters: Nature and Development in an East African Marine Park* (Princeton: Princeton University Press, 2004).

［14］ 沿着东非海岸，许多居民都有多重背景——包括阿拉伯人的祖先以及来自各个大陆和沿海族群的非洲人。从历史上看，不同族群的亲属关系是以不同的方式进行的——在讲斯瓦希里语的沿海人口中，亲属关系包含母亲和父亲两方；对于那些在历史上作为奴隶被带到沿海地区的中非族群，亲属关系只包含母亲一方；而对于许多穆斯林阿拉伯人，亲属关系只包含父亲一方。一个人属于什么"种族"或"部落"，更多的是与这种对亲属关系的理解有关，而不是与身体表征有关。后来，英国殖民主义带来了对族裔和种族的新理解。这些理解以一种非常不同的方式与生物标准相联系，并通过建立在"部落"区分之上的殖民法律结构来管理，助长了对族群的本质化理解。在这样的历史背景下，种族、族裔和归属感的复杂性，令我们很难欣然接受美国历史上常见的对种族的本质化理解。

[15] Lubrano, *Limbo*, 65.

[16] 相关描述也可见：Hoerr, *And the Wolf Finally Came*。

[17] 父亲的叙述与芝加哥东南部工会领导人艾德·萨德洛夫斯基的叙述相似，可参考亚历克斯·科特洛维奇（Alex Kotlowicz）对他的描述：*Never a City So Real：A Walk in Chicago*（New York：Crown Publishers, 2004），26-48。

[18] C. Wright Mills, *White Collar：The American Middle Classes*（Oxford：Oxford University Press, 1951）.

[19] 然而，这种趋势与一种根深蒂固的相对主义并存。在这种相对主义中，无论谈话多么激烈，人们往往承认面对同一问题，"人们会有不同的想法"，而不是试图强加一种作为"真理"的共识。杰克·梅茨加根据他的钢铁工人父亲提出了同样的观点。Metzgar, *Striking Steel*.

[20] 我认为，这种倾向与美国自由主义/左翼知识分子和白人工人阶级在20世纪60年代和70年代的越南战争时代背景下出现的历史紧张关系有关。一方面，白人工人阶级男子大批大批地被送往越南前线；另一方面，由于认为中产阶级大学生是利用阶级特权来逃避兵役，即便是大量不支持战争的工人阶级个体也常常对中产阶级大学生感到愤怒。例如，Christian Appy's *Working-Class War：American Combat Soldiers and Vietnam*（Chapel Hill：University of North Carolina Press, 1993）；Cowie, *Stayin' Alive*。反过来，自由主义/左翼知识分子中的许多人开始将白人工人阶级视为反动的保守派，因为他们被认为更支持战争。这一时期之后，社会科学学者的论述更倾向于强调种族和性别，但与早期的社会学论述相比，对阶级的论述只是口头上的。在这些60年代后的论述中，白人工人阶级越来越被视为可疑群体。这一立场也延续到了一些去工业化的文献中，例如人类学家（Micaela di Leonardo）的文章"Deindustrialization as a Folk Model"。文章认为80年代新兴的去工业化文献有一种内在的保守倾向，因为它关注的是主要由白人工人阶级男性从事的制造业工作，而不是由妇女或非裔美国人从事的服务业和其他工作。这种说法忽视了去工业化在压低工资和雇用临时工时，对所有性别和种族的低端劳动力造成的负面影响。此外，它还暗示，仅仅关注白人工人阶级男性是一种政治上的保守立场，并将白人工人阶级男性简化为社会现实的父权代表。关于越南战争对美国白人工人阶级和知识分子之间关系的影响及其对去工业化的政治反应的相关分析，见High, *Industrial Sunset*。

[21] 如前文所述，J. K. Gibson-Graham 是两个女人的笔名，朱莉·格雷厄姆（Julie Graham）和凯瑟琳·吉布森（Katherine Gibson），她们的作品就像出自一人之手。Gibson-Graham, *The End of Capitalism*.

[22] 然而，同样值得注意的是，也有重要的讨论关注了阶级动态和紧张关系如何以不同的方式在中产阶级和精英群体中发生。例如，赖特·米尔斯探讨了40年代中产阶级围绕阶级定位的紧张关系，他认为这种紧张关系与地位竞争和竞争性消费有关，也关乎那些具有一定社会地位但毫无智识提升的行尸走肉般的官僚工作（Mills, *White Collar*）。还有人描述了精英中特殊的社会动态和紧张关系。例如，小纳尔逊·奥尔德里奇（Nelson Aldrich, Jr）描述了东海岸世袭精英的心理逻辑。这些精英既担心别人因为财富或背景才重视他（建议精英和其他精英在一起，防止"淘金者"乘虚而入），又觉得判断一个人是否成功的标准就是他的财富和地位，而不是他的能力、上进或个人价值，甚至还由于选择太多而找不到自己的人生意义，产生了某种厌烦、漫无目的和缺乏纪律的感觉。见 Nelson W. Aldrich, Jr., *Old Money: The Mythology of Wealth in America* (New York: Allworth Press, 1997)。在不同的中产阶级非裔美国人中发现的不同观点，很值得讨论，见 Karyn R. Lacy, *Blue-Chip Black: Race, Class, and Status in the New Black Middle Class* (Berkeley: University of California Press, 2007)。

第四章

[1] 随着本书的出版，在一些地点举办的活动已经增加，本章后面将介绍。不过目前还不清楚这些计划能否落实。

[2] 许多环境正义的文献集中在特定地点的环境健康暴露上，并指出有毒污染物的不同暴露往往与种族和收入的不平等有关。虽然这里的分析是建立在这种方法的基础上，但它也强调了我们个人的身体有暴露的历史。当我们在地理上改变位置时，这些历史会随着我们而移动。

[3] 众多的历史记载都提到了烟雾象征着"餐桌上的食物"，例如，Brosch et al., *The Historical Development of Three Chicago Millgates*, 11。在本地历史学家罗德·塞勒斯的讲座中，以及由克里斯·博贝尔执导的关于卡鲁梅特的视频 "*The Changing Calumet*"（Calumet Ecological Park Association, 2006）中，受访者也提到了这个主题。类似的观点也出现在邻近的加里，见 Hurley, *Environmental Inequalities*, 44；以及俄亥俄州扬斯敦，见 Linkon

and Russo, *Steeltown, U.S.A*, 76。

[4] 20世纪60年代, 芝加哥东南部的公民组织抗议垃圾填埋场, 并对空气污染表示关注。例如, "S. E. C. O to Fight Proposed Dump," *Chicago Tribune*, March 31, 1963; "Community Units Join Forces for Combined Pollution Control," *Chicago Tribune*, June 19, 1969 (这些组织包括东南社区组织、阿瓦隆小径改善协会 [黑格维什]、布什协会、费尔埃尔姆斯公民联盟 [东区]、华盛顿 PTA、阿达姆斯 PTA、伽利斯泰尔 PTA、关心谢里丹 (Sheridan) 的家长们、东区社区组织和东南空气污染委员会)。特别是会更加关注有毒废物, 正如他们在20世纪70年代末的"爱河"所做的那样。

[5] 钢铁行业代表经常表示, 环境监管和昂贵的反污染措施可能会迫使他们裁员或搬迁。例如在《芝加哥论坛报》的一篇文章中 ("US Steel Agrees to Curb Pollution," August 11, 1977), 美国钢铁公司的一位副总裁爱德华·史密斯 (Edward Smith) 将法院要求的在加里工厂回收废水描述为"对一个财务困难的行业的财务影响而言, 这是一种倒退"。他补充说, 为了推动这一项目, 不景气的钢铁行业只能解雇工人, 因为清洁水项目意味着企业用来参与竞争的经费变得更少了。亦可见: Hurley, *Environmental Inequalities*, 74。这种争论由来已久, 例如, 科尔滕 (Colten) 指出, 在20世纪初, 监管工业废物的初步努力也使商业支持者做出了类似的反应。他们也认为这种监管的努力可能会导致工业破产 (见 Colten, *Industrial Wastes in the Calumet Area*, 22-23)。还应注意的是, 确保符合环境要求可能要花很多钱, 对威斯康星钢铁厂的相关讨论可参考: Bensman and Lynch, *Rusted Dreams*, 45。

[6] 甚至在这一时期之前, 在20世纪50年代就有一些与该地区第一个大型垃圾场有关的运动。可见: Brosch et al., *The Historical Development of Three Chicago Millgates*, 52-55。这一运动的核心是, 一些人认为芝加哥市本身在卡鲁梅特湖北部非法倾倒废物, 形成了批评者认为的库克县 (Cook County) 最大的垃圾场。公民团体和居民反对倾倒垃圾, 并向当地的市议员施压, 要求他们向市政府提出抗议。对于20世纪80年代和90年代芝加哥东南部的倾倒与反倾倒运动的讨论, 可见: Bensman and Lynch, *Rusted Dreams*, 105-107 and 187-192; James Schwab, *Deeper Shades of Green: The Rise of Blue Collar and Minority Environmentalism in America* (San Francisco: Sierra Club Books, 1994), 160-206。对于邻近的印第安纳州加

里市的环保活动的相关讨论,可见:Hurley, *Environmental Inequalities*。

[7] 这门课是由纽约大学人类学教授费·金斯伯格教授的,我永远感谢她。

[8] 玛莎·巴尔舍姆(Martha Balshem)提到费城一个工人阶级社区对疾病的类似解释。Martha Balshem, *Cancer in the Community: Class and Medical Authority* (Washington, D. C.: Smithsonian Institution Press, 1993)。

[9] 见伊利诺伊州环保局关于场地历史的评论:Focused Feasibility Study Report: Lake Calumet Cluster Site, IEPA ID: 0316555084, Cook County (Springfield: Illinois EPA, 2006), 1-2。

[10] 早期卡鲁梅特湖和芝加哥东南地区作为狩猎和捕鱼天堂的情况,可见:Brosch et al., *The Historical Development of Three Chicago Millgates*, 6-12; City of Chicago, Department of Planning and Development, "Calumet Area Land Use Plan," December 2001, 8。

[11] 见芝加哥市规划和发展部对该地区历史的讨论:"Calumet Area Land Use Plan," 8。

[12] 关于在湿地、小湖和密歇根湖边缘用卡鲁梅特河的矿渣或疏浚污泥进行填埋的讨论,见:Colten, *Industrial Wastes in the Calumet Area*; Craig Colten, "Chicago's Waste Lands: Refuse Disposal and Urban Growth, 1840-1990," *Journal of Historical Geography* 20 (1994): 124-142; Brosch et al., *The Historical Development of Three Chicago Millgates*; 以及关于此区域所摘引的几乎所有伊利诺伊州环保局的报告。

[13] 1907年的一篇文章,对芝加哥东南部的美国钢铁公司(南方工厂)产生的烟雾做了如下形象的比喻:当你从湖中的游艇甲板上看到这个工厂时,它只是一团不透明的烟雾,价值3000万美元的烟雾。诚然,你可以看到众多建筑物的某些模糊轮廓,就像梦中模糊的想象。你可能会被一长排细长的烟囱所吸引,它们在烟雾中昂首挺胸,肩并肩地站在一起,严阵以待,仿佛要敬礼。你可能会为三条薄薄的、飘忽不定的火舌感到激动,这些火舌从贝塞默转炉的喉咙里喷出,穿过厚厚的监禁层,像转瞬即逝的灵魂一样,奋力向上方的晴空飞去。但这些东西仅仅是中心主题的修饰,中心主题是烟,一座烟山,或者说,一个烟洞。因为这座山是空心的,在其内部有一万个人在工作。

可见:Hard, "Making Steel and Killing Men," 579-591。关于20世纪初抗议东南部钢铁厂空气污染的"反烟"运动,见:Colten, *Industrial*

Wastes in the Calumet Area, 28。更多关于空气污染的近期讨论，可见：Environmental Protection Agency (US EPA), *Environmental Loadings Profile for Cook County, IL and Lake County, IN*, EPA 747-R-01-002 (US Environmental Protection Agency, Office of Pollution Prevention and Toxics, Washington, D. C., April 2001)。

[14] 关于炼钢过程中产生的化学品，包括萘、酚和氰化物，以及用于去除钢铁锈迹的硫酸酸洗液，见 Colten, *Industrial Wastes in the Calumet Area*, 6, 25; Hurley, *Environmental Inequalities*, chap. 2; Devra Davis, *When Smoke Ran like Water: Tales of Environmental Deception and the Battle against Pollution* (New York: Basic Books, 2002)。

[15] 1954 年，美国陆军工程兵团起诉了芝加哥东南部的共和、英特莱克和威斯康星钢铁公司，因为他们往卡鲁梅特河倾倒了大量废物，以至于难以保持河流通航。法庭记录显示，共和钢铁公司每年往卡鲁梅特河倾倒 1 万吨固体废物；威斯康星钢铁公司倾倒 2.7 万吨，英特莱克公司倾倒 2 万吨，此外，每天还排放 490 万加仑未经处理的废水。见 Joel Greenberg, *A Natural History of the Chicago Region* (Chicago: University of Chicago Press, 2002), 237; Colten, *Industrial Wastes in the Calumet Area*。

[16] 见 Arcadis G&M, "Steel Production Area Remedial Action Plan: Former Wisconsin Steel Works, Chicago Illinois" (report prepared for International Truck and Engine Corporation, 2006, regarding the matter of *People of the State of Illinois v. Navistar International Transportation Corp.*, case 96CH0014146, Illinois EPA)；根据超级基金法，威斯康星钢铁公司被列为 CERCLA 场地。然而，通常只有那些被列入国家优先名单（NPL）的 CERCLA 场地才被称为"超级基金"场所。正如施瓦布（Schwab）解释的那样，入选 NPL 场地是基于对公众健康威胁的感知，而不是毒性本身的程度。尽管卡鲁梅特地区存在广泛的有毒污染，而且许多工业场地都污染了地下水，但该地区的 NPL 超级基金场地比预期的要少。这是因为居民不喝地下水，而是从密歇根湖获取饮用水，见 Schwab, *Deeper Shades of Green*, 170-171。

[17] 附近的非钢铁工业排放的污染物，包括生产滴滴涕、砷、清漆等的化工和油漆公司，见：Colten, *Industrial Wastes in the Calumet Area*, 5-6, 28。

[18] 位于卡鲁梅特地区的这 51 个垃圾填埋场和废物处理区，包括

13 个危险废物场地，15 个固体和工业废物填埋场，以及 23 个未经授权的随机垃圾场。在卡鲁梅特河附近有 423 个受《资源保护和恢复法》（RCRA）监管的危险废物场所，以及 460 多个地下储罐。伊利诺伊州环保局曾将卡鲁梅特地区标注为拥有北美大陆上最大的危险废物处置场所的地方，而且该地区仍然是最大的处置场所之一，见 Colten, *Industrial Wastes in the Calumet Area*, 79; Greenberg, *A Natural History of the Chicago Region*, 238。

[19] 人们担心当大雨导致河流倒流入湖后，沉积在卡鲁梅特湖的有毒物质正通过卡鲁梅特河进入密歇根湖，污染芝加哥的饮用水源。见：William P. Fitzpatrick and Nani G. Bhowmik, *Pollutant Transport to Lake Calumet and Adjacent Wetlands and an Overview of Regional Hydrology*, Illinois State and Water Survey, Waste Management and Research Center Report RR-E50, September 1990; Colten, *Industrial Wastes in the Calumet Area*。更多关于地下水污染的讨论，可见：Colten, "Chicago's Waste Lands," 124-142。

[20] 20 世纪 70 年代，阿尔本（Alburn）焚烧炉非法焚烧多氯联苯。该焚化炉是全国获准焚烧多氯联苯的三个焚化炉之一，有时还非法运作。关于社区反对化学废物管理公司焚化炉的讨论，可见：James Schwab, *Deeper Shades of Green*, 178-185。

[21] 据报道，最初在 20 世纪 60 年代，帕克斯顿二号填埋场是黑手党成员得来的。当地的传说认为它是用来处理尸体的，但业主后来发现了垃圾生意有利可图。该地块后来被史蒂夫·马泰尔（Steve Martell）收购，他是芝加哥地区臭名昭著的污染者（与玛丽安·伯恩斯的访谈，2002 年 7 月 3 日）。该垃圾填埋场于 1971 年开始运作，由于建造不当，有 170 英尺高（比法律允许的高度高出 100 英尺），成为库克县最高的非结构点。它还多次因违反环境规定被指控，并在 1992 年关闭。1999 年，一项工程研究警告说，帕克斯顿二号垃圾填埋场可能出现灾难性的坍塌。人们担心"垃圾崩塌"（garbalanche）会将多达 30 万立方码的垃圾和数百万加仑的污染浸出液，释放到石岛大道和周边的房屋上。人们还担心，如果易燃气体突然暴露在氧气中，可能发生火灾和爆炸。伊利诺伊州环保局花了五年的时间和大约 2000 万美元对垃圾填埋场进行了重新平整和覆盖。他们在填埋场上种植了草原草，以防止未来的场地侵蚀。2005 年，他们又养了一群山羊来吃掉杂草（有看门狗保护它们不受野狗和野狼的伤害），因为这些杂草挤占了草原草的生长空间，后者是用于侵蚀保护的最佳草种。见

Illinois Environmental Protection Agency, "Hawks, Deer Are Calling Remediated Urban Landfill Home," *Environmental Progress* (Winter 2003); Illinois Environmental Protection Agency, "Work Moves Forward on Lake Calumet Cluster Sites/Paxton II Landfill Repair Maintenance," *Environmental Progress*, vol. 23 (2007)。

[22] US Department of the Interior, *Calumet Ecological Park Feasibility Study*, August 1998, 36.

[23] Environmental Protection Agency, *Environmental Loadings Profile for Cook County*, 2-6.

[24] 关于内分泌干扰作用的假定机制，见：Theo Colborn, Diane Dumanoski, and J. P. Myers, *Our Stolen Future* (New York: Dutton, 1996); 亦可见：T. Colborn, F. S. vom Saal, and A. M. Soto, "Developmental Effects of Endocrine Disrupting Chemicals in Wildlife and Humans," *Environmental Health Perspectives* 101 (1993): 378-383; Linda S. Birnbaum and Suzanne E. Fenton, "Cancer and Developmental Exposure to Endocrine Disruptors," *Environmental Health Perspectives* 111 (2003): 389-394。讨论内分泌干扰的社会、环境和政策影响，见：Sheldon Krimsky, *Hormonal Chaos: The Scientific and Social Origins of the Environmental Endocrine Hypothesis* (Baltimore: Johns Hopkins University Press, 2000); Nancy Langston "The Retreat From Precaution: Regulating Diethylstilbestrol (DES), Endocrine Disruptors, and Environmental Health," *Environmental History* 13 (2008): 41-65; Sarah Vogel, "From 'the Dose Makes the Poison' to 'the Timing Makes the Poison': Conceptualizing Risk in the Synthetic Age," *Environmental History* 13 (2008): 667-673。环境保护局现在不仅列出了化学品是否致癌，还列出了它们是否是潜在的内分泌干扰物。

[25] 这一讨论参考了美国环境保护局网站上的信息，以及其他相关讨论：Nancy Langston, *Toxic Bodies: Hormone Disruptors and the Legacy of DES* (New Haven: Yale University Press, 2011); Davis, *When Smoke Ran like Water*; Colborn et al., *Our Stolen Future*; Sandra Steingraber, *Living Downstream: An Ecologist's Personal Investigation of Cancer and the Environment* (Cambridge, Mass.: Da Capo Press, 2010); Hurley, *Environmental Inequalities*; Colten, *Industrial Wastes in the Calumet Area*。

[26] 关于现在已禁止的物质（如多氯联苯），在卡鲁梅特地区的持

续影响,可见:Seung-Muk Yi et al.,"Emissions of Polychlorinated Biphenyls (PCBs) from Sludge Drying Beds to the Atmosphere in Chicago," *Chemosphere* 71 (2008): 1028-1034。

[27] 对该地区的健康研究遇到了一系列阻碍,包括许多可用的信息是针对库克县或芝加哥市整体的,而不是针对芝加哥东南部等次级区域。一般来说,环境健康的文献已经广泛讨论了流行病学和毒理学研究的局限性。例如:Jason Corburn, *Street Science: Community Knowledge and Environmental Health Justice* (Cambridge, Mass.: MIT Press, 2005); Linda Nash, *Inescapable Ecologies: A History of Environment, Disease, and Knowledge* (Berkeley: University of California Press, 2007)。然而,1986年,伊利诺伊州环保局对卡鲁梅特湖地区癌症死亡率的研究确实表明,与全国平均水平相比,该地区一些癌症的死亡率过高。此外,研究还发现白人男性的肺癌和前列腺癌发病率过高,女性的膀胱癌发病率过高,对可能原因的猜测主要集中在职业和健康接触上。可见:Illinois Environmental Protection Agency, *The Southeast Chicago Study: An Assessment of Environmental Pollution and Public Health Impacts* (Springfield: Illinois Environmental Protection Agency, 1986)。亦可见对上述研究的相关讨论:Fitzpatrick and Bhowmik, *Pollutant Transport to Lake Calumet*, 9。此外,作为社区环境运动的结果,美国环境保护局后来同意了汇编该地区巨大的累积毒物负荷概况。该报告研究了所有媒体登载的各种污染物,并收集了关于卡鲁梅特地区的不同科学文献。虽然这是一项有价值的工作,但冗长的报告并没有提供对庞大信息的解释,这将使其只能在社区一级发挥作用。此外,环境保护局将1996年作为其基准年,鉴于大多数地区的钢铁厂,也就是该地区最大的污染源在20世纪80年代初就关闭了,而且由于癌症和许多其他健康影响的潜伏期很长,这种非历史性的观点是非常有问题的,见 Environmental Protection Agency, *Environmental Loadings Profile for Cook County*。

[28] 芝加哥东南部的大片棕色土地存在不同程度的毒性,限制了对这些场地的处理。例如,那些有炼焦作业的钢铁厂场地比其他地方的毒性要大得多。美国钢铁公司(南方工厂)的场地被认为污染较少,因为它没有焦化厂(个人陈述,罗德·塞勒斯,2004年8月)。不过也应该注意到,棕色地带的修复计划,如美国钢铁公司(南方工厂)的修复计划,通常需要降低清理的环境标准。见:Jessica Higgins, "Evaluating the Chicago Brownfields Initiative: The Effects of City-Initiated Brownfield

Redevelopment on Surrounding Communities," *Northwestern Journal of Law and Social Policy* 3 [2008]: 240-262。正如本章后面所讨论的,有人建议将来在南方工厂的场地上建房子。威斯康星钢铁公司除了有焦化作业外,还进行了一次大规模的多氯联苯清理,以及其他污染物的清理(美国政府质疑该厂的销售,要求国际收割机公司及其继任纳维斯塔公司负责清理工作)。威斯康星钢铁公司的修复报告建议,该厂今后只能用于工业用途或限制进入的商业用途, Arcadis G&M, "Steel Production Area Remedial Action Plan: Former Wisconsin Steel Works"。

[29] 这篇关于机场提案的讨论借鉴了一系列的报纸文章以及支持和反对机场的简报。见: Dan Rezek, "Airport Opposition Rallies at Opening," *East Side Times*, February 6, 1992; Gary Washburn, "Lake Calumet Airport Talks Press Deadline," *Chicago Tribune*, February 9, 1992; Michael Gillis and Fran Spielman, "A Bumpy Flight Path: Lake Calumet Airport Far from a Safe Landing," *Chicago Sun-Times*, February 21, 1992; Scott Fornek and Philip Franchine, "Lake Calumet Airport: Devastated Neighbors Find Little Optimism," *Chicago Sun-Times*, February 21, 1992; Fran Spielman, "Lake Calumet Airport: Daley: Man in Control Tower," *Chicago Sun-Times*, February 21, 1992; City of Chicago, Department of Aviation, "Lake Calumet Airport Update," vol. 1, no. 1 (Fall 1990); Tenth Ward Committee to Stop the Lake Calumet Airport, "10th Ward Airport News," September 1991。关于受影响的人和房屋数量,见: Michael Gillis and Don Hayner, "Airport Deal Set," *Chicago Sun-Times*, February 20, 1992。

[30] 可参考如下讨论: chap. 5, "From Industrial Prosperity to Crash Landing," in Schwab, *Deeper Shades of Green*; David Naguib Pellow, "Environmental Inequality Formation: Towards a Theory of Environmental Injustice," *American Behavioral Scientist* 43 (2000): 581-601。

[31] Tenth Ward Committee to Stop the Lake Calumet Airport, "10th Ward Airport News," September 1991.

[32] 阿尔特盖尔德花园是不是"芝加哥东南部"的一部分,是一个复杂的问题。这取决于区域是怎样定义的,是通过社会联系,还是空间互动,还是围绕环境或地质特征。专注于研究钢铁工业和"老一辈"芝加哥东南部居民的历史学家,倾向于用那些与钢铁工业及其他重工业一起出现的街区来定义芝加哥东南部。对他们来说,芝加哥东南部包括南芝加

哥、南迪林、东区和黑格维什（虽然这些社区内的种族和族裔分歧可能很深，但这些社区是通过他们与钢铁工业的历史关系联系起来的）。例如，许多年长的白人居民虽然反感居住在"他们"社区的非裔美国人和拉美人，但他们承认与南芝加哥和南迪林这样的少数族裔社区的历史联系。因为他们基本都在这些社区长大，然后才搬到东区和黑格维什（社会学家称之为种族"接替"模式）。然而，环保主义者从环境地形的角度来构想芝加哥的"卡鲁梅特地区"和芝加哥东南部。因此，对他们来说，卡鲁梅特湖及其相关河流和湿地周围的整个地区，包括阿尔特盖尔德花园和普尔曼，都是芝加哥东南部的一部分，尽管这些地区在历史上的社会联系比较脆弱。然而，除了这些历史和地理问题外，文中所讨论的种族和阶级划分问题，对于界定"社区"来说也同样重要。据推测，阿尔特盖尔德花园不是面向芝加哥东南部，而是主要面向卡鲁梅特湖以西的罗斯兰（Roseland）和河谷镇，居民主体也是以非裔美国人为主的社区（并在社区人口普查中被列为这些社区的一部分）。这一事实是历史、地理和种族因素的结合。

[33] Luke W. Cole and Sheila R. Foster, *From the Ground Up: Environmental Racism and the Rise of the Environmental Justice Movement* (New York: New York University Press, 2001); David Schlosberg, *Defining Environmental Justice: Theories, Movements, and Nature* (Oxford: Oxford University Press, 2007).

[34] 有人估算，约70%~80%的地方环境正义团体领导人和它们的成员都是女性。见：公民危险废物信息交流中心，转引自 Barbara Epstein, "The Environmental Justice/Toxics Movement: Politics of Race and Gender," *Capitalism, Nature, Socialism* 8 (1997): 69。一些人将妇女的主导地位归因于她们在照顾子女健康方面的核心作用，而且认为她们总是会把自己的行动解释为母亲角色的延伸。还有人指出，由于男性在历史上更有可能从事有污染的工业工作，女性自身的身份和工作保障与反毒物抗议的直接冲突可能比男性少，见 Epstein, "The Environmental Justice/Toxics Movement"; Shannon Bell and Yvonne Braun, "Coal, Identity, and the Gendering of Environmental Justice Activism in Central Appalachia," *Gender and Society* 24 (2010): 794-813。

[35] 关于 PCR 的信息主要来自 PCR 网站 www.peopleforcommunityrecovery.org，以及2008年4月10日至11日，谢丽尔·约翰逊在麻省理工

学院博物馆举行的"破坏性环境：活动家、学者和记者的对话"会议上的评论，还有 2009 年 7 月 23 日，谢丽尔·约翰逊的访谈。

[36] 见 *Chicago's Southeast Side: An Environmental History: Industry vs. Nature*, a booklet compiled by students at Washington High School as part of an Annennberg Challenge Grant project under the supervision of Rod Sellers (n. d.)。

[37] 我一直找不出这些紧张关系的根本原因，因为这一时期的许多社区领导人已经年迈，不再接受访谈。但其他一些研究指出，主要是西班牙裔的联合社区组织（UNO）与黑格维什和阿尔特盖尔德花园的白人和非裔美国人团体在焚烧炉的问题上关系紧张。黑格维什和阿尔特盖尔德花园的团体反对焚烧炉，而 UNO 不反对。可见：David Naguib Pellow, *Garbage Wars: The Struggle for Environmental Justice in Chicago*（Cambridge, Mass.: MIT Press, 2002）。另外，UNO（主要设在受影响较小的南芝加哥和南迪林）没有反对卡鲁梅特湖机场的提议，令黑格维什的居民感到沮丧，见 Schwab, *Deeper Shades of Green*, 202-203。

[38] Schwab, *Deeper Shades of Green*, 181.

[39] 关于这两个地区的环保组织采取的不同策略，另有一些讨论：Kathleen A. Gillogly and Eve C. Pinsker, "Networks and Fragmentation among Community Environmental Groups of Southeast Chicago"（SfAA Environmental Anthropology Fellows, EPA Region 5 Socioeconomic Profiling Project, June 5, 2000）; Kathleen A. Gillogly and Eve C. Pinsker, "Not Good at Partnering? Community Fragmentation and Environmental Activism in Southeast Chicago"（paper presented at the annual meetings of the Society of Applied Anthropology, San Francisco, March 2000）。

[40] 例如，参见 Hurley, *Environmental Inequalities*。

[41] 大多数环境正义的文献都提到了阶级问题，但都是在关注种族问题的基础上提出的，比如：Benjamin Chavis, Jr., and Charles Lee, "Toxic Waste and Race in the United States"（United Church of Christ Commission on Racism, 1987）; Robert Bullard, *Unequal Protection: Environmental Justice and Communities of Color*（San Francisco: Sierra Club, 1994）。从环境正义的角度看芝加哥东南部的学术工作，也可以发现一种将该地区描述为几乎完全由少数族裔组成的倾向，抹去了白人工人阶级居民的存在。例如乔尼·西格（Joni Seager）提道："芝加哥东南地区主要是非裔美国人和西班牙裔美国

人,(这里)有全国最集中的危废场。"人们认为这种情况在那时要少得多。Joni Seager, *Earth Follies* (New York: Routledge, 1993), 184. 大卫·佩罗(David Pellow)在关于芝加哥东南部的一节书章中,也忽略了白人居民。他似乎以阿尔特盖尔德花园少数族裔的人口量为基础,以此推及整个芝加哥东南部。作者在一个脚注中顺便提到,南区"并不总是有大量的非裔美国人",但没有讨论芝加哥东南部或地方工厂的历史,没有回答废物怎样来到这里,或揭示该地区持续至今的种族和族裔多样性(Pellow, *Garbage Wars*)。此外,在1987年绿色和平组织反对垃圾焚烧炉的活动录像中,有许多来自阿尔特盖尔德花园和黑格维什的环保活动家。其中,阿尔特盖尔德花园还专门出现在了环境种族主义的特别部分。没有人承认这些活动家是作为联盟的一部分在一起抗议焚烧炉。对环境种族主义的一个有洞察力、深入的人类学讨论,请参考梅丽莎·切克尔(Melissa Checker)的作品。该研究对环境问题和种族进行了极具说服力的描述,但再次淡化了邻近地区工人阶级白人的经历。Melissa Checker, *Polluted Promises: Environmental Racism and the Search for Social Justice in a Southern Town* (New York: New York University Press, 2005).

总的来说,芝加哥与北部和中西部其他许多城市的工业模式和移民历史,意味着从19世纪末和20世纪初开始,垃圾场就位于通常由欧洲移民居住的工人阶级地区。这种情况往往至少持续到60年代。然而,承认这段历史并不意味着必须否定种族是有毒物质暴露的一个关键因素。现在许多的老工业区都有大量的少数族裔,因为白人已经搬走了。由于就业和居住方面的障碍,种族严重地影响了少数族裔居民离开污染严重的地区的能力。此外,少数族裔社区往往更难通过接触政治领袖和其他途径来解决他们的环境问题。然而,在分析社会不平等与环境危害的交织和重现方式时,我们也必须对意料之外的结果有所准备。例如,1997年对芝加哥垃圾场的研究发现,在某些情况下,垃圾场与高收入群体相关。这是因为当时的房地产热,以及把老工业空间改造成高端阁楼的潮流,见Brett Baden and Don Coursey, "The Locality of Waste Sites within the City of Chicago: A Demographic, Social, and Economic Analysis" (Chicago: Irving B. Harris School of Public Policy Studies, University of Chicago, 1997), 31。

[42] Michael Hawthorne, "Environmental Justice Groups Fight Pollution Problems on Southeast Side," *Chicago Tribune*, September 15, 2011; Gregory Tejeda, "Chicago's Other Latino Neighborhoods Reach Out to Southeast Side,"

Northwest Indiana Times, September 21, 2011.

［43］相关讨论如：n.27，也见 Michael Hawthorne and Darnell Little, "Our Toxic Air: Chicago Area Residents Face Some of the Risks of Getting Sick from Pollution, but the EPA Isn't Making It Widely Known," *Chicago Tribune*, September 29, 2008。

［44］除了在一些环境正义文献中对工人阶级白人的抹杀，正如从事这一课题的学者所言，在学术文献中也有忽视中产阶级和中上层阶级非裔美国人的倾向，见 Mary Patillo-McCoy, *Black Picket Fences: Privilege and Peril among the Black Middle Class* (Chicago: University of Chicago Press, 1999); Lacy, *Blue-Chip Black*。

［45］早期关注阶级的学者，往往从马克思主义的方向出发，倾向于将其视为社会经验的主要决定因素，而淡化了其他因素，如种族和性别。相反，对于60年代后的学者来说，有一种趋势是淡化阶级问题，或者将这种兴趣从属于对种族、族裔或性别的关注，当然经常有人呼吁要综合考虑所有三种因素。正如一些学者所言，同时考虑种族、性别和阶级的交叉问题可能具有挑战性。见：David Roediger, "More Than Two Things: The State of the Art of Labor History," in Russo and Linkon, *New Working-Class Studies*。总的来说，很有必要从理论上说明这种形式的差异和不平等是如何与其他类型"互构"的，而不是假设其中一个是主导，为其他交叉因素或独立因素创造可能性，更不是简单地将三种压力相互叠加。如前所述，朱莉·贝蒂的《没有阶级的妇女》是优秀的民族志研究，说明了阶级、种族/族裔和性别是如何相互构成的。其他学者认为，运用个人叙事也可以达到类似的目的，因为阶级、种族和性别的个人经验往往在这种叙事中无缝黏合，见：Russo and Linkon, "What's New about New Working-Class Studies?" 1-15。在政治上，充分解决与种族和族裔有关的阶级问题之所以困难，部分是因为美国保守派用"阶级"的提法来淡化种族不平等的倾向（例如，就2005年新奥尔良飓风卡特丽娜的平权行动或其社会后果进行辩论）。

［46］"Olympics Stadium? Casino? Possible at Wisconsin Steel," *Southeast Chicago Observer*, October 11, 2006.

［47］Lisa Chamberlain, "Mayor Daley's Green Crusade," *Metropolis Magazine*, July 2004; Evan Osnos, "Letter from Chicago: The Daley Show," *New Yorker*, March 8, 2010.

[48] 这些讨论建立在如下分析之上：Jessica Higgins, "Evaluating the Chicago Brownfields Initiative: The Effects of City - Initiated Brownfield Redevelopment on Surrounding Communities," *Northwestern Journal of Law and Social Policy* 3 (2008): 240-262。也见 Matt Schulz, "Chicago Program Cuts Risk of Liability Suits for Banks Developing Contaminated Sites," *American Banker* 161 (1996): 8。

[49] 关于中西部工业工人阶级居民的狩猎和捕鱼传统的讨论，见：Lisa Fine, "Rights of Men, Rights of Passage: Hunting and Masculinity at Reo Motors of Lansing Michigan, 1945 - 1975," *Journal of Society History* 33 (2000): 805-823。狼湖上的黑格维什杆枪俱乐部长期以来一直是这里的核心机构（现在是东南运动家俱乐部）。

[50] City of Chicago, Department of Planning and Development, "Calumet Area Land Use Plan," December 2001.

[51] 关于芝加哥湖畔项目的讨论，可见：Jonathan Black, "Nasutsa Mabwa Makes No Small Plans," *UIC Alumni Magazine*, Fall 2011, 21-25。

[52] Dave Hoekstra, "Dave Matthews Band Caravan Using U. S. Steel Site for 3 Day Concert," *Chicago Sun Times*, February 12, 2011; Steve Jackson, "Smooth Music, Rocky Environs at Caravan," *Chicago Tribune*, July 10, 2011.

[53] 希金斯（Higgins）也讨论了这样的问题，例如，伊利诺伊大学圆环校区的棕地修复场地周围的士绅化更接近市中心。见：Higgins, "Evaluating the Chicago Brownfields Initiative"。通过阁楼改造，高收入者越来越倾向于住在有毒废物场地附近。相关评论见：Baden and Coursey, "The Locality of Waste Sites," 31。

[54] 在美国，将封顶的垃圾填埋场改建为高尔夫球场已经是一种流行的环境修复技术，见 "Reusing Cleaned Up Superfund Sites: Golf Facilities Where Waste Is Left on Site, EPA - 540 - R - 03 - 003," US Environmental Protection Agency, Office of Superfund Remediation and Technology Innovation, Washington, D. C., October 2003; Kent Curtis, "Greening Anaconda: EPA, ARCO, and the Politics of Space in Post-industrial Montana," in Cowie and Heathcott, *Beyond the Ruins*, 91-111。巴布科克（Babcock）指出，一些地区的居民争辩说他们没有使用这个球场，一是因为它非常昂贵，二是因为"他们认为在垃圾填埋场顶部打高尔夫球的想法不可取，而且可能会危害他们的健康"。见 Elizabeth Babcock, "Environmentalism and Perceptions of

Nature in the Lake Calumet Region" (Chicago: Field Museum of Chicago, Office of Environmental and Conservation Programs, 1998), 10。

[55] 相关结论亦可见：Dudley, *The End of the Line*。

结　论

[1] Linkon, "Navigating Past and Present".

[2] 亦可参考 Bensman 和 Lynch 在《生锈的梦》中的讨论；或普特曼（Putterman）的钢铁工人研究项目《芝加哥钢铁工人》(*Chicago Steelworkers*)。

[3] Gusterson and Besteman, *Insecure American*.

[4] 虽然白人迁移到工人阶级和中下层阶级的郊区与种族有关，但也与阶级有关，因为越来越多的工作转移到郊区。有关原工人阶级工作"郊区化"的讨论，可参考 William Julius Wilson, *When Work Disappears: The World of the New Urban Poor* (New York, Vintage, 1997)。非裔美国人也为了找工作搬离城市，详见 Monica Davey, "Chicago Now Smaller and Less Black, Census Shows," *New York Times*, February 15, 2011。

[5] 有关警察、消防员和其他同样必须在芝加哥市区范围内工作的城市工作人员的讨论，请参见这本书中关于"环城公路"的讨论：William Julius Wilson and Richard R. Taub, *There Goes the Neighborhood: Racial, Ethnic and Class Tensions in Four Chicago Neighborhoods and Their Meaning for America* (New York: Alfred A. Knopf, 2006)。关于扩大妇女保健和教育以及低技能妇女保健的"社会服务"工作，见 Wilson, *When Work Disappears*, 27；对于非裔美国女性，见 Wilson, *When Work Disappears*, 33。

[6] 根据理查德·劳埃德（Richard Lloyd）的说法，1970 年，芝加哥 58%的西班牙裔劳动力受雇于制造业，而到 1991 年则为 39%。Richard Lloyd, *Neo-Bohemia: Art and Commerce in the Postindustrial City* (New York: Routledge, 2006), 39. 相关讨论亦可见：Wilson and Taub, *There Goes the Neighborhood*。

[7] 一份关于 NAFTA 影响的概述指出，虽然 1994 年至 2002 年期间在墨西哥创造了 50 万个制造业就业机会，但自 1994 年以来，墨西哥农业部门失去了 130 万个就业机会，因此移民是一种常见的应对机制。见 John J. Audley et al., *NAFTA's Promise and Reality: Lessons from Mexico for the*

Hemisphere(Washington, D. C.: Carnegie Endowment for International Peace, 2004), 6。墨西哥农业部门的不稳定在一定程度上与《北美自由贸易协定》之后玉米价格的下降有关,这使得许多小规模的农民流离失所,而较大的商业运作则转向蔬菜生产。Amanda King, "Trade and Totomoxtle: Livelihood Strategies in the Totonaca Region of Veracruz," *Agriculture and Human Values* 24 (2007): 29-40.

[8] 移民对压低底层工资的影响,可见:Wilson, *When Work Disappears*, 34; Peter Kwong, "Walling Out Immigrants," in *The Insecure American*, eds. Hugh Gusterson and Catherine Besteman (Berkeley: University of California Press, 2009)。

[9] 关于去工业化、失业和经济混乱对芝加哥非裔居民的影响,可参考一些有影响力的讨论:Wilson, *When Work Disappears*; William Julius Wilson, *The Truly Disadvantaged: The Inner City, the Underclass, and Public Policy* (Chicago: University of Chicago Press, 1987)。

[10] 关于芝加哥东南社区历史上社会稳定性的讨论,可见:Richard Taub, *Paths of Neighborhood Change* (Chicago: University of Chicago Press, 1987)。

[11] 关于上次人口普查期间芝加哥非裔美国人人口下降的文章,可见:Davey, "Chicago Now Smaller and Less Black, Census Shows"。

[12] 威廉·朱利叶斯·威尔逊(William Julius Wilson)在《当工作消失时》(*When Work Disappears*)中表明,在20世纪60年代末,被归类为蓝领职业的城市黑人中,有一半以上受雇于制造业。他还指出,1973年至1987年间,从事制造业的黑人男子人数从八分之三降至五分之一。

[13] 印第安纳州的加里市是一个有力的案例。在20世纪20年代和40年代间,3.5万名非裔美国人从南方移居到加里,每四个非裔美国人中就有三个在工业部门工作。在20世纪50年代,《黑檀》(*Ebony*)杂志将加里列为美国最适合黑人居住的地方;到1969年,加里黑人的收入中位数高于美国任何其他城市的同行,见Hurley, *Environmental Inequalities*, 113。

[14] Marc Doussard, Jamie Peck, and Nik Theodore, "After Deindustrialization: Uneven Growth and Economic Inequality in 'Postindustrial Chicago,'" *Economic Geography* 85 (2009): 183-207.

[15] 焦炉排放物是已知的肺癌原因。多环芳烃、铬和砷,都是威斯

康星钢铁公司环境清理的一部分,也是与肺癌有关的致癌物。

[16] 这一论点在许多方面与 Thomas Frank, *What's the Matter with Kansas? How Conservatives Won the Heart of America* (New York: Holt Books, 2004) 中的讨论相似。

[17] 为近几十年来失去的东西再赋值的书籍包括: Jefferson Cowie, *Stayin' Alive*; Judith Stein, *The Pivotal Decade: How the United States Traded Factories for Finance in the 1970s* (New Haven: Yale University Press, 2011)。就英国而言,可见 Owen Jones, *Chavs: The Demonization of the Working Class* (London: Verso, 2011) 的叙述。

[18] 见第二章注释 [46] 的讨论。

参考文献

Abbott, Edith. *Women in Industry: A Study in American Economic History*. New York: D. Apple ton and Company, 1910.

Abu-Lughod, Lila. "Can There Be a Feminist Ethnography?" *Women and Performance* 5 (1990): 7-27.

Abu-Lughod, Lila. "Writing against Culture." In *Recapturing Anthropology*, edited by Rich-ard Fox, 137-162. Santa Fe, N.M.: School of American Research Press, 1991.

Alberti, Mike. "On Manufacturing Policy, White House Remains in the Grip of 'Ratchet-Down' Consultants." *Remapping Debate*, January 18, 2012. http://www.remappingdebate.org/article/manufacturing-policy-white-house-remains-grip-%E2%80%9Cratchet-down%E2%80%9D-consultants.

Aldrich, Nelson W., Jr. *Old Money: The Mythology of Wealth in America*. New York: Allworth Press, 1997.

Appy, Christian. *Working-Class War: American Combat Soldiers and Vietnam*. Chapel Hill: University of North Carolina Press, 1993.

Arcadis G&M. "Steel Production Area Remedial Action Plan: Former Wisconsin Steel Works, Chicago Illinois." Report prepared for International Truck and Engine Corporation regarding the matter of People of the State of Illinois v. Navistar International Transportation Corp., case 96CH0014146, Illinois EPA, 2006.

"As Dollar Climbed over Past Decade: 500,000 Factory Jobs Vanished." *Guardian*, March 1, 2012.

Audley, John J., et al. *NAFTA's Promise and Reality: Lessons from Mexico for the Hemisphere*. Washington, D.C.: Carnegie Endowment for International

Peace, 2004.

Babcock, Elizabeth. "Environmentalism and Perceptions of Nature in the Lake Calumet Region. " Chicago: Field Museum of Chicago, Office of Environmental and Conservation Programs, 1998.

Baden, Brett, and Don Coursey. "The Locality of Waste Sites within the City of Chicago: A Demographic, Social, and Economic Analysis. " Chicago: Irving B. Harris School of Public Policy Studies, University of Chicago, 1997.

Baker, Martin. "He's Got the Whole World in His Hands. " *Observer*, February 5, 2006.

Balshem, Martha. *Cancer in the Community: Class and Medical Authority*. Washington, D. C. : Smithsonian Institution Press, 1993.

Bartlett, Donald, and James Steele. *America: What Went Wrong?* Kansas City, Mo. : Andrews and McMeel, 1992.

Bell, Shannon, and Yvonne Braun. "Coal, Identity, and the Gendering of Environmental Justice Activism in Central Appalachia. " *Gender and Society* 24 (2010): 794–813.

Bensman, David, and Roberta Lynch. *Rusted Dreams: Hard Times in a Steel Community*. Berkeley: University of California Press, 1987.

Bergsvik, Robert. "Rally Marks 9th Anniversary of Wisconsin Steel's Closing. " *Daily Calumet*, March 29, 1989.

Bettie, Julie. *Women without Class*. Berkeley: University of California Press, 2003.

Birnbaum, Linda S. , and Suzanne E. Fenton. "Cancer and Developmental Exposure to Endocrine Disruptors. " *Environmental Health Perspectives* 111 (2003): 389–394.

Black, Jonathan. "Nasutsa Mabwa Makes No Small Plans. " *UIC Alumni Magazine*, Fall 2011, 21–25.

Bluestone, Barry, and Bennett Harrison. *The Deindustrialization of America*. New York: Basic Books, 1982.

Boebel, Chris, dir. *The Changing Calumet*. A video made for the Calumet Ecological Park Association, 2006.

Boria, Eric Sergio. "Borne in the Industrial Everyday: Reterritorializing Claims-Making in a Global Steel Economy. " PhD diss. , Loyola University,

Chicago, 2006.

Bourdieu, Pierre. *Distinction: A Social Critique of the Judgement of Taste*. Cambridge, Mass.: Harvard University Press, 1984.

Bourdieu, Pierre. *Outline of a Theory of Practice*. Cambridge: Cambridge University Press, 1977.

Bourdieu, Pierre. *Sketch for a Self-Analysis*. Chicago: University of Chicago Press, 2008.

Brady, David, and Ryan Denniston. "Economic Globalization, Industrialization, and De-industrialization in Affluent Democracies." *Social Forces* 85 (2006): 297-326.

Brosch, David, Marcia Kijewski, and Robert Bulanda. *The Historical Development of Three Chicago Millgates*. Chicago: Illinois Labor History Society, 1972.

Broyard, Anatole. *Intoxicated by My Illness*. New York: Ballantine Books, 1993.

Bruno, Robert. *Steelworker Alley: How Class Works in Youngstown*. Ithaca: Cornell University Press, 1999.

Bullard, Robert. *Unequal Protection: Environmental Justice and Communities of Color*. San Francisco: Sierra Club, 1994.

Byington, Margaret. *Homestead: Households of a Mill Town*. 1910, reprint, New York: Arno Press, 1969.

Chamberlain, Lisa. "Mayor Daley's Green Crusade." *Metropolis Magazine*, July 2004.

Chavis, Benjamin, Jr., and Charles Lee. "Toxic Waste and Race in the United States." United Church of Christ Commission on Racism, 1987.

Checker, Melissa. *Polluted Promises: Environmental Racism and the Search for Justice in a Southern Town*. New York: New York University Press, 2005.

City of Chicago, Department of Aviation. "Lake Calumet Airport Update." Vol. 1, no. 1 (Fall 1990).

City of Chicago, Department of Planning and Development. "Calumet Area Land Use Plan." December, 2001.

Clark, Gordon L. "Piercing the Corporate Veil: The Closure of Wisconsin Steel in South Chicago." *Regional Studies* 24 (1990): 405-420.

Cohen, Lizabeth. *Making a New Deal: Industrial Workers in Chicago, 1919-*

1939. Cambridge: Cambridge University Press, 1990.

Colborn, Theo, Diane Dumanoski, and J. P. Myers. *Our Stolen Future*. New York: Dutton, 1996.

Colborn, T., F. S. vom Saal, and A. M. Soto. "Developmental Effects of Endocrine Disrupting Chemicals in Wildlife and Humans." *Environmental Health Perspectives* 101 (1993): 378–383.

Cole, Luke W., and Sheila R. Foster. *From the Ground Up: Environmental Racism and the Rise of the Environmental Justice Movement*. New York: New York University Press, 2001.

Colten, Craig. 1985. *Industrial Wastes in the Calumet Area, 1869–1970: A Historical Geography*. Hazardous Waste Research and Information Center: Champaign: Illinois Department of Energy and Natural Resources, 1985.

Colten, Craig. "Chicago's Waste Lands: Refuse Disposal and Urban Growth, 1840–1990." *Journal of Historical Geography* 20 (1994): 124–142.

"Community Units Join Forces for Combined Pollution Control." *Chicago Tribune*, June 19, 1969.

Corburn, Jason. *Street Science: Community Knowledge and Environmental Health Justice*. Cambridge, Mass.: MIT Press, 2005.

Cowie, Jefferson. *Stayin' Alive: The 1970s and the Last Days of the Working Class*. New York: New Press, 2010.

Cowie, Jefferson, and Joseph Heathcott, eds. *Beyond the Ruins: The Meanings of Deindustrialization*. Ithaca: Cornell University Press, 2003.

Cronon, William. *Nature's Metropolis: Chicago and the Great West*. New York: W. W. Norton and Company, 1991.

Curtis, Kent. "Greening Anaconda: EPA, ARCO, and the Politics of Space in Post-industrial Montana." In *Beyond the Ruins: The Meanings of Deindustrialization*, edited by Jefferson Cowie and Joseph Heathcott, 91–111. Ithaca: Cornell University Press, 2003.

Dash, Eric. "Executive Pay: A Special Report." *New York Times*, April 9, 2006.

Davey, Monica. "Chicago Now Smaller and Less Black, Census Shows." *New York Times*, February 15, 2011.

Davis, Devra. *When Smoke Ran like Water: Tales of Environmental Deception and the Battle against Pollution*. New York: Basic Books, 2002.

Dennis, Michael. *The Memorial Day Massacre and the Movement for Industrial Democracy*. New York: Palgrave Macmillan, 2010.

Dews, C. L. Barney, and Carolyn Leste Law, eds. *This Fine Place So Far from Home: Voices of Academics from the Working Class*. Philadelphia: Temple University Press, 1995.

di Leonardo Micaela. *The Varieties of Ethnic Experience: Kinship, Class and Gender among California's Italian – Americans*. Ithaca: Cornell University Press, 1984.

di Leonardo, Micaela. "Deindustrialization as a Folk Model." *Urban Anthropology* 14 (1985): 237-257.

Dizikes, Peter. "Rebuilding American Manufacturing." MIT News Office. Accessed November 30, 2011. http://web.mit.edu/newsoffie/2011.

Doussard, Marc, Jamie Peck, and Nik Theodore. "After Deindustrialization: Uneven Growth and Economic Inequality in 'Postindustrial Chicago.'" *Economic Geography* 85 (2009): 183-207.

Dudley, Kathryn. *The End of the Line: Lost Jobs, New Lives in Post-industrial America*. Chicago: University of Chicago Press, 1994.

Environmental Protection Agency (US EPA). *Environmental Loadings Profile for Cook County, IL and Lake County, IN, EPA 747-R-01-002*. US Environmental Protection Agency, Office of Pollution Prevention and Toxics, Washington, D.C., April 2001.

Environmental Protection Agency (US EPA). *Re-using Cleaned Up Superfund Sites: Golf Facilities Where Waste Is Left on Site, EPA-540-R-03-003*. US Environmental Protection Agency, Office of Superfund Remediation and Technology Innovation, Washington, D.C., October 2003.

Epstein, Barbara. "The Environmental Justice/Toxics Movement: Politics of Race and Gender." *Capitalism, Nature, Socialism* 8 (1997): 63-87.

"Ever Higher Society, Ever Harder to Ascend." Special Report. *Economist*, January 1, 2005.

Ewick, Patricia, and Susan Silbey. "Subversive Stories and Hegemonic Tales: Towards a Sociology of Narrative." *Law and Society Review* 29 (1995): 197-226.

Fine, Lisa. *The Souls of the Skyscrapers: Female Clerical Workers in Chicago, 1870-1930*. Philadelphia: Temple University Press, 1990.

Fine, Lisa. "Rights of Men, Rights of Passage: Hunting and Masculinity at Reo Motors of Lansing Michigan, 1945 - 1975." *Journal of Social History* 33 (2000): 805-823.

Fitzpatrick, William P., and Nani G. Bhowmik. *Pollutant Transport to Lake Calumet and Adjacent Wetlands and an Overview of Regional Hydrology*. Illinois State and Water Survey, Waste Management and Research Center Report RR-E50, September 1990.

Fornek, Scott, and Philip Franchine. "Lake Calumet Airport: Devastated Neighbors Find Little Optimism." *Chicago Sun-Times*, February 21, 1992.

Frank, Thomas. *What's the Matter with Kansas? How Conservatives Won the Heart of America*. New York: Holt Books, 2004.

Freeland, Chrystia. "The Rise of the New Ruling Class: How the Global Elite Is Leaving You Behind." *Atlantic*, February 2011, 44-55.

Fuechtmann, Thomas G. *Steeples and Stacks: Religion and Steel Crisis in Youngstown*. Cambridge: Cambridge University Press, 1989.

Geoghegan, Thomas. *Which Side Are You On? Trying to Be for Labor When It's Flat On Its Back*. New York: Farrar, Straus and Giroux, 1991.

Gibson-Graham, J. K. *The End of Capitalism (as We Knew It): A Feminist Critique of Political Economy*. Oxford: Blackwell, 1996.

Gillis, Michael, and Don Hayner. "Airport Deal Set." *Chicago Sun-Times*, February 20, 1992.

Gillis, Michael, and Fran Spielman. "A Bumpy Flight Path: Lake Calumet Airport Far from a Safe Landing." *Chicago Sun-Times*, February 21, 1992.

Gillogly, Kathleen A., and Eve C. Pinsker. "Not Good at Partnering? Community Fragmentation and Environmental Activism in Southeast Chicago." Paper presented at the annual meetings of the Society for Applied Anthropology, San Francisco. March, 2000.

Gillogly, Kathleen A., and Eve C. Pinsker. "Networks and Fragmentation among Community Environmental Groups of Southeast Chicago." SfAA Environmental Anthropology Fellows, EPA Region 5 Socioeconomic Profiing Project, June 5, 2000.

Greenburg, Joel. *A Natural History of the Chicago Region*. Chicago: University of Chicago Press, 2002.

Gregory, Steven. *Black Corona: Race and the Politics of Place in an Urban Community*. Princeton: Princeton University Press, 1998.

Gordon, Linda. "Social Insurance and Public Assistance: The Influence of Gender in Welfare Thought in the United States, 1890–1935." *American Historical Review* 97, no. 1 (1992): 19–54.

Gruber, William. "Fearless Buying: Tiny Firm Tackles Ailing Steel Outfit." *Chicago Tribune*, August 7, 1977.

Gusterson, Hugh, and Catherine Besteman. *The Insecure American*. Berkeley: University of California Press, 2009.

Halle, David. *America's Working Man*. Chicago: University of Chicago Press, 1987.

Hamilton, Martha M. "Jobless Benefits." *Washington Post*, February 19, 1981.

Hamper, Ben. *Rivethead*. New York: Warner Books, 1992.

Haraway, Donna. "Situated Knowledges: The Science Question in Feminism and the Privilege of Partial Perspective." *Feminist Studies* 14 (1988): 575–599.

Hard, William. "Making Steel and Killing Men." *Everybody's Magazine* 17 (1907): 579–591.

Hartigan, John, Jr. *Racial Situations: Class Predicaments of Whiteness in Detroit*. Princeton: Princeton University Press, 1999.

Harvey, David. *The Condition of Postmodernity*. London: Basil Blackwell, 1989.

Hawthorne, Michael. "Environmental Justice Groups Fight Pollution Problems on Southeast Side." *Chicago Tribune*, September 15, 2011.

Hawthorne, Michael, and Darnell Little. "Our Toxic Air: Chicago Area Residents Face Some of the Highest Risks of Getting Sick from Pollution, but the EPA Isn't Making It Widely Known." *Chicago Tribune*, September 29, 2008.

Higgins, Jessica. "Evaluating the Chicago Brownfields Initiative: The Effects of City-Initiated Brownfield Redevelopment on Surrounding Communities." *Northwestern Journal of Law and Social Policy* 3 (2008): 240–262.

High, Steven. *Industrial Sunset: The Making of the North America's Rustbelt, 1969-1984*. Toronto: University of Toronto Press, 2003.

Hirsch, Arnold R. "Massive Resistance in the Urban North: Trumbull Park," Chicago, 1953-1966. *Journal of American History* 82 (1995): 522-550.

Ho, Karen. *Liquidated: An Ethnography of Wall Street*. Durham: Duke University Press, 2008.

Hoekstra, Dave. "Dave Matthews Band Caravan Using U. S. Steel Site for 3 Day Concert." *Chicago Sun Times*, February 12, 2011.

Hoerr, John P. *And the Wolf Finally Came: The Decline of the American Steel Industry*. Pittsburgh: University of Pittsburgh Press, 1988.

Hurley, Andrew. *Environmental Inequalities: Class, Race and Industrial Pollution in Gary, Indiana, 1945-1980*. Chapel Hill: University of North Carolina Press, 1995.

Illinois Environmental Protection Agency. *The Southeast Chicago Study: An Assessment of Environmental Pollution and Public Health Impacts*. Springfild: Illinois EPA, 1986.

Illinois Environmental Protection Agency. "Hawks, Deer Are Calling Remediated Urban Landfill Home." *Environmental Progress*, Winter 2003.

Illinois Environmental Protection Agency. *Focused Feasibility Study Report: Lake Calumet Cluster Site*. IEPA ID: 0316555084, Cook County. Springfield: Illinois EPA, 2006.

Illinois Environmental Protection Agency. "Work Moves Forward on Lake Calumet Cluster Sites /Paxton II Landfill Repair Maintenance." *Environmental Progress* 23 (Winter-Spring 2007), 5-8.

Jackson, John L. *Harlemworld: Doing Race and Class in Contemporary Black America*. Chicago: University of Chicago Press, 2003.

Jackson, Steve. "Smooth Music, Rocky Environs at Caravan." *Chicago Tribune*, July 10, 2011.

Johnson, Erika. "Scandinavians Preferred: Nordic Ethnic Identity, Gender and Work in Chicago, 1879-1993." PhD diss., Michigan State University, 2010.

Johnston, David Cay. "Income Gap Is Widening, Data Shows." *New York Times*, March 29, 2007.

Jones, Owen. *Chavs: The Demonization of the Working Class*. London: Verso, 2011.

Kefalas, Maria. *Working-Class Heroes: Protecting Home, Community and Nation in a Chicago Neighborhood*. Berkeley: University of California Press, 2003.

Khan, Shamus Rahman. *Privilege: The Making of an Adolescent Elite at St. Paul's School*. Princeton: Princeton University Press, 2011.

King, Amanda. "Trade and Totomoxtle: Livelihood Strategies in the Totonaca Region of Veracruz, Mexico." *Agriculture and Human Values* 24 (2007): 29-40.

Kornblum, William. *Blue Collar Community*. Chicago: University of Chicago Press, 1974.

Kotlowicz, Alex. *Never a City So Real: A Walk in Chicago*. New York: Crown Publishers, 2004.

Krimsky, Sheldon. *Hormonal Chaos: The Scientific and Social Origins of the Environmental Endocrine Hypothesis*. Baltimore: Johns Hopkins University Press, 2000.

Kwong, Peter. "Walling Out Immigrants." In *The Insecure American*, edited by Hugh Gusterson and Catherine Besteman. Berkeley: University of California Press, 2009.

Laclau, Ernesto, and Chantal Moffee. "Recasting Marxism: Hegemony and New Social Movements." *Socialist Review* 12 (1982): 91-113.

Lacy, Karyn R. *Blue-Chip Black: Race, Class, and Status in the New Black Middle Class*. Berkeley: University of California Press, 2007.

"Lakshmi Mittal." BBC International News Profile. BBC, July 3, 2006. Accessed June, 19, 2008. http://news.bbc.co.uk/2/hi/business/5142202.stm.

Langston, Nancy. "The Retreat from Precaution: Regulating Diethylstilbestrol (DES), Endocrine Disruptors, and Environmental Health." *Environmental History* 13 (2008): 41-65.

Langston, Nancy. *Toxic Bodies: Hormone Disruptors and the Legacy of DES*. New Haven: Yale University Press, 2011.

Lawrence, D. H. *Sons and Lovers*. New York: Modern Library, 1999.

Leonhardt, David. "What's Really Squeezing the Middle Class?" *New York*

Times, April 25, 2007.

Liechty, Mark. *Suitably Modern: Making Middle-Class Culture in a New Consumer Society*. Princeton: Princeton University Press, 2003.

Linkon, Sherry Lee. "Navigating Past and Present in the Deindustrial Landscape." Paper presented at the Working Class Studies Conference, University of Illinois at Chicago, June 23, 2011.

Linkon, Sherry Lee, and John Russo. *Steeltown, U.S.A.: Work and Memory in Youngstown*. Lawrence: University Press of Kansas, 2003.

Lloyd, Richard. *Neo-Bohemia: Art and Commerce in the Postindustrial City*. New York: Routledge, 2006.

Lubrano, Alfred. *Limbo: Blue-Collar Roots, White Collar Dreams*. Hoboken, N. J.: John Wiley and Sons, 2004.

Marx, Karl. *Capital*. Edited by David McLellan. Oxford: Oxford University Press, 1995.

Marx, Karl. *The Marx-Engels Reader*. Edited by Robert C. Tucker. New York: W. W. Norton and Company, 1972.

May, Steve, and Laura Morrison. "Making Sense of Restructuring: Narratives of Accommodation among Downsized Workers." In *Beyond the Ruins: The Meanings of Deindustrialization*, edited by Jefferson Cowie and Joseph Heathcott, 259-279. Ithaca: Cornell University Press, 2003.

Maynes, Mary Jo, Jennifer L. Pierce, and Barbara Laslett. *Telling Stories: The Use of Personal Narratives in the Social Sciences and History*. Ithaca: Cornell University Press, 2008.

McIntyre, James R. *The History of Wisconsin Steel Works of the International Harvester Company*. Wisconsin Steel Works: International Harvester, 1951.

"Meritocracy in America." *Economist*, January 1-7, 2005.

Metzgar, Jack. *Striking Steel: Solidarity Remembered*. Philadelphia: Temple University Press, 2000.

Meyerowitz, Joanne. *Women Adrift: Independent Wage Earners in Chicago, 1880-1930*. Chicago: University of Chicago Press, 1988.

Mills, C. Wright. *White Collar: The American Middle Classes*. Oxford: Oxford University Press, 1951.

Mintz, Steven, and Susan Kellogg. *Domestic Revolutions: A Social History of*

American Life. New York: Free Press, 1988.

Modell, Judith. *A Town without Steel: Envisioning Homestead*. Pittsburgh: University of Pittsburgh Press, 1998.

Myerhoff, Barbara. *Number Our Days*. New York: Simon and Schuster, 1972.

Narayan, Kirin. *My Family and Other Saints*. Chicago: University of Chicago Press, 2007.

Nash, June. *From Tank Town to High Tech*. Albany: SUNY Press, 1989.

Nash, Linda. *Inescapable Ecologies: A History of Environment, Disease and Knowledge*. Berkeley: University of California Press, 2007.

Neckerman, Kathryn, and Forencia Torche. "Inequality: Causes and Consequences." *Annual Review of Sociology* 33 (2007): 335–357.

Newman, Katherine. *Falling from Grace: Downward Mobility in the Age of Affluence*. Berkeley: University of California Press, 1999.

Newman, Katherine. "Introduction: Urban Anthropology and the Deindustrialization Paradigm." *Urban Anthropology* 14 (1985): 5–20.

Ochs, Elinor, and Lisa Capps. *Living Narrative: Creating Lives in Everyday Storytelling*. Cambridge, Mass.: Harvard University Press, 2001.

O'Hara, S. Paul. "Envisioning the Steel City: The Legend and Legacy of Gary, Indiana." In *Beyond the Ruins: The Meanings of Deindustrialization*, edited by Jefferson Cowie and Joseph Heathcott, 219–236. Ithaca: Cornell University Press, 2003.

"Olympics Stadium? Casino? Possible at Wisconsin Steel." *Southeast Chicago Observer*, October 11, 2006.

Ortner, Sherry B. *New Jersey Dreaming: Capital, Culture and the Class of 1958*. Durham: Duke University Press, 2003.

Ortner, Sherry B. "Reading America: Preliminary Notes on Class and Culture." In *Recapturing Anthropology: Working in the Present*, edited by Richard G. Fox, 163–190. Santa Fe, N.M.: School of American Research Press, 1991.

Osnos, Evan. "Letter from Chicago: The Daley Show." *New Yorker*, March 8, 2010.

Owen, David. "The Pay Problem." *New Yorker*, October 12, 2009.

Pacyga, Dominic A. *Chicago: A Biography*. Chicago: University of Chicago

Press, 2011.

Pacyga, Dominic A. *Polish Immigrants and Industrial Chicago*. Chicago: University of Chicago Press, 1991.

Panourgia, Neni. *Fragments of Death, Fables of Identity: An Athenian Anthropography*. Madison: University of Wisconsin Press, 1995.

Pappas, Gregory. *The Magic City: Unemployment in a Working-Class Community*. Ithaca: Cornell University Press, 1989.

Patillo-McCoy, Mary. *Black Picket Fences: Privilege and Peril among the Black Middle Class*. Chicago: University of Chicago Press, 1999.

Pear, Robert. "Top Earners Doubled Share of Nation's Income, Study Finds." *New York Times*, October 25, 2011.

Pellow, David Naguib. "Environmental Inequality Formation: Towards a Theory of Environmental Injustice." *American Behavioral Scientist* 43 (2000): 581–601.

Pellow, David Naguib. *Garbage Wars: The Struggle for Environmental Justice in Chicago*. Cambridge, Mass.: MIT Press, 2002.

Personal Narratives Group, eds. *Interpreting Women's Lives: Feminist Theory and Personal Narratives*. Bloomington: Indiana University Press, 1989.

Piketty, Thomas, and Emmanuel Saez. "Income Inequality in the United States, 1913–1998." *Quarterly Journal of Economics* 118 (2003): 1–39.

Portelli, Alessandro. *The Death of Luigi Trastulli and Other Stories: Form and Meaning in Oral History*. Albany: State University of New York Press, 1991.

Putterman, Julie, and the Steelworkers Research Project. *Chicago Steelworkers: The Cost of Unemployment*. Chicago: Hull House Association and Local 65 United Steelworkers of America, 1985.

Reed-Danahay, Deborah. "Introduction." In *Auto/Ethnography: Rewriting the Self and the Social*, edited by Deborah Reed-Danahay. New York: Berg Press, 1997.

Renny, Christopher. "Shame and the Search for Home," *Feminist Studies* 30, no. 1 (2004): 178–192.

Rezek, Dan. "Airport Opposition Rallies at Opening." *East Side Times*, February 6, 1992.

Rieder, Jonathan. *Canarsie: The Jews and Italians of Brooklyn against*

Liberalism. Cambridge, Mass.: Harvard University Press, 1985.

Rodriguez, Richard. *Hunger of Memory: The Education of Richard Rodriguez: An Autobiography.* New York: Bantam Dell, 1982.

Roediger, David. "More Than Two Things: The State of the Art of Labor History." In *New Working-Class Studies*, edited by John Russo and Sherry Lee Linkon, 32-41. Ithaca: Cornell University Press, 2005.

Russo, John, and Sherry Lee Linkon, eds. *New Working-Class Studies.* Ithaca: Cornell University Press, 2005.

Russo, John, and Sherry Lee Linkon. "What's New about New Working-Class Studies?" In *New Working-Class Studies*, edited by John Russo and Sherry Lee Linkon, 1-15. Ithaca: Cornell University Press, 2005.

Ryan, Jake, and Charles Sackrey, eds. *Strangers in Paradise: Academics from the Working Class.* Lanham, Md.: University Press of America, 1996.

Saez, Emmanuel. "Striking It Richer: The Evolution of Top Incomes in the United States." June 17, 2010. http://www.econ.berkeley.edu/~saez/saez-UStopincomes-2008.pdf.

Schlosberg, David. *Defining Environmental Justice: Theories, Movements, and Nature.* Oxford: Oxford University Press, 2007.

Schwab, James. *Deeper Shades of Green: The Rise of Blue Collar and Minority Environmentalism in America.* San Francisco: Sierra Club Books, 1994.

Seager, Joni. *Earth Follies.* New York: Routledge, 1993.

"S. E. C. O. to Fight Proposed Dump." *Chicago Tribune*, March 31, 1963.

Sellers, Rod, and Dominic A. Pacyga. *Chicago's Southeast Side.* Charleston, S. C.: Arcadia, 1998.

Sellers, Rod. *Chicago's Southeast Side Revisited.* Chicago: Arcadia, 2001.

Sennett, Richard, and Jonathan Cobb. *The Hidden Injuries of Class.* New York: Knopf, 1972.

Sinclair, Upton. *The Jungle.* New York: Modern Library, 2002.

Sirkin, Harold L., Michael Zinser, and Douglas Hohner. *Made in America, Again: Manufacturing Will Return to the U. S.* Boston: Boston Consulting Group, 2011.

Sklar, Kathryn Kish. "Hull House in the 1890s: A Community of Women Reformers." In *American Vistas: 1877 to the Present*, edited by Leonard

Dinnerstein and Kenneth T. Jackson, 108-127. New York: Oxford University Press, 1995.

Small, M. L., D. J. Harding, and M. Lamont. "Reconsidering Culture and Poverty." *Annals of the American Academy of Political and Social Sciences* 629 (2010): 6-27.

Solzman, David M. *The Chicago River: An Illustrated History and Guide to the River and Its Waterways.* Chicago: University of Chicago Press, 2006.

Spielman, Fran. "Lake Calumet Airport: Daley: Man in Control Tower." *Chicago Sun-Times*, February 21, 1992.

Spinney, Robert G. *City of Big Shoulders: A History of Chicago.* DeKalb: Northern Illinois University Press, 2000.

Stacey, Judith. "Can There Be a Feminist Ethnography?" *Women's Studies* 11 (1988): 21-27.

Steedly, Mary. *Hanging without a Rope: Narrative Experience in Colonial and Post-colonial Karoland.* Princeton: Princeton University Press, 1993.

Steedman, Carolyn. *Landscape for a Good Woman: A Story of Two Lives.* New Brunswick: Rutgers University Press, 1986.

Steingraber, Sandra. *Living Downstream: An Ecologist's Personal Investigation of Cancer and the Environment.* Cambridge, Mass.: Da Capo Press, 2010.

Susser, Ida. *Norman Street: Poverty and Politics in an Urban Neighborhood.* Oxford: Oxford University Press, 1982.

Taub, Richard. *Paths of Neighborhood Change: Race and Crime in Urban America.* Chicago: University of Chicago Press, 1987.

Tejeda, Gregory. "Chicago's Other Latino Neighborhoods Reach Out to Southeast Side." *Northwest Indiana Times*, September 21, 2011.

Tenth Ward Committee to Stop the Lake Calumet Airport. "10th Ward Airport News." September 1991.

Terkel, Studs. *Working.* New York: New Press, 2004. First published 1972.

Thelen, Kathleen. *How Institutions Evolve: The Political Economy of Skills in Germany, Britain, the United States, and Japan.* Cambridge: Cambridge University Press, 2004.

Tokarczyk, Michelle M., and Elizabeth A. Fay, eds. *Working-Class Women in the Academy: Laborers in the Knowledge Factory.* Amherst: University of

Massachusetts Press, 1993.

Torgovnick, Marianna De Marco. *Crossing Ocean Parkway*. Chicago: University of Chicago Press, 1997.

US Steel. "Steel Serves the Nation." Golden Anniversary Publication, 1951.

"US Steel Agrees to Curb Pollution." *Chicago Tribune*, August 11, 1977.

Vogel, Sarah. "From 'the Dose Makes the Poison' to 'the Timing Makes the Poison': Conceptualizing Risk in the Synthetic Age." *Environmental History* 13 (2008): 667-673.

Walley, Christine J. "Deindustrializing Chicago: A Daughter's Story." In *The Insecure American*, edited by Hugh Gusterson and Catherine Besteman. Berkeley: University of California Press, 2009.

Walley, Christine J. *Rough Waters: Nature and Development in an East African Marine Park*. Princeton: Princeton University Press, 2004.

Walley, Christine J. "Steeltown Stories: Deindustrialization on Chicago's Southeast Side." MA thesis, New York University, 1993.

Washburn, Gary. "Lake Calumet Airport Talks Press Deadline." *Chicago Tribune*, February 9, 1992.

Wasik, John F. "End of the Line at Wisconsin Steel." *Progressive* 52 (1988): 15.

Waterson, Alisse and Barbara Rylko-Bauer. "Out of the Shadows of History and Memory: Personal Family Narratives in Ethnographies of Rediscovery," *American Ethnologist*, 330 (2006): 397-412.

Weber, Max. *From Max Weber: Essays in Sociology*. H. H. Gerth and C. Wright Mills, eds. New York: Oxford University Press, 1946.

Weber, Max. *The Protestant Ethic and the Spirit of Capitalism*. New York: Charles Scribner's Sons, 1958.

Wessel, David. "As Rich-Poor Gap Widens in U. S., Class Mobility Stalls." *Wall Street Journal*, May 13, 2005.

Weston, Kath. *Traveling Light: On the Road with America's Poor*. Boston: Beacon Press, 2009.

Willis, Paul. *Learning to Labor*. Aldershot, UK: Gower, 1977.

Wilson, William Julius. *The Truly Disadvantaged: The Inner City, the Underclass, and Public Policy*. Chicago: University of Chicago Press, 1987.

Wilson, William Julius. *When Work Disappears: The World of the New Urban Poor*. New York: Vintage Books, 1996.

Wilson, William Julius, and Richard R. Taub. *There Goes the Neighborhood: Racial, Ethnic and Class Tensions in Four Chicago Neighborhoods and Their Meaning for America*. New York: Alfred A. Knopf, 2006.

Yi, Seung-Muk, et al. "Emissions of Polychlorinated Biphenyls (PCBs) from Sludge Drying Beds to the Atmosphere in Chicago." *Chemosphere* 71 (2008): 1028-1034.

索 引

(所列数字为原书页码,即本书边码)

Abbott, Edith, 伊迪丝·阿伯特 177n25

Abu-Lughod, Lila, 莱拉·阿布-卢戈德 171n7, 173n24, 186n12

activism, 行动主义 See environmental activism, 见环保行动主义

Addams, Jane, 简·阿达姆斯 177n30

Advanced Manufacturing Partnership (AMP), 先进制造业伙伴计划 184n46

African-Americans, 非裔美国人 41, 54–55, 71, 77, 96, 132–133, 136–138, 176n22, 178n36, 188n22, 193n32, 196n44, 197n4, 198n13

Agent Orange, 橙剂 164

Alberti, Mike, 麦克·阿尔贝蒂 184n46

Aldrich, Nelson, Jr., 奥尔德里奇·小纳尔逊 187n22

Altgeld Gardens, 阿尔特盖尔德花园 132–38, 193n32, 194n37, 195n41

Alvarez, Louis, 路易斯·阿尔瓦雷斯 185n9

American dream, 美国梦 ix, 3, 6, 8, 23, 68, 71, 83, 89, 91, 98, 105, 116, 158, 166

anthropology, 人类学 97, 104–105, 172n20, 173n24, 186n10

antitrust, lack of enforcement, 反垄断,缺乏执行力 83, 183n44

Appalachia, 阿巴拉契亚 36, 101

Appy, Christian, 克里斯蒂安·阿皮 187n20

arsenic, 砷 127–128, 190n17, 198n15. See also toxic pollutants, 也可见有毒污染物

Audley, John J., 约翰·J. 奥德利 198n7

auto industry, 汽车工业 58, 182n31

autoethnography, 自我民族志 14–15, 165, 173n26

automation, effect on the working class, 自动化,对工人阶级的影响 7

Babcock, Elizabeth, 伊丽莎白·巴布科克 197n54

Baden, Brett, 布雷特·巴登 195n41, 197n53

Baker, Martin, 马丁·贝克 183n41

Balanoff, Clem, 克莱姆·巴拉诺夫 134

Balshem, Martha, 玛莎·巴尔舍姆 189n8

bankruptcy law, rewritten, 破产法, 改写 79, 83, 184n44

Bartlett, Donald, 唐纳德·巴特利特 183n36, 183n42, 184n44

Bell, Shannon, 香农·贝尔 194n34

Bensman, David, 大卫·本斯曼 64, 79, 169n1, 178n1, 179n5, 179n7, 179n10, 180n14, 180n15, 180n19, 180n20, 183n33, 188n5, 189n6, 197n2

benzene, 苯 127–128. *See also* toxic pollutants 也可见有毒污染物

Bergsvik, Robert, 罗伯特·伯格斯维克 180n21

Besteman, Catherine, 凯瑟琳·贝斯特曼 169n3, 197n3

Bethlehem Steel, 伯利恒钢铁公司 81, 140

Bettie, Julie, 朱莉·贝蒂 44, 139, 172n14, 172n16, 172n17, 172n18, 172n19, 178n34, 185n3, 196n45

Bhowmik, Nani G., 纳尼·G. 布霍米克 190n19, 192n27

Birnbaum, Linda S., 琳达·S. 伯恩鲍姆 191n24

Black, Jonathan, 乔纳森·布莱克 196n51

Bluestone, Barry, 巴里·布鲁斯通 170n5, 178n1, 181n30, 183n33, 183n36, 183n42, 184n44

boardinghouses, 寄宿公寓 28–29

Boebel, Chris, 克里斯·博贝尔 188n3

Boria, Eric Sergio, 埃里克·塞尔吉奥·布里亚 183n41

Bourdieu, Pierre, 皮埃尔·布迪厄 10, 100, 172n15, 173n25, 173n26, 185n3, 185n4

Brady, David, 大卫·布拉迪 181n29

Braun, Yvonne, 伊冯·布劳恩 194n34

Brosch, David, 大卫·布罗什 174n10, 176n19, 180n17, 188n3, 188n6, 189n10, 189n12

Brownfield Initiative (s), 棕地倡议计划 144

brownfields, 棕地 xv, 4, 91, 117, 119–120, 129, 132, 140, 143–146, 148–149, 152–153; levels of toxicity, 毒性等级 192n28

Broyard, Anatole, 安纳托尔·布洛亚德 123

Bruno, Robert, 罗伯特·布鲁诺 175n10

Bulanda, Robert, 罗伯特·布兰达 174n10

Bullard, Robert, 罗伯特·布拉德 194n41

Burnham, Illinois, 伊利诺伊州伯纳

姆市 129

Bush, George H. W., 乔治·H. W. 布什 133

Byington, Margaret, 玛格丽特·拜因顿 176n21, 176n22, 176n24

Byrne, Jane, 简·伯恩 67

Byrnes, Marian, 玛丽安·伯恩斯 134-137, 191n21

Calumet airport proposal, 卡鲁梅特机场提案 129-131, 145, 151, 194n37

Calumet City, Illinois, 伊利诺伊州卡鲁梅特城 129

Calumet Cluster superfund site, 卡鲁梅特集群超级基金场地 127

Calumet region, 卡鲁梅特地区 118-121, 146, 190n18; declared a national heritage site, 被宣布为国家遗产地 145; history, 历史 23-24; hunting and fishing, 打猎和捕鱼 27, 125; visions for the future, 未来展望 119-20

Calumet River, 卡鲁梅特河 19, 125-127, 147, 150, 190n15

Canada, state of its manufacturing base, 加拿大,制造基地的状况 86, 184n48

cancer, 癌症 2, 122-124, 127, 133, 139, 158, 169n2, 192n27, 198n15

capitalism, 资本主义 9, 12, 46, 113, 156, 164, 166, 172n18; tendency toward creative destruction, 创造性破坏的趋势 84

Capone, Al, 阿尔·卡彭 21, 59

Capps, Lisa, 丽莎·卡普斯 170n7

Carnegie, Andrew, 安德鲁·卡内基 30

Carter, Jimmy, 吉米·卡特 180n19

casinos. 赌场 See gambling casinos 见赌场

Chamberlain, Lisa, 丽莎·张伯伦 196n47

Chavis, Benjamin, Jr., 小本杰明·查维斯 194n41

Checker, Melissa, 梅丽莎·切克尔 195n41

Chicago: a green city, 芝加哥:一个绿色城市 144; immigrant population, 移民人口 32; population of Swedes, 瑞典移民人口 25

Chicago neighborhoods: East Side, 芝加哥社区:东区 18, 70, 75, 125, 129, 136, 138, 154-155, 193n32; Hegewisch, 黑格维什 18, 30-31, 70, 125, 129-138, 144-145, 147, 193n32, 194n37, 195n41; Irondale, 艾恩代尔 18, JP28-29; Jeffrey Manor, 杰弗里庄园 136; Near West Side, 近西区 19; Pullman, 普尔曼 20, 30, 193n32; Riverdale, 河谷镇 193n32; Roseland, 罗斯兰 193n32; South Chicago, 南芝加哥 19, 70, 75, 149, 193n32, 194n37; South Deering, 南迪林 70, 129, 136, 174n1, 193n32, 194n37;

Trumbull Park，特伦布尔公园 21

Chicago Open Space Reserve，芝加哥开放空间保护区 146

Chicago Skyway，芝加哥高架路 4，19，141-142

children, as a source of power，儿童作为力量的源泉 51

chromium，铬 127，198n15. *See also* toxic pollutants 也可见有毒污染物

churches, and ethnic affiliation in Southeast Chicago，芝加哥东南部的教堂和种族关系 48

churchgoing，上教堂 48-49

Citizens United to Reclaim the Environment (CURE)，公民联合起来重建环境（CURE）134-135

Clark, Gordon L.，戈登·L. 克拉克 179n7，179n8

class，阶级 x，2-3，7-12，14-15，89，166-168，171n13; effect on the body，对身体的影响 11; as an experience，作为一种经验 92; Europe versus the United States，欧洲对美国 170n4; and identity，认同 90，114-115，167; and inequality，不平等 11，24，116，158（*see also* inequality）也可见不平等; and intelligence，智力 100-101; materiality，重要性 11，118，152; and politics，政治 111-112; as a process，作为一个过程 10; redefined，再定义 172n18; and sense of place，地方感 23-24，118; in social theory，在社会理论中 105

class dynamics, within middle-class and elite groups，中产阶级和精英群体内部的阶级动态 187n22

class mobility，阶级流动 90，99. *See also* upward mobility 也可见向上流动

class straddlers，阶级跨越者 90，98，110，114

class warfare，阶级斗争 9

clean energy technology，清洁能源技术 139

Clinton, Bill，比尔·克林顿 133，144

Cobb, Jonathan，乔纳森·科布 101，171n10，185n3

Cohen, Lizabeth，莉莎白·科恩 176n15

Colborn, Theo，西奥·科尔伯恩 191n24，191n25

Cole, Luke W.，卢克·W. 科尔 194n33

Colten, Craig E.，克雷格·E. 科尔滕 175n10，188n5，189n12，189n13，190n14，190n15，190n17，190n18，190n19，192n25

Comprehensive Employment and Training Act (CETA)，综合就业和培训法（CETA）72，96

Comprehensive Environmental Response, Compensation, and Liability Act (CERCLA)，综合环境反应、赔

偿和责任法（CERCLA）126，144，190n16

computerization, effect on the working-class, 计算机化, 对工人阶级的影响 7

confrontation, in the masculinized work place culture of the steel mills, 在钢铁厂男性化的工作场所文化中的对抗 110

conservation, 保护 137-38, 145, 147

Corburn, Jason, 杰森·科伯恩 192n27

Coursey, Don, 唐·库西 195n41, 197n53

Cowie, Jefferson, 杰斐逊·考伊 170n5, 178n1, 183n35, 183n43, 187n20, 198n17

Cronon, William, 威廉克·罗农 176n14

cultural capital, 文化资本 10

Curtis, Kent, 肯特·柯蒂斯 197n54

Daley, Richard M., 理查德·M. 戴利 129, 144-145

Dash, Eric, 埃里克·达什 170n3, 183n38

Davey, Monica, 莫妮卡·戴维 197n4, 198n11

Davis, Devra, 德芙拉·戴维斯 190n14, 191n25

DDT, 滴滴涕 127-128, 190n17, See also toxic pollutants 另见有毒污染物

death, 死亡 159

deindustrialization, 去工业化 ix-x, 2-9, 14, 16, 23, 57, 79-80, 82, 166, 170n5, 178n1; in Canada, 在加拿大 86; and changes in class in the United States, 阶级在美国的变化 115; class implications, 阶级影响 84, 118; effect on African-Americans, 对非裔美国人的影响 156-157; environmental fallout, 环境后果 6; and global development, 全球发展 83; its halflife, 半衰期 153, 158; human fallout (humantoll), 人间惨剧（人员伤亡）58, 118; inevitability of, 不可避免性 85-86; literature on, 文献资料 72, 77-78, 187n20; longterm impact, 长期影响 154; and manufacturingoutput, 制造业产值 81

Dennis, Michael, 迈克尔·丹尼斯 176n20

Denniston, Ryan, 瑞安·丹尼斯顿 181n29

deregulation of corporate activity and finance, 解除对企业活动和金融的管制 83; 85, 183n44

devaluation of the landscape, 景观贬值 150, 152

development, as an international marker of class status, 发展, 作为阶级地位的一个国际性标志 107

Dews, C. L. Barney, C.L. 巴尼·

杜斯 185n6

di Leonardo, Micaela, 米凯拉·迪莱昂纳多 173n20, 185n3, 187n20

diversity, in elite prep schools, 精英预科学校的多元化 185n5

Dizikes, Peter, 彼得·迪泽克斯 184n46

domesticity, cult of, 家庭崇拜 46

Doussard, Marc, 马克·杜萨德 198n14

downsizing, 缩减规模 79-80

Dudley, Kathryn, 凯瑟琳·杜德利 58, 78, 173n20, 177n28, 178n1, 178n2, 182n31, 182n32, 185n3, 197n35

Dumanoski, Diana, 戴安娜·杜曼诺斯基 191n24

dumping, illegal, 非法倾倒 121, 189n6

dumps: in the Calumet region, 垃圾场：在卡鲁梅特地区 125-126, 130, 134-136, 145-146, 148-149; municipal garbage, 城市垃圾 121, 150

East Chicago, Indiana, 印第安纳州东芝加哥 30, 82, 140

economic restructuring, 经济结构调整 80, 84

economy, new, 新经济 6-7, 70, 84, 119, 140-143, 152, 154, 166

education, 教育 101-102, 159; devalued, 贬值 50-51, 178n2, 182n32; effect on working-class and non-Anglo children, 对工人阶级和非英语国家儿童的影响 99; and the transmission of social class, 社会阶级的传递 100, 114

emotional styles, middle-class and working-class, 情绪风格，中产阶级和工人阶级 110-11

endangered species, in the swamps (wetlands), 濒临灭绝的物种，在沼泽地（湿地）130

endocrine disruptors, 内分泌干扰物 127-128, 191n24

Envirodyne, 环境的 64-68, 169n1, 179n5, 179n11

environmental activism, in Southeast Chicago (in the Calumet region), 环保行动主义，在芝加哥东南部（在卡鲁梅特地区）131-139, 145, 147, 188n6

environmental hazards, and social inequality, 环境危害和社会不平等 195n41

environmental health studies, 环境健康研究 192n27. See also pollution: and health; public healthenvironmental justice, 另见污染和健康；公共卫生环境正义 118, 133, 188n2; legislation, 立法 133-134; literature, 文献 137, 194n41, 196n44

Environmental Justice Alliance of Greater Southeast Chicago, 大芝加哥东南

地区环境正义联盟 138-139

Environmental Protection Agency (US), 美国环境保护局 189n13

environmentalism, 环保主义 122, 130, 133

Epstein, Barbara, 芭芭拉·爱泼斯坦 194n34

ethnic diversity, and ethnic insularity, 族裔多样性和族裔封闭性 22

ethnic identity, 族裔认同 45

ethnic succession, 族裔继承 156, 193n32

ethnicity: and class, 族裔和阶级 53, 99, 167, 172n18, 174n6, 196n45; in coastal East Africa, 在东非沿海地区 107, 186n14

ethnographic fieldwork, 民族志田野调查 107-8

Ewick, Patricia, 帕特里夏·埃里克 170n7

executive salaries, in US companies, 美国公司的高管薪酬 80, 183n38

families, centrality in industrial settings, 家庭, 工业环境中的核心地位 45-46; nuclear ideal, 核心理想 47, See also mill neighborhoods: social (family) ties 另见工厂社区: 社会（家庭）关系

family life: in Southeast Chicago, 家庭生活: 在芝加哥东南部 177n29; working-class, 工人阶级 176n24

Fay, Elizabeth A., 伊丽莎白·A. 费 185n6

feminist theory, 女性主义理论 172n18

Fenton, Suzanne E., 苏珊娜·E. 芬顿 191n24

Fine, Lisa, 丽莎·费恩 177n25, 196n49

Fitzpatrick, William P., 威廉·P. 菲茨帕特里克 190n19, 192n27

flexible accumulation, 弹性积累 69, 180n22

Ford Environmental Center, 福特环境中心 147-48

Fornek, Scott, 斯科特·弗内克 193n29

Foster, Sheila R., 希拉·R. 福斯特 194n33

Franchine, Philip, 菲利普·弗兰奇纳 193n29

Frank, Thomas, 托马斯·弗兰克 198n16

free market trends, 自由市场趋势 119, 140, 156, 167

Freeland, Chrystia, 克里斯蒂亚·弗里兰 169n3, 183n39

Fuechtmann, Thomas G., 托马斯·G. 富克特曼 175n10, 178n1

gambling casinos, 赌场 140-143

gangs (labor), ethnic, in the steel industry, 群组（劳工）, 族裔, 在钢铁行业 32

Gary, Elbert,埃尔伯特·加里 29-30

Gary, Indiana,印第安纳州加里 30, 55, 140, 198n13

gay working class,工人阶级同性恋 177n29

gender, and class,性别和阶级 8, 11, 50, 53, 139, 172n18, 196n45

gentrification,士绅化 144, 149, 197n53

Geoghegan, Thomas,托马斯·吉格根 179n7

Gibson-Graham, J. K., J. K. 吉布森·格雷厄姆 114, 172n18, 185n3

Gilded Age (s),镀金时代 3, 27-28, 80

Gillis, Michael,迈克尔·吉利斯 193n29

Gillogly, Kathleen A.,凯瑟琳·A.吉罗格利 194n39

Ginsburg, Faye,费·金斯伯格 189n7

Girdler, Thomas,托马斯·格尔德勒 176n20

globalization,全球化 9, 57, 78, 156; as an explanation for deindustrialization,作为一种对去工业化的解释 84, 181n29; role of the United States in,美国的作用 83

Gordon, Linda,琳达·戈登 177n30

government policy, impact on US manufacturing and business,政府政策,对美国制造业和商业的影响 85

Gramsci, Antonio,安东尼奥·葛兰西 171n8, 172n18

Great Depression,大萧条 2, 69

Great Migration, reversed,大迁徙,反向 157

Great Recession,大衰退 x

green space,绿色空间 146

Greenberg, Joel,乔尔·格林伯格 190n15, 190n18

Greenpeace,绿色和平组织 134

Gregory, Steven,史蒂芬·格雷戈里 173n20, 185n3

Gruber, William,威廉·格鲁伯 179n11

Gusterson, Hugh,休·古斯特森 169n3, 197n3

Hall, Stuart,斯图尔特·霍尔 172n18

Halle, David,大卫·哈勒 182n31

Hamilton, Martha M.,玛莎·M.汉密尔顿 181n26

Hammond, George,乔治·哈蒙德 175n14

Hammond, Indiana,印第安纳州哈蒙德 30, 129, 142

Hamper, Ben,本·汉普尔 182n31

Haraway, Donna,唐娜·哈拉维 173n24

Hard, William,威廉·哈德 176n16, 189n13

Harding, D. J., D. J. 哈丁 172n17

Harrison, Bennett, 贝尼特·哈里森 178n1, 181n30, 183n33, 183n36, 183n42, 184n44

Hartigan, John, Jr., 小约翰·蒂根 171n12, 176n17

Harvey, David, 大卫·哈维 69, 172n18, 183n36

Hawthorne, Michael, 迈克尔·霍桑 195n42, 195n43

Haymarket bombing of 1886, 1886 年干草市场爆炸案 19, 30

Hayner, Don, 唐·海纳 193n29

hazardous waste sites, 危险废物场所 127, 190n18. See also waste: disposal; waste: industrial 另见废物处理; 废物工业

Heathcott, Joseph, 约瑟夫·希斯科特 170n5, 178n1, 183n43

Hebdige, Dick, 迪克·赫布迪格 172n18

hegemony, 霸权主义 5, 52, 89, 120, 165, 171n8

Hegewisch, Adolph, 阿道夫·赫格维什 29

Hennessey, Kathleen, 凯瑟琳·亨内西 184n46

Higgins, Jessica, 杰西卡·希金斯 192n28, 196n48, 197n53

High, Steven, 史蒂文·海伊 66, 79, 86, 178n1, 180n19, 181n28, 187n20

hillbillies, 乡巴佬 36, 50, 53

Hirsch, Arnold R., 阿诺德·R. 赫希 174n5

Ho, Karen, 何柔宛 84, 170n3, 179n12, 183n36, 183n38, 184n44

Hoekstra, Dave, 戴夫·霍克斯特拉 197n52

Hoerr, John P., 约翰·P. 霍尔 176n20, 176n21, 176n23, 178n1, 179n6, 181n31, 186n16

Hohner, Douglas, 道格拉斯·霍纳 184n46

homes, and material display as statements of moral worth, 房屋和物质作为道德价值的体现 50

Howell, Joseph, 约瑟夫·豪威尔 178n34

Hull House, 赫尔馆 46

Hurley, Andrew, 安德鲁·赫利 175n10, 188n3, 188n5, 189n6, 190n14, 192n25, 194n40, 198n13

Hyde Lake, 海德湖 125–26

Illinois Environmental Protection Agency (Illinois EPA), 伊利诺伊州环保局 189n9, 189n12, 190n18, 191n21, 192n27

immigrants, 移民 17; American, 美国人 23–24, 35; and ethnic diversity in Southeast Chicago, 芝加哥东南部的族裔多样性 22; European, 欧洲人 25, 32, 41, 176n22, 195n41; German, 德国人 178n32; Mexican, 墨西哥人 75,

155-156; Scandinavian (Swedish), 斯堪的纳维亚人（瑞典人）16, 48, 50-51, 101, 178n32

incinerators, 焚化炉 134, 139, 190n20, 194n37, 195n41

industrial way of life, 工业生活方式 117

industrialization, 工业化 9, 28; environmental fallout, 环境污染 6

inequality, 不平等 3, 11, 14, 139, 151, 166, 168, 196n45; economic, 经济的 ix-x, 2-3, 9, 80-84, 183n39. See also class: and inequality; socioeconomic inequality 另见阶级和不平等；社会阶级不平等

Inland Steel, 内陆钢铁公司 30, 81

intelligence, gendered perceptions of, 智力，不同性别的看法 186n10

Interlake (Acme), 英特莱克（Acme）公司 18, 27, 29, 70, 127, 134, 147, 190n15

International Harvester, 国际收割机公司 29, 79, 64-68, 169n1, 174n1, 192n28

Jackson, John L., 约翰·L. 杰克逊 173n20, 185n3

Jackson, Steve, 史蒂夫·杰克逊 197n52

Jeffrey Manor, 杰弗里庄园 136

jobs, in Southeast Chicago, 在芝加哥东南部的工作 155

Johnson, Cheryl, 谢丽尔·约翰逊 133-134, 194n35

Johnson, Erika, 艾丽卡·约翰逊 174n9, 177n25, 177n26, 178n33, 178n35

Johnson, Hazel, 海泽尔·约翰逊 133-136

Johnston, David Cay, 大卫·凯·约翰斯顿 169n3, 183n39

Jones, Owen, 欧文·琼斯 198n17

Kefalas, Maria, 玛丽亚·凯法拉斯 50

Kellogg, Susan, 苏珊·凯洛格 176n24, 177n26, 177n27

Khan, Shamus, 沙姆斯·汗 185n5, 186n11

Kijewski, Marcia, 玛西亚·基耶夫斯基 174n10

King, Amanda, 阿曼达·金 198n7

King, Martin Luther, Jr., 马丁·路德·金 21

Kolker, Andy, 安迪·科尔克 185n9

Kornblum, William, 威廉·科恩布鲁姆 175n10

Kotlowicz, Alex, 亚历克斯·科特洛维奇 186n17

Krimsky, Sheldon, 谢尔顿·克里姆斯基 191n24

Kwong, Peter, 邝治中 198n8

labor, 劳工 42; American industrial, 美国工业 23-24, 36; gendered divisions in, 性别分化 46

labor movement, in Chicago, 芝加哥的劳工运动 20
labor relations, 劳资关系 82
laboring class, British, 英国劳工阶级 6
Laclau, Ernesto, 埃内斯托·拉克劳 171n8, 172n18, 185n3
Lacy, Karyn R., 卡琳·R. 莱西 188n22, 196n44
Lake Calumet, 卡鲁梅特湖 19, 122, 125, 127, 150, 189n6, 190n19
Lake Michigan, as Chicago's water supply, 作为芝加哥供水地的密歇根湖 127, 190n19
Lakeside housing development complex, 湖畔住房开发综合体 149
Lamont, M., M. 拉蒙特 172n17
landfills, 垃圾填埋场 121, 125, 127, 132, 134–135, 137, 140, 145, 150–151, 190n18; converted to golf courses, 改为高尔夫球场 197n54; Paxton II, 帕克斯顿二号 127, 132, 137, 140, 150, 191n21
Langston, Nancy, 南希·兰斯顿 191n24, 191n25
language, of race, ethnicity, or class, 种族、民族或阶级的话语 94, 166–67
Laslett, Barbara, 芭芭拉·拉斯莱特 170n7
Latinos, 拉美裔 71, 77, 137–138, 193n32. See also Mexicans 另见墨西哥裔

Law, Carolyn Leste, 卡罗琳·莱斯特·罗 185n6
Lawrence, D. H., D. H. 劳伦 97
Lee, Charles, 查尔斯·李 194n41
Leonhardt, David, 大卫·莱昂哈特 169n3
Liechty, Mark, 马克·利奇蒂 171n14
Linde, Ron, 罗恩·林德 179n11
Linkon, Sherry Lee, 雪莉·李·林肯 153, 170n6, 172n18, 173n21, 174n7, 175n10, 178n1, 182n32, 185n3, 188n3, 196n45
Little, Darnell, 达内尔·利特尔 195n43
Lloyd, Richard, 理查德·劳埃德 197n6
Love Canal, 爱河 122, 188n4
LTV, 林·特姆科·沃特公司 70, 81
Lubrano, Alfred, 阿尔弗雷德·卢布兰诺 90, 98, 110, 114, 185n4
Lumpkin, Frank, 弗兰克·伦普金 180n15, 181n25
Lynch, Roberta, 罗伯塔·林奇 64, 79, 169n1, 178n1, 179n5, 179n7, 179n10, 180n14, 180n15, 180n19, 180n20, 183n33, 188n5, 189n6, 197n2

Martell, Steve, 史蒂夫·马泰尔 191n21
Mattson, John (Big Grandpa), memoir, 约翰·马特森(曾外祖

父），回忆录 16, 25-26, 32-35, 162, 165

Marx, Karl, 卡尔·马克思 9-10, 171n14, 172n15, 177n28

masculinity, 男性气概 52, 60, 75

May, Steve, 史蒂夫·梅 182n31

Maynes, Mary Jo, 玛丽·乔·梅恩斯 170n7

McIntyre, James R., 詹姆斯·R. 麦金太尔 174n10, 180n17

melting pot society, 大熔炉社会 24, 106

Memorial Day Massacre in 1937, 1937 年纪念日大屠杀 21, 39-42, 82

mergers and acquisitions, in American corporations, 美国公司的兼并和收购 66, 79, 184n44

meritocracy, 择优录取 5, 8, 98, 101

Metzgar, Jack, 杰克·梅茨加 52, 175n10, 178n32, 187n19

Mexicans, 墨西哥人 41, 75

Meyerowitz, Joanne, 乔安·梅耶罗维茨 177n25, 177n26

middle class: American, 中产阶级美国人 x, 2-3, 8, 10, 54-55, 87, 89, 100, 154, 156, 160; Victorian, 维多利亚时代的英国人 46

mill neighborhoods, 工厂社区 21, 25, 28, 157; ethnic and racial tensions in, 民族和种族紧张关系 40-41; social (family) ties, 社会（家庭）纽带 20-21, 24, 62, 69, 152-53. See also Southeast Chicago: neighborhoods 另见芝加哥东南部社区

Mills, C. Wright, C. 赖特·米尔斯 110, 187n22

Mintz, Steven, 史蒂文·明茨 176n24, 177n26, 177n27

Mittal, Lakshmi, 拉克什米·米塔尔 81-83

Mittal Steel (Arcelor Mittal), 米塔尔钢铁公司（阿塞洛·米塔尔）81

Modell, Judith, 朱迪思·莫德尔 173n20, 175n10, 177n31, 178n1, 181n31, 182n32, 185n3

Morgan, J. P., J. P. 摩根 29

Morrison, Laura, 劳拉·莫里森 182n31

Mouffe, Chantal, 尚塔尔·莫夫 171n8, 172n18, 185n3

Myerhoff, Barbara, 芭芭拉·迈尔霍夫 13

Myers, J. P., J. P. 迈尔斯 191n24

NAFTA, 北美自由贸易协定 156, 197n7

naphthalene, 萘 126-128, 190n14. See also toxic pollutants 另见有毒污染物

Narayan, Kirin, 基林·纳拉扬 173n25

narratives, 叙事 170n7, 196n45; hegemonic, 霸权 5; of labor and immigration, 劳工和移民 6, 25, 36; of labor and immigration, role of men, 劳工和移民, 男性角色 43

Nash, June, 琼·纳什 173n20, 178n1, 185n3

Nash, Linda, 琳达·纳什 128, 192n27

national security, role of heavy industry, 国家安全, 重工业的地位 84

native poor, 本地穷人 36, 55, 101. *See also* hillbillies; poor whites 另见乡巴佬; 贫困白人

nature recreation, 自然娱乐 138

Navistar, 纳维斯塔公司 74, 83, 192n28

Neckerman, Kathryn, 凯瑟琳·内克曼 169n3

New Deal, 新政策 178n32

new working-class studies, 新工人阶级研究 172n18, 173n21, 174n7

Newman, Katherine, 凯瑟琳·纽曼 173n20, 185n3

Northwest Indiana, 印第安纳西北部 20, 81, 83, 140–143

Obama, Barack, 巴拉克·奥巴马 132, 184n46

occupational health, 职业健康 133

occupy movements, 占领运动 ix

Ochs, Elinor, 埃莉诺·奥克斯 170n7

O'Hara, S. Paul, S. 保罗·奥哈拉 175n10

open space, 开放空间 119–120, 138, 148

Ortner, Sherry, 雪莉·奥特纳 8, 24, 47, 172n14, 172n16, 172n20, 185n3

Osnos, Evan, 埃文·奥斯诺 196n47

Owen, David, 大卫·欧文 183n38

Pacyga, Dominic A., 多米尼克·A. 帕西加 32, 174n2, 174n3, 174n4, 174n10, 176n16, 176n22

Panourgia, Neni, 涅尼·帕努吉亚 173n25

Pappas, Gregory, 格雷戈里·帕帕斯 173n20, 178n1, 185n3

Patillo-McCoy, Mary, 玛丽·帕蒂略-麦考伊 196n44

patriotism, and heavy industry, 爱国主义和重工业 40, 84

Paxton landfill. *See* landfills 帕克斯顿垃圾填埋场。参见垃圾填埋场

PCBs, 多氯联苯 126–128, 134, 190n20, 192n26, 192n28. *See also* toxic pollutants 另见有毒污染物

Pear, Robert, 罗伯特·皮尔 169n3, 183n39

Peck, Jamie, 杰米·佩克 198n14

Pellow, David Naguib, 大卫·纳吉布·佩罗 193n30, 194n37, 195n41

Pension Benefit Guaranty Corporation, 退休金福利保障公司 79, 65

People for Community Recovery (PCR), 社区修复组织（PCR）133–136

索　引　295

Personal Narratives Group, 个人叙事小组 170n7

Pierce, Jennifer L., 詹妮弗·L.皮尔斯 170n7

Piketty, Thomas, 托马斯·皮凯蒂 169n3

Pinsker, Eve C., 夏娃·C.平斯克 194n39

planned industrial cities, 规划中的工业城市 30

planned obsolescence, in US industry, 美国工业的淘汰计划 66, 79, 83

politics of material desire, 物欲政治 49–50

pollution, 污染 11, 133, 138–140, 169n2; air, 空气 121, 188n4; associated with prosperity, 与繁荣相关的 121–122, 138; and cancer, 癌症 124, 127; and health, 健康 133; industrial, 工业 120–121, 126, 139; in Southeast Chicago, 在芝加哥东南部 124, 127–129, 131, 150–152; in Vietnam, 在越南 164

polynuclear aromatic hydrocarbons (PAHs), 多核芳香烃（PAHs） 126–128, 198n15. See also toxic pollutants 另见有毒污染物

poor whites, 贫困白人 50

populism, 民粹主义 166

Portelli, Allesandro, 阿莱桑德罗·波特利 170n7

poststructuralist theory, 后结构主义理论 172n18

poverty: culture of, 贫穷文化 11; links todeindustrialization, 与去工业化相关的贫穷 154–157; and race, 种族 8; white, 白人 24

Progressive Steelworkers Union, 进步钢铁工人工会 67

public health, 公共健康 136

public housing policy, 公共住房政策 136–37

Pullman, George M., 乔治·M.普尔曼 20, 29, 125

Putterman, Julie, 朱莉·普特曼 180n21, 197n2

race, 种族 137; and class, 阶级 8, 11, 54, 99, 139, 174n6, 194n41, 196n45; in coastal East Africa, 在东非沿海地区 107, 186n14

race riots, in Southeast Chicago, 在芝加哥东南部发生的种族骚乱 21

racism, 种族主义 8; environmental, 环境的 133, 136, 195n41; in Southeast Chicago, 在芝加哥东南部 134, 136

Ramaswamy, Ramana, 拉马纳·拉马斯瓦米 181n29

Reagan, Ronald, 罗纳德·里根 72

Reed-Danahay, Deborah, 德博拉·里德-达纳海 15, 173n25

reindustrialization, 再工业化 168

Renny, Christopher, 克里斯托弗·雷尼 177n29

Republic Steel,共和钢铁公司 18,21,29,39,70,76,117,125,139,147,190n15

Resource Conservation and Recovery Act(RCRA),资源保护和恢复法(RCRA)190n18

respectability, middle-class,受人尊敬的中产阶级 48-49,51,54-55,61,71,137

Rezek, Dan,丹·雷泽克 193n29

Rieder, Jonathan,乔纳森·里德尔 171n12

Rockefeller, John D.,约翰·D.洛克菲勒 30

Roderick, David,大卫·罗德里克 79

Rodriguez, Richard,理查德·罗德里格斯 98-99,114

Roediger, David,大卫·罗迪格 196n45

Rowthorn, Robert, and the Rowthorn-model of deindustrialization,罗伯特·罗瑟恩,以及罗瑟恩的去工业化模式 181n29

rural-to-city transition,农村向城市转型 36

Russo, John,约翰·罗素 172n18,173n21,174n7,175n10,178n1,182n32,185n3,188n3,196n45

rust belt,铁锈地带 6,58,86,155,182n32

Ryan, Jake,杰克·莱恩 185n6

Rylko-Bauer, Barbara,芭芭拉·里尔科-鲍尔 173n25,174n27

Sackrey, Charles,查尔斯·萨克雷 185n6

Sadlowski, Ed,艾德·萨德洛夫斯基 147,186n17

Saez, Emmanuel,伊曼纽尔·萨伊兹 169n3

Save Our Jobs Committee,"捍卫工作"委员会 68,71,181n25

Schlosberg, David,大卫·施洛斯伯格 194n33

Schulz, Matt,马特·舒尔茨 196n48

Schumpeter, Joseph,约瑟夫·熊彼特 84

Schwab, James,詹姆斯·施瓦布 189n6,190n16,191n20,193n30,194n37,194n38

Seager, Joni,乔尼·西格尔 195n41

self-identity, in class terms,自我认同,在阶级方面 44

Sellers, Rod,罗德·塞勒斯 174n10,175n12,188n3,192n28,194n36

Sennett, Richard,理查德·桑内特 101,171n10,185n3

service economy, expanding with the industrial economy,服务经济,与工业经济一起扩张 45

settlement houses, in Chicago,在芝加哥的安置房 46

Silbey, Susan,苏珊·西尔贝 170n7

Sinclair, Upton,厄普顿·辛克莱尔 *The Jungle*,《丛林》20

Sirkin, Harold L.，哈罗德·L.西尔金 184n46

Sklar, Kathryn Kish，凯瑟琳·基什·斯克拉 177n30

Small, M. L.，M.L.斯莫 172n17

Smith, Edward，爱德华·史密斯 188n5

social class, *See* class; laboring class; middleclass; working class 社会阶层，见阶级；劳工阶级；中产阶级；工人阶级

social justice，社会正义 136

social mobility, *See* upward mobility 社会流动，见向上流动

socioeconomic inequality，社会经济不平等 169n3

sociology，社会学 172n20

Solzman, David，大卫·索尔兹曼 174n1, 176n18

Soto, A. M.，A.M.索托 191n24

Southeast Chicago，芝加哥东南部 ix-x, 1-8, 55-56, 91, 118-120, 182n32; boundaries，边界 193n32; divided from the rest of Chicago，与芝加哥其他地区分割开来 132; history，历史 23, 174n10; map，地图 xvii; neighborhoods，社区 18-22; new immigrants，新移民 155; postindustrial landscape，后工业景观 140; similarities to a Tanzanian village，与坦桑尼亚的一个村庄有相似之处 106-107; vision for the future，对未来的展望 131, 145-149. *See also* Calume tregion: vision for the future; Chicag neighborhoods 另见卡鲁梅特地区：未来展望；芝加哥社区

Southeast Chicago Historical Museum (Society)，芝加哥东南历史博物馆（协会）23, 27-28, 76, 147

Southeast Environmental Taskforce，东南环境工作组 135

speaking styles, academic，说话风格，学术 108-109

Spielman, Fran，弗朗·斯皮尔曼 193n29

Spinney, Robert，罗伯特·斯宾尼 174n2, 174n3, 174n4, 175n10, 176n15

Stacey, Judith，朱迪思·斯泰西 171n7

Steedly, Mary，玛丽·斯泰德利 170n7

Steedman, Carolyn，卡罗琳·斯蒂德曼 5, 47-49, 97, 173n25

steel heritage museum，钢铁遗产博物馆 147

steel industry，钢铁工业 38, 44, 54, 79; aging infrastructure，基础设施老化 79; antagonistic relationship between labor and management，劳资双方的对立关系 78, 182n31; demise of，消亡 76-77, 87, 130, 140; demiseof, speculation over causes，消亡，对原因的猜测 77-78; environmental regulation，环

境监管 188n5; estimating job loss, 估算工作损失 180n24; as family, 作为家庭 67; globalized, 全球化 82; history, 历史 28-31, 175n12; Japanese, 日本人 63, 78-79; labor conditions, 劳动条件 38; mechanization, 机械化 81; in Southeast Chicago and Indiana (the Calumet region), 在芝加哥东南部和印第安纳州（卡鲁梅特地区）1-2, 4-5, 20, 57, 75-78, 117; in Vietnam, 在越南 162; wages, 工资 179n6

steel mill shutdowns, 钢铁厂停产 63, 70; protestsagainst, 抗议 70-71; toll on workers, 对工人的伤害 68

steel mills, 钢铁厂 18-19, 54, 157; profitability compared to manufacturing, technology, and finance, 与制造业、技术和金融业相比，利润率较高 79. See also steel industry 另见钢铁业

Steele, James, 詹姆斯·斯蒂尔 183n36, 183n42, 184n44

steelmaking, solid and liquid waste, 炼钢，固体和液体废物 126

steelworker culture, models of masculinity, 钢铁工人文化，男子气概的模式 52

steelworkers: discrimination in hiring as aresult of union legacy, 钢铁工人：工会遗留问题导致的雇佣歧视 70; female, 女性 44

Steelworkers Research Project, 钢铁工人研究计划 180n21, 197n2

Stein, Judith, 朱迪思·斯坦因 198n17

Steingraber, Sandra, 桑德拉·斯廷拉伯 191n25

stockyards, in Chicago, 在芝加哥的畜牧场 20

storytelling, 讲故事 13-14, 170n7

strikebreakers, 破坏罢工者 41, 176n22

substance abuse, among working-class youth, 工人阶级青年中的药物滥用 182n31

superfund legislation, 超级基金立法 126-127, 144, 190n16. See also Comprehensive Environmental Response, Compensation, and Liability Act (CERCLA) 另见《综合环境反应、赔偿和责任法》（CERCLA）

Susser, Ida, 艾达·苏瑟 173n20

sustainable development, 可持续发展 119, 151

swamps, See wetlands 沼泽，见湿地

Sweden, and emigration to America, 瑞典，并移民到美国 25

tattoos, 文身 59, 75, 158

Taub, Richard, 理查德·塔布 178n4, 197n5, 197n6, 198n10

tax code, policy changes, 税法、政策变化 184n44

索引 299

Tejeda, Gregory，格雷戈里·特赫达 195n42

Terkel, Studs，斯图兹·特克尔 173n23

Thelen, Kathleen，凯瑟琳·特伦 184n45

Theodore, Nik，尼克·西奥多 198n14

Thompson, E. P.，E. P. 汤普森 10, 172n18

Tokarczyk, Michelle M.，米歇尔·M. 特纳 185n6

Torche, Forencia，弗伦西亚·托尔奇 169n3

Torgovnick, Marianna De Marco，玛丽安娜·德·马可·托尔戈夫尼克 171n12

toxic pollutants，有毒污染物 124-129, 133, 188n2

Trade Adjustments Act（TAA），贸易调整法（TAA）181n28

trade dislocation，贸易混乱 181n28

unionization，组织工会 3, 170n5, 176n20

unions，工会 38-39, 63, 71, 82, 179n5, 181n28, 182n31, 183n33; public，公共 167

United Neighborhood Organization（UNO），联合社区组织（UNO）194n37

United Steelworkers of America，美国钢铁工人联合会 179n5

upward mobility，向上流动 x, 3, 6, 24, 47-49, 89-92, 98, 113-116, 162, 170n4; based on education，基于教育 91, 154, 158

US Environmental Protection Agency（USEPA），美国环境保护局（USEPA）127, 191n24, 192n27

US Steel Corporation，美国钢铁公司 29-30, 33, 76, 79, 180n16; Gary Works，加里工厂 xv, 30, 80-81, 188n5; makeover into USX，改造成美国钢铁联合公司 80; South Works，南方工厂 18-19, 70, 117, 143, 149, 182n33, 189n13, 192n28

Vietnam War，越南战争 163-164, 187n20

vinyl chloride，氯乙烯 127-128. See also toxic pollutants 另见有毒污染物

Vogel, Sarah，萨拉·沃格尔 191n24

vom Saal, F. S.，F. S. 冯萨尔 191n24

Vrdolyak, Edward，爱德华·弗多利亚克 68, 179n5

Walley, Christine J.，克里斯蒂娜·J. 沃利 180n18, 186n13

Washburn, Gary，加里·沃什本 193n29

Washington, Harold，哈罗德·华盛顿 41

Wasik, John F.，约翰·F. 瓦西克

180n21

waste: disposal, 废物处理 28, 119, 122, 127, 190n18; industrial, and Southeast Chicago, 工业区和芝加哥东南部 121-122, 125, 140; industry, 工厂 145; sites, in 地点 working-class neighborhoods, 工人阶级社区 195n41; toxic, 有毒的 11, 54, 119, 130, 188n4, 197n53

Waterston, Alisse, 艾莉丝·沃特斯顿 173n25, 174n27

Weber, Max, 马克斯·韦伯 9-10, 171n14, 172n15

Wessel, David, 大卫·韦瑟尔 170n4, 185n1

Weston, Kath, 凯斯·威斯顿 173n20

wetlands, 湿地 18-19, 27-29, 119, 125, 130, 132; industrial, 工业的 35, 145; Powderhorn, 粉角 138; preservation, 保护 137, 147

white ethnic, 白种人 174n6

white flight, 白人群飞 154

Whiting, Indiana, 印第安纳州惠汀 30, 125, 127, 142-43

Williams, Raymond, 雷蒙德·威廉姆斯 172n18

Willis, Paul, 保罗·威利斯 172n18

Wilson, William Julius, 威廉·朱利叶斯·威尔逊 197n4, 197n5, 197n6, 198n8, 198n9, 198n12

Wisconsin Steel, 威斯康星钢铁公司 xiv, 18, 21, 29, 38, 58, 79, 143, 190n15; declared a CERCLA site, 宣布为《综合环境反应、赔偿和责任法》场所 126-127, 190n16, 192n28, 198n15; protests, 抗议 71; shut down, 倒闭 1-2, 6, 57, 63-69, 117-118, 169n1

Wolf Lake, 狼湖 35, 125, 138, 176n14, 196n49

women: ambivalence of working-class 女性: 工人阶级的矛盾心理

women toward feminism, 走向女权主义的女性 46; class status in relation to men, 阶级地位与男性的关系 47; and environmental justice, 环境正义 133, 194n34; inthe labor force, 在劳动力中 44, 69; middle-class, 中产阶级 47; role in mill neighborhoods, 工业社区的地位 43-46, 50, 52; strength of, 力量 51; working-class, 工人阶级 45-47, 52

working class, 工人阶级 7-8, 44, 100-101, 112-113, 149-152, 154, 161; American white, 美国白人 36, 41, 50, 96, 112, 137, 195n41, 196n44; in London, 在伦敦 5; white, and liberal/left intelligentsia, 白人、自由派/左翼知识分子 187n20

working-class life, hard living versussettled, 工人阶级生活, 艰苦生活还是安顿下来 51

Wright, Frank Lloyd, 弗兰克·劳埃德·赖特 125

writing, as a classed activity, 写作, 作为一种阶级活动 109

Yi, Seung-Muk, 李承穆 192n26

Zinser, Michael, 迈克尔·辛泽 184n46

译后记

2021年初，田雷老师说看到一本感兴趣的书，在思考可以邀谁做译者时，他想到了我。当我浏览目录和章节时，一种遥远又熟悉的感觉涌了上来：虽然我并非炼钢厂子弟，但同为工厂子弟，我仍能对作者的一些成长故事感同身受。出于对作者家庭与社区故事的好奇，对口述史资料和影像资料分析方法的期待，以及对作者如何克服主流叙事、讲出公众话语的兴趣，我接下了这个任务。

这是一部以家族口述史、社会史、历史影像为基础的人类学作品，其细致、连续、透彻且动人的故事铺陈，让我们看到鲜活的个体如何在时代的洪流中浮沉。时代的痛感或许总能以不同的方式触及每一个人，20世纪下半叶美国的去工业化也是如此，将一代代人推向虚无。过去持续支配着现代，美国曾经的去工业化问题连接现在的经济不平等问题，见证着美国梦的破碎。将（去）工业化与区域社会的阶级流动关联起来，作者讲述了曾外祖父、祖父母移民务工的故事，讲述了父母从工会时代到去工业化时代的生活巨变，以及工人阶级出身的自己经历的三次生活世界的倾覆：一次发生在童年时期威斯康星钢铁公司倒闭时，一次发生在16岁起通过教育实现阶级跨越时,一次发生在27岁确诊子宫癌时。她不仅对自己的家人进行了口述史访谈,还查阅了关于芝加哥东南部去工业化的大量历史档案资料,回看了许多当时的家庭影像记录。通过一个个串联着的故事,作者将阶级从种族、性别与现代化/全球化的解释中梳理出来,讲述了在去工业化过程中,阶级不平等所关联的劳工、住房、教育、环境等问题。

比起严肃的学术文章,作者的行文更像是生活回忆录,但字里行间却穿插着学术分析,针砭时弊。这或许也是她不愿意将这本书称作自我民族志,反而希望把它作为一本故事集来推介的原因。她清楚地认识到话语的束缚,并努力通过本书来探索一种"反叙事",为因主流叙事而沦为边缘的人讲出他们的故事。我在翻译时十分注意她的话语风格及用词,希望在中文版中也能体现出她那冲破话语束缚的倾向和反叙事努力。同为人类学/社会学人,我能清晰地认识到作者的顾虑。在汲取自我经验的过程中,人类学家必须不断穿梭于自我与对象之间,反复经历沉浸与抽离的痛苦。在我看来,每一个进入田野的人类学/社会学人都在不断进行着自我审视。这种审视随着研究的深入而越发突出,研究者就像探索真理那样不断在实践中触碰研究对象的生活世界。而作者同时作为研究者和亲历者,既要努力真实地进行自我表达,又要客观理性地展开自我分析,经历着更加痛苦的过程。虽然作者的表达一定存在自己的解读和重构,但她仍在尽己所能地增强书中叙事的可读性与地方性,至少希望有相关经历或关注相关问题的人能够从中看到一点点自己的影子。这也是我所追求的研究写作：放下冰冷的学术词汇和模式，让更多人有机会参与这种叙述和表达。

同样的努力也能在作者和她的丈夫制作的同名纪录片（*Exit Zero: An Industrial Family Story*）中看到。通过丰富的镜头语言，缄默者的故事被听到、看到、感受到。作为对文字的补充，影片成了作者对抗话语束缚的另一种方式。在南京大学社会学院求学时，我也接触过影视人类学并参与了民族志影像的拍摄与制作，对镜头语言有所了解。虽然制作者可以通过选择、剪辑和配乐，彻底影响一个影片的呈现，但那些遗存的景观、置于环境中的人、突然的语塞、丰富或苍白的肢体语言、目光的停留与转移，是自然的。视觉化的作品更能令研究者和观影者身临其境，甚至使受访者重新观看自己，与文字作品互为补充。此外，影像的记录也给了不识字的读者理解与回顾的机会，让表达被看到。

于我而言，再次进行学术翻译的感受是很神奇的，我的学术历程也像影片一样在脑中复播。2013 年，我高中毕业，进入重庆大学博雅学院，遇上了田雷老师的学术英语翻译课。不懂学术、不懂翻译，《伯克传》拿来就译，老师同学互相折磨。当时我觉得这门翻译课的设置和博雅的其他大多数课程一样，是用来磨炼心性的，主要目的是让我们学会在浮躁的世界里沉下心来。但我似乎也没有因为一两门课就变得坐得住冷板凳。记得每一个临近交作业的清晨，我艰难地从温暖的被窝里探出头、伸出手，把电脑亮度调到最低，一边翻译一边抓耳挠腮,哈欠连连。转眼间八年过去,经历了博雅教育的熏陶和社会学训练的打磨,我竟也能饶有兴致地斟酌词句,津津有味地体会翻译的乐趣。

翻译过程中,我几乎自然而然地与作者的生活故事共情,并和她一起为未来世界可能的不平等而忧虑。为了更加理解钢铁厂社区和作者一家当时所处的社会环境,我查阅了很多历史资料,咨询了周围有相似经历的人,体会作者文字背后流淌的情感。为了更好地呈现文字的氛围感,我常常陷入咬文嚼字的痛苦。虽然我的最终选择未必是最贴切的,但确是基于我对作者的理解和感受而来。有时我又不得不让自己和文字保持距离,通篇浏览后再努力实现纵贯流畅的翻译。此外,作者拍摄的纪录片也给了我很大的帮助,那光影中的氛围和情绪直观又内敛,与文字相互佐证,确立了我对全书基调的判断。可以说,译者与作者通过语言的转换和重构,似乎实现了更加亲密的经验交换和精神交流,这是我翻译本书时最大的感受。这种奇妙的交换让我更加珍视脚下的学术之路,也懂得了一些只有沉下心来才能收获的东西。

这是我独自翻译的第一本著作,为我简单的博士时光增添了不少意义。感谢华东师范大学法学院田雷老师的邀请和审校,感谢三联书店王晨晨老师的编校和支持,感谢所有为这本书付出时间和情感的人,是他们的包容和肯定,让我勇敢迈出了这重要的第一步。原本我希望等到中文版出版时,将它送给为工厂奉献一生的外公、外婆和妈妈。但外婆脑梗复发,认知和语言功能受损,我不再确定她能否听懂这些与她相似的人生故事，甚至不再确定她是否还记得在她怀中长大的我。我将自己的遗憾写在这里，也再次感谢作者的书写。愿我倾入个人情感和学术兴趣的译本，能够将这段残酷又温柔的光影，传递给所有读者。

张伊铭
2022 年 5 月 30 日
于德国，比勒费尔德